丛书编写委员会

主 任 委 员 郭齐胜

副主任委员 徐享忠　杨瑞平

委　　　员（按姓氏音序排列）

曹晓东	曹裕华	丁　艳	邓桂龙	邓红艳
董冬梅	董志明	范　锐	郭齐胜	黄俊卿
黄玺瑛	黄一斌	贾庆忠	姜桂河	康祖云
李　雄	李　岩	李宏权	李巧丽	李永红
刘　欣	刘永红	罗小明	马亚龙	孟秀云
闵华侨	穆　歌	单家元	谭亚新	汤再江
王　勃	王　浩	王　娜	王　伟	王杏林
徐丙立	徐豪华	徐享忠	杨　娟	杨瑞平
杨学会	于永涛	张　伟	张立民	张小超
赵　倩				

仿真科学与技术及其军事应用丛书

总装备部科技创新人才团队专项经费资助

作战并行仿真

杨学会　黄俊卿　谭亚新　郭齐胜　范锐　编著

国防工业出版社

·北京·

内 容 简 介

作战并行仿真可以支持更大的仿真规模,提高仿真速度,以支撑作战训练、作战方案论证、装备体系论证中的仿真研究。

本书介绍了作战并行仿真实现的理论、方法和技术基础,内容包括:作战并行仿真的基础理论、作战并行仿真支撑环境、作战并行仿真实现的方法和技术(仿真任务分割、仿真任务分配、仿真系统体系结构)、作战并行仿真应用实例与作战并行仿真发展趋势等内容。

本书可作为高等院校有关专业本科生和研究生的教材或参考书,也可作为科研人员和工程技术人员的技术参考书。

图书在版编目(CIP)数据

作战并行仿真/杨学会等编著. —北京:国防工业出版社,2014.1
(仿真科学与技术及其军事应用丛书)
ISBN 978 - 7 - 118 - 08778 - 9

Ⅰ.①作… Ⅱ.①杨… Ⅲ.①作战指挥自动化 –计算机仿真 Ⅳ.①E141.1

中国版本图书馆 CIP 数据核字(2013)第 096224 号

※

国防工业出版社出版发行

(北京市海淀区紫竹院南路 23 号 邮政编码 100048)
北京嘉恒彩色印刷责任有限公司
新华书店经售

*

开本 710×960 1/16 印张 18 字数 307 千字
2014 年 1 月第 1 版第 1 次印刷 印数 1—3000 册 定价 45.00 元

(本书如有印装错误,我社负责调换)

国防书店:(010)88540777 发行邮购:(010)88540776
发行传真:(010)88540755 发行业务:(010)88540717

总 序

　　为了满足仿真工程学科建设与人才培养的需求,郭齐胜教授策划在国防工业出版社出版了国内第一套成体系的系统仿真丛书——"系统建模与仿真及其军事应用系列丛书"。该丛书在全国得到了广泛的应用,取得了显著的社会效益,对推动系统建模与仿真技术的发展发挥了重要作用。

　　系统建模与仿真技术在与系统科学、控制科学、计算机科学、管理科学等学科的交叉、综合中孕育和发展而成为仿真科学与技术学科。针对仿真科学与技术学科知识更新快的特点,郭齐胜教授组织多家高校和科研院所的专家对"系统建模与仿真及其军事应用系列丛书"进行扩充和修订,形成了"仿真科学与技术及其军事应用丛书"。该丛书共19本,分为"理论基础—应用基础—应用技术—应用"4个层次,系统、全面地介绍了仿真科学与技术的理论、方法和应用,体系科学完整,内容新颖系统,军事特色鲜明,必将对仿真科学与技术学科的建设与发展起到积极的推动作用。

中国工程院院士

中国系统仿真学会理事长

李伯虎

2011 年 10 月

序 言

　　系统建模与仿真已成为人类认识和改造客观世界的重要方法,在关系国家实力和安全的关键领域,尤其在作战试验、模拟训练和装备论证等军事领域发挥着日益重要的作用。为了培养军队建设急需的仿真专业人才,装甲兵工程学院从 1984 年开始进行理论研究和实践探索,于 1995 年创办了国内第一个仿真工程本科专业。结合仿真工程专业创建实践,我们在国防工业出版社策划出版了"系统建模与仿真及其军事应用系列丛书"。该丛书由"基础—应用基础—应用"三个层次构成了一个完整的体系,是国内第一套成体系的系统仿真丛书,首次系统阐述了建模与仿真及其军事应用的理论、方法和技术,形成了由"仿真建模基本理论—仿真系统构建方法—仿真应用关键技术"构成的仿真专业理论体系,为仿真专业开设奠定了重要的理论基础,得到了广泛的应用,产生了良好的社会影响,丛书于 2009 年获国家级教学成果一等奖。

　　仿真科学与技术学科是以建模与仿真理论为基础,以计算机系统、物理效应设备及仿真器为工具,根据研究目标建立并运行模型,对研究对象进行认识与改造的一门综合性、交叉性学科,并在各学科各行业的实际应用中不断成长,得到了长足发展。经过 5 年多的酝酿和论证,中国系统仿真学会 2009 年建议在我国高等教育学科目录中设置"仿真科学与技术"一级学科;教育部公布的2010 年高考招生专业中,仿真科学与技术专业成为 23 个首次设立的新专业之一。

　　最近几年,仿真技术出现了与相关技术加速融合的趋势,并行仿真、网格仿真及云仿真等先进分布仿真成为研究热点;军事模型服务与管理、指挥控制系统仿真、作战仿真试验、装备作战仿真、非对称作战仿真以及作战仿真可信性等重要议题越来越受到关注。而"系统建模与仿真及其军事应用系列丛书"中出版最早的距今已有 8 年多时间,出版最近的距今也有 5 年时间,部分内容需要更新。因此,为满足仿真科学与技术学科建设和人才培养的需求,适应仿真科学与技术快速发展的形势,反映仿真科学与技术的最新研究进展,我们组织国内 8 家高校和科研院所的专家,按照"继承和发扬原有特色和优点,转化和集成科研学术成果,规范和统一编写体例"的原则,采用"理论基础—应用基础—应用技术—应用"的编写体系,保留了原"系列丛书"中除《装备效能评估概论》外的其余9本,对内容进行全面修订并修改了5本书的书名,另增加了10本新书,形成"仿真科学与技术及其军事应用丛书",该丛书体系结构如下图所示(图中粗体表示新增加的图书,括号中为修改前原丛书中的书名):

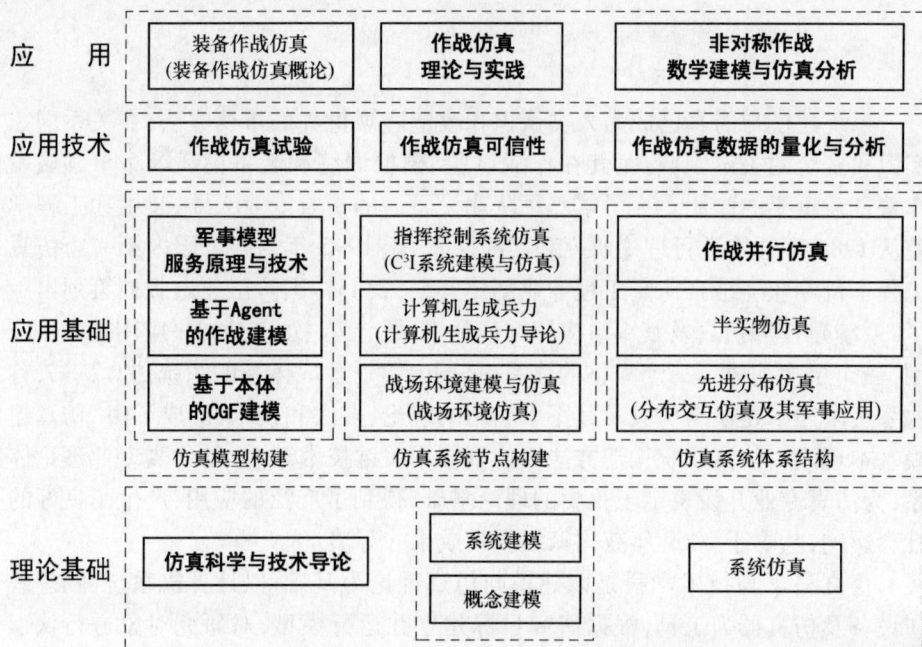

应　　用	装备作战仿真 (装备作战仿真概论)	**作战仿真 理论与实践**	**非对称作战 数学建模与仿真分析**
应用技术	**作战仿真试验**	**作战仿真可信性**	**作战仿真数据的量化与分析**

应用基础	**军事模型 服务原理与技术** **基于Agent 的作战建模** **基于本体 的CGF建模**	指挥控制系统仿真 (C³I系统建模与仿真) 计算机生成兵力 (计算机生成兵力导论) 战场环境建模与仿真 (战场环境仿真)	**作战并行仿真** 半实物仿真 先进分布仿真 (分布交互仿真及其军事应用)
	仿真模型构建	仿真系统节点构建	仿真系统体系结构

理论基础	**仿真科学与技术导论**	系统建模 概念建模	系统仿真

　　中国工程院院士、中国系统仿真学会理事长李伯虎教授在百忙之中为本丛书作序。丛书的出版还得到了中国系统仿真学会副秘书长、中国自动化学会系统仿真专业委员会副主任委员、《计算机仿真》杂志社社长兼主编吴连伟教授,空军指挥学院作战模拟中心毕长剑教授,装甲兵工程学院训练部副部长王树礼教授、装备指挥与管理系副主任王洪炜副教授和国防工业出版社相关领导的关心、支持和帮助,在此一并表示衷心的感谢!

　　仿真科学与技术涉及多学科知识,而且发展非常迅速,加之作者理论基础与专业知识有限,丛书中疏漏之处在所难免,敬请广大读者批评指正。

郭齐胜

2012 年 3 月

总　序

　　仿真技术具有安全性、经济性和可重复性等特点,已成为继理论研究、科学实验之后第三种科学研究的有力手段。仿真科学是在现代科学技术发展的基础上形成的交叉科学。目前,国内出版的仿真技术方面的著作较多,但系统的仿真科学与技术丛书还很少。郭齐胜教授主编的"系统建模与仿真及其军事应用系列丛书"在这方面作了有益的尝试。

　　该丛书分为基础、应用基础和应用三个层次,由《概念建模》、《系统建模》、《半实物仿真》、《系统仿真》、《战场环境仿真》、《C^3I 系统建模与仿真》、《计算机生成兵力导论》、《分布交互仿真及其军事应用》、《装备效能评估概论》、《装备作战仿真概论》10 本组成,系统、全面地介绍了系统建模与仿真的理论、方法和应用,既有作者多年来的教学和科研成果,又反映了仿真科学与技术的前沿动态,体系完整,内容丰富,综合性强,注重实际应用。该丛书出版前已在装甲兵工程学院等高校的本科生和研究生中应用过多轮,适合作为仿真科学与技术方面的教材,也可作为广大科技和工程技术人员的参考书。

　　相信该丛书的出版会对仿真科学与技术学科的发展起到积极的推动作用。

中国工程院院士

2005年3月27日

序 言

仿真科学与技术具有广阔的应用前景,正在向一级学科方向发展。仿真科技人才的需求也在日益增大。目前很多高校招收仿真方向的硕士和博士研究生,军队院校中还设立了仿真工程本科专业。仿真学科的发展和仿真专业人才的培养都在呼唤成体系的仿真技术丛书的出版。目前,仿真方面的图书较多,但成体系的丛书极少。因此,我们编写了"系统建模与仿真及其军事应用系列丛书",旨在满足有关专业本科生和研究生的教学需要,同时也可供仿真科学与技术工作者和有关工程技术人员参考。

本丛书是作者在装甲兵工程学院及北京理工大学多年教学和科研的基础上,系统总结而写成的,绝大部分初稿已在装甲兵工程学院和北京理工大学相关专业本科生和研究生中试用过。作者注重丛书的系统性,在保持每本书相对独立的前提下,尽可能地减少不同书中内容的重复。

本丛书部分得到了总装备部"1153"人才工程和军队"2110 工程"重点建设学科专业领域经费的资助。中国工程院院士、中国系统仿真学会副理事长、《系统仿真学报》编委会副主任、总装备部仿真技术专业组特邀专家、哈尔滨工业大学王子才教授在百忙之中为本丛书作序。丛书的编写和出版得到了中国系统仿真学会副秘书长、中国自动化学会系统仿真专业委员会副主任委员、《计算机仿真》杂志社社长兼主编吴连伟教授,以及装甲兵工程学院训练部副部长王树礼教授、学科学位处处长谢刚副教授、招生培养处处长钟孟春副教授、装备指挥与管理系主任王凯教授、政委范九廷大校和国防工业出版社的关心、支持和帮助。作者借鉴或直接引用了有关专家的论文和著作。在此一并表示衷心的感谢!

由于水平和时间所限,不妥之处在所难免,欢迎批评指正。

郭齐胜
2005 年 10 月

前 言

有关并行仿真的研究成果非常丰富,但要么基础条件门槛比较高,基于高性能计算机;要么技术门槛比较高,基于并行计算或并行仿真引擎,读者很难搞懂,更难实现并行仿真。

随着多核技术的普及,个人计算机都将成为并行计算机,并行计算的研究如火如荼,不管是从硬件上、软件上,还是从思想上,都代表着 IT 行业的发展方向。在单核时代,并行计算被限制在实验室内的高性能计算机上,分布式计算则受网络通信技术的限制,停留在非常专业的范围内。

当硬件条件的区别日渐模糊时,并行计算的领域更加广泛,现在哪台计算机不是并行计算机呢? 但可惜,并不是所有的计算都是并行计算,这需要从并行的角度来设计、应用软件。

受军事应用需求推动,分布交互式仿真在作战仿真中一直占有十分显赫的地位,发挥着重要的作用。从仿真世界事件并发的本质看,分布交互式仿真是并行仿真的一种,因此,分布交互式仿真理论、方法和技术的发展也不断推动着并行仿真的发展。

在仿真领域,多个实体活动的时间并行性,使仿真系统最有可能、也最应该回归"并行"的本质,并将"并行"与硬件结构松绑;并行计算应该从概念上回归其本质,即使是和计算机硬件结构特点绑定,在多核并行一统天下的今天,并行计算终究回归正统。

本书由杨学会编写,黄俊卿、谭亚新和郭齐胜审校。本书编写过程中参考或直接引用了国内外有关文献,并得到了总装备部科技创新人才团队专项经费资助出版,在此一并表示感谢。

书中不妥之处在所难免,欢迎批评指正。

作者

2013 年 2 月

目 录

第 1 章

绪 论

  仿真科学与技术是以建模与仿真理论为基础,以计算机系统、物理效应设备及仿真器为工具,根据研究目标,建立并运行模型,对研究对象进行认识与改造的一门综合性、交叉性学科。利用仿真技术,建立作战仿真系统,通过作战仿真为指挥人员提供辅助决策支持,在信息化战争中,作战仿真将成为我军作战研究最重要的手段之一。

  信息化战争是武器系统成体系的对抗,为了进一步描述作战系统的复杂性,仿真粒度进一步细化,促使作战仿真系统的规模进一步扩大,仿真处理时间剧增,造成仿真周期变长,不能满足指挥人员对作战仿真的实时性需求。

  随着仿真应用的不断深入,仿真规模越来越大,仿真模型越来越精细,其对计算资源的要求也越来越高。基于高性能计算的作战并行仿真是满足日益增长仿真需求的重要途径,正成为继理论研究和试验研究之后的第三种认识和改造作战系统的重要手段。首先,作战并行仿真是进行作战仿真研究、解决作战系统复杂问题的重要途径,针对仿真应用特点,采用高性能计算机体系结构和硬件加速器,是作战仿真的发展趋势。其次,为充分利用高性能仿真计算机的资源,更好地支持大规模或超大规模并行仿真,并行仿真支撑软件会进一步攻克同步算法、负载平衡、乐观机制、高效通信等关键技术,以取得更好的加速比和可扩展性。最后,随着并行仿真应用领域的不断拓展,并行仿真必将在国防安全、生命科学、社会学等领域得到越来越广泛的应用,应用的牵引会进一步促进并行仿真技术的快速发展。

1.1 作 战 仿 真

信息化条件下的联合作战仿真系统中实体众多、关系复杂,仿真周期长,主要源于作战的特点及其发展趋势。

1.1.1 作战的特点

信息化条件下的作战有如下特点:

(1) 在战役作战中,能遂行多种类型和样式、不同性质的作战。作战力量由多兵种构成,具有较强的立体机动、火力打击、快速突击和保障能力,网络指挥控制下的信息对抗、防空作战、精确火力打击等将贯穿战役始终。

(2) 人员众多,装备种类多、数量大,作战样式变化频繁,战场复杂。联合作战条件下的作战,将得到各军兵种和高技术武器装备的加强,随着部队的远距离机动能力和远程打击能力的提高,现代战争方式已从过去的平面、线式作战,向全纵深、立体、非线式作战转变。随着作战空间的扩展,指挥协同范围从地面向空中,从前沿扩展至纵深。作战从地面扩展至空中、海上、电磁领域甚至太空等多维空间领域。

(3) 敌我双方大量使用高精度、大威力制导武器,使作战更加激烈。敌我双方采用地空结合、远近结合、大面积打击与精确打击结合、硬打击与软毁伤结合的综合打击手段,打击范围广、距离远、精度高,并贯穿作战始终。同时,电磁领域斗争日益尖锐,指挥对抗更趋激烈,协同动作易遭受敌破坏,指挥机构的生存面临严重威胁。

(4) 参战军兵种众多,指挥关系更加复杂。作战指挥系统要对诸军兵种和地方武装力量实施有效的指挥协同,同时,各军兵种兵力部署更加分散,作战行动将在正面与侧翼、前沿与纵深、地面与空中同时或先后展开,要求对各作战行动之间以及各种系统之间实施精确、高效协调。

1.1.2 作战发展趋势

随着信息化技术的发展与应用,战争有如下发展趋势:

(1) 未来战争的整体性和一体化程度将越来越高。联合作战条件下的作战力量编成将向精锐化、小型化、高技术化方向发展。在作战力量的编组上,将围绕多军兵种、多功能作战力量的组合与运用,强调从诸军兵种优势互补的协同作战中谋求整体上的优化组合,形成一个有机的整体,获取最佳作战效能。所以,未来战争已不是单一力量的较量,而是整体力量的抗衡,是诸军兵种在更加广阔的空间领域,使用更多、更先进的武器装备,运用多种作战方式和样式进行的联合作战。数字化的作战力量依托一体化军事信息系统,在网络化的多维战场空间实施高度融合的实时整体作战。

(2) 作战行动节奏加快,机动的作用更加明显,攻防行动结合紧密,攻势行动的地位更加突出。交战双方为减少人员伤亡,将更加重视利用远程火力进行攻击,进行“非接触”式的攻击,为决战创造条件或直接达成作战目的。在这种情况下,实施快速的机动,可以迅速利用火力打击效果,抢占有利的空间位置,达成以强击弱的态势和突然性效果,同时也是摆脱被动、争取主动的重要途径;可以迅速贴近对方展开近战,抵消对方远程火力的优势;还能规避对方的高技术侦察和远程精确火力打击,提高战场生存能力。

(3) 武器装备不断更新,高技术对抗更加激烈,作战保障需求更加复杂。随着武器装备的不断更新换代,整个武器系统进一步趋向高能化、多样化、自动化和智能化。其威力越来越大,射程越来越远,精度越来越高,使作战对抗的强度不断增大,消耗、杀伤、破坏因素普遍增多,每一个战役都要消耗大量物资,出现大量伤员,损坏大量装备。同时,随着战场空间扩大,参战军兵种增多,情况变化加快,对后勤保障和装备保障提出了更高的要求。将建立军种一体、军民一体、前后方一体的保障体制,突出机动保障方式和手段的运用,强化保障与防卫一体化,形成作战与保障的整体合力。

(4) 作战指挥的地位作用凸显,对作战指挥员的素质和指挥艺术要求更高。随着信息时代的到来,指挥自动化和智能化的趋势明显加快。未来战争的进程和节奏加快,对作战指挥都提出了更高的要求,过去那种单凭人脑与手工作业的指挥手段已远远不能适应未来作战的需要。在作战指挥控制上,将着眼发挥诸军兵种整体威力优化协调体制,建立精干、高效、灵敏的指挥机构。成功的作战指挥,既取决于指挥员高超的指挥艺术和谋略水平,又依赖于先进的指挥工具,形成高效率、高质量的决策和指挥控制能力。

1.1.3 作战仿真的特点

作战仿真是军事人员的“作战实验室”,在军事应用领域,仿真技术是新军事变革中不可缺少的高技术支柱。美军从 20 世纪 70 年代开始就将计算机仿真技术用于作战训练、武器评估、作战条令检验以及作战力量分析等方面,建立了战斗实验室、陆军实验室、空军实验室、海军实验室和陆战队实验室,研制了多种作战模拟系统。

作战系统具有非线性、不确定性、多层次性、多变化性、因素敏感性和涌现等特点，属于社会复杂巨系统，仿真可以在实验室研究与学习作战，是对军事学科发展与试验的补充。大型作战仿真的研究对象本身就属于社会复杂巨系统，具有非线性、随机性、模糊性、多层次性以及军事性的特征，它在复杂程度上也遵守"整体大于部分之和"的原理。所以，对实际系统进行准确地分析、建模难度很大，同时也有可能导致仿真系统自身成为一个复杂巨系统。

作战系统是对立的双方在特定的时间和空间内，参与军事斗争的所有要素及其相互作用所构成的统一体。作战仿真模型必须充分地描述系统要素之间的相互作用和影响，这些相互作用和影响表现为两种形式：

（1）协同：单方内部要素的相互作用表现为协同关系；

（2）对抗：对立双方要素的相互作用表现为对抗关系。

作用内容分为两种：

（1）信息作用：作战要素通过对接收信息的分析、判断和决策，影响自己的主动性行为。如由作战命令、报告导致的协同行为，由敌情情报导致的对抗行为。

（2）物质作用：作战要素由于受到其他作战要素的物理和化学作用，影响自身的状态。如兵器的协同或对抗将导致相关作战实体数量和质量的变化。借助于包括人在内的各种感知系统，可以获取物质作用信息，进而影响自己的主动性行为。

从时间过程考虑，作战系统的运行可划分为 3 个阶段：作战准备阶段、作战实施阶段和作战结束阶段。作战系统的生灭过程随着对立双方相互作用的逐步强化而产生，随着这种作用和影响的逐步弱化，向非系统转化，直至最后不复存在。作战仿真模型必须能按照正确的时序和逻辑关系全过程或分阶段地模拟其中的信息作用和物质作用机制。

同一般的离散事件系统和连续系统的仿真相比，作战系统仿真要复杂得多。这是因为作战系统本身就是一种复杂的动态随机系统，具有大系统的典型特征：

（1）规模庞大。作战系统由众多分系统、子系统构成，如陆、海、空兵力系统，多种多样的武器系统、作战资源信息系统、指挥控制系统，各种作战保障、后勤保障和装备保障系统等。这些系统占有空间大，涉及范围广。

（2）结构复杂。作战系统的各子系统之间、各子系统的组成要素之间关系复杂，系统中包含各种各样的人和物，具有"人—物"、"人—人"、"物—物"之间的多种复杂关系。

（3）功能综合。作战系统的目标是多样的，有政治的、经济的、军事的和技术等,作战的各方为了各自的目标进行抗争。因而,作战系统的功能也必然是多方面的、综合的。

（4）因素众多。作战系统是多变量、多输入、多输出、多目标、多参数、多干扰的系统。在这众多的因素当中,不仅有物的因素,还有人的因素,不仅有技术因素,还有经济因素和社会因素等。

（5）主动性。作战系统是主动系统,包含主动环节——人,例如各级各类指挥员、操纵各种武器的士兵、各种保障人员等。如何考虑人的因素,如何建立个人和群体行为模型是作战系统分析研究中的一项技术难题。

（6）不确定性。作战系统中有许多不确定因素,例如模糊性、随机性、对象特性漂移或摄动(结构或参数)。难以用传统的确定性数学模型进行描述以及通常的方法进行控制和反控制。

（7）不确知性。作战系统是包含大量不完备信息、不确知数据的系统,难以建立适当的、完备的数学模型,进行精确的定量分析。

（8）维数灾。作战系统含有众多的要素(实体),要建立其数学模型必须描述各相对独立实体的众多属性及其相互影响。因此,作战系统的数学模型是一种高维的,即状态变量数目甚多。系统分析和计算的工作量随维数增多而迅速增长,导致所谓的"维数灾"。

（9）发展中的系统。作战系统在其运行过程中,自身也处在发展当中,系统的结构和要素、系统的目标和环境条件、系统特性和功能也处在变化当中,可称为"发展中的系统"。这种系统难以用常规的方法进行分析与研究。

（10）并行性。作战系统具有空间上的分散性和时间上的并行性。前者表现在作战系统的诸子系统和诸多要素通常分布在不同的地域和空间上;后者表现在作战系统的诸子系统和诸多要素其生命周期内所发生的事件或经历的事件是并发的。

作战系统的上述特征给作战仿真系统的建模带来了重重困难。然而,在另一方面人们对作战仿真支持能力的军事应用需求却在不断增强,这给作战仿真技术的发展提出了严峻的挑战。

1.1.4 作战仿真系统的发展趋势

作战仿真研究的对象是装备体系,这个系统是由若干个可以相互区别、相互联系而又相互作用的要素所组成,在一定的层次结构中分布,在给定的环境下,为达到整体的目的而存在的有机集合体。武器系统的对抗,是在由指挥系统、侦察情报系统、通信系统、保障系统等组成的作战体系中的对抗,随着对武器系统的深入研究,为了复现作战的复杂性,作战仿真系统的研究与开发呈现以下趋势。

1. 仿真系统规模扩大

高技术条件下的战争中,信息化作战的节点到了单装,同时,装备战损分析也需要单装的部组件毁伤信息。因此,对装备体系的建模力求描述到单装,仿真粒度进一步细化,仿真系统的层次结构增加,仿真系统中装备、人员及各种机构的类型和数量剧增,导致仿真系统的计算量呈几何级数增加。如陆军军、师规模的作战仿真,仿真粒度到武器平台,还需要仿真各级指挥机构中指挥员、各参谋业务席位的指挥活动,则每个师的实体总数超过 5000 个,2 个 ~3 个战役方向同时仿真时,仿真实体数量将达到 100000 个;在仿真中,地形分辨率要到 1m;仿真内容有指挥控制、网络通信、侦察情报、火力交互、电子对抗、作战保障、后勤保障、装备保障等;仿真对象类型有装甲、机步、炮兵、防空、工兵防化等多兵种部队的各型装备;联合作战条件下的作战仿真,涉及到空军、海军、二炮的加强支援;作战仿真由成建制的整体作战仿真细化到单个武器平台甚至武器平台某个部件的仿真;仿真模型对作战系统中各个子系统、要素的描述更加详细、完整;仿真系统不仅对装备战损、弹药消耗等最终结果进行统计、分析,还要对作战过程中各种指挥流、信息流、火力流等具体过程进行分析,这就要求各种作战仿真模型细致如实地反映各种装备、人员及机构在作战中的行为特点,以致装备、人员及机构的作战仿真模型更加复杂。

同时,在真实作战系统中,事件的发生总是有先后顺序的,只要时间刻画的精度允许,我们都可以看到这种先后顺序,而在作战仿真系统内,时间精度受到仿真步长的限制,致使作战系统内按照先后发生顺序的事件在仿真系统中变成一个仿真步长内同时发生的事件,这种时空描述的不一致性会带来逻辑错误,会影响作战仿真的可信性。为了减少这种逻辑错误,作战仿真系统需要缩短仿真步长,减少一个仿真步长内同时发生的事件,使仿真系统对真实作战系统的描述在时间上有更高的相似度,从而提高作战仿真的可信性。仿真步长的缩短,使仿真系统内各个实体之间的交互模型更加细致、复杂,增加了仿真时间。

2. 一体化作战的特点使作战仿真系统内各实体的关系更加复杂

一体化综合信息系统将把陆地、空中、海上、太空等实体空间,情报、侦察、电子对抗、网络通信以及作战人员的认知等虚拟空间,以及配置于其间的侦察监视、指挥控制、精确打击、支援保障等战役力量联结成一个统一的有机整体;军种界限被打破,诸军兵种作战将实现一体化高度合成;作战部队与支援保障部队将紧密配合,协调行动,连成一体。

为了能够实现对一体化作战中武器系统成体系对抗的仿真,作战仿真系统需要建立耦合关系更加紧密的模型,各种作战力量之间的联系、协调、通信关系都需要在模型中如实地体现,从而导致仿真系统内各种装备、人员、机构的交互模型更加复杂。同时,扩大的信息化作战空间和超强连接能力的信息终端使得更多的战役力量之间的信息交互更加频繁,仿真系统必须尽可能详实地反映这些交互,如电子对抗、复杂电磁环境等模型的建立使得仿真系统实体之间的交互激增。

3. 作战仿真的超实时性需求加强

作战仿真是为了给指挥人员更科学、高效的指挥活动提供决策支持,使指挥人员能够更准确地预测战场态势的变化趋势,预测敌我双方的装备战损、弹药消耗、人员伤亡等情况。在作战仿真系统中采用了大量的随机模型,需要进行多次仿真才能得到可信的仿真结果;一次战役的时间一般为几天,实时仿真的时效性根本不能满足需求;即使是超实时仿真,如果一次仿真时间为10h,假设需要运行100次以上才能获得可信的仿真结果,1000h的仿真时间也是指挥人员无法接受的。必须缩短仿真周期,使作战仿真系统能够满足指挥人员的实时性需求。

另外,作战仿真系统的一个发展方向之一是进行指挥训练,随着高性能计算技术在作战仿真中的应用,分析型作战仿真和训练型作战仿真的界限越来越模糊。分析型作战仿真需要可信度高的指挥员模型,而训练型作战仿真需要更加逼真的虚拟指挥环境,因此,随着仿真系统计算能力的不断增强,最终的发展前景是二者将融合成一种新型的人在环作战仿真推演系统。这种系统最大的特点是仿真模型复杂,需要提高仿真速度,同时,指挥所开放,既可作为指挥训练的平台,也可在分析型作战仿真中引入实兵,提高作战仿真的可信度。在这种系统的发展过程中,会继承大量的现有作战仿真系统的模型,采用这些已有的串行模型实现并行仿真,需要并行仿真理论和方法的指导。

4. 系统的层次性更加复杂、组合更加灵活

仿真系统涉及多个军兵种、多个作战领域、多种作战样式以及多层仿真粒度,只有采用层次化的管理、集成和控制技术,才能保证系统的研发和运行。

(1)涉及到的参研人员、机构众多。由于系统在技术和应用上的涉及面广,需要的专业技术人员和需要协调、协作的机构众多,需要层次化的组织管理。

(2)开发过程具有多阶段、多层次性。鉴于作战仿真的复杂程度以及较长的开发周期,有必要把开发过程分阶段进行,这样也有利于保证工程进度和质量,分阶段进行检查验收。

(3)系统组成具有多个功能模块,对复杂系统进行模块化处理是目前仿真技术发展的一个重要方向,这使得复杂系统简单化。同时对各模块进行技术封装,预留标准接口,也有助于模块的重用和系统的升级。

(4) 多种仿真粒度(多分辨率)共存。且随着仿真粒度的细化,系统的复杂程度急剧增加。由于大型作战仿真的各子系统存在着不同层次的功能需求,所以需要建立不同粒度、甚至可变粒度的仿真模型。当仿真粒度变小(如单车、班组级)时,一方面,仿真节点数会呈几何级数增加,带来数据交互量的增多,进而影响系统的实时性;另一方面,由于粒度变小,会带来仿真实体种类和任务量(动作)的增加以及实体间影响制约因素的增加,进而增加建模与仿真的工作量。

作战仿真系统的这些发展趋势给支撑作战仿真系统建设的建模与仿真环境带来了极大的挑战,一是模型的建立存在着模型开发的并行化、模型运行机理的并行化,需要设计并行运行的模型,反应作战系统的本质;二是模型的运行需要并行计算环境的支持,从理论上讲,需要和并发实体相等数量的 CPU 单独模拟每一个并发实体的运行,并且任意两个实体之间的交互延迟在保证模型正确描述的基础上,不受 CPU 间通信延迟的影响,才能保证并行执行每一个模型。

很显然,也并不存在这样的硬件环境,能够完全地支持作战并行仿真,完整地再现作战系统的并行性。但可以设计出在逻辑上并行执行的模型,这些模型在执行时是串行的,但并发实体的事件在逻辑上是并发的,实体间的相互影响是可以靠相对时序来确定的。随着高性能计算技术、分布与并行仿真技术以及计算机软件技术的发展,仿真系统规模扩大、耦合紧密、超实时运行等要求都能得到有效地满足。

1.2　基于高性能计算的仿真

1.2.1　高性能计算技术

从 20 世纪 40 年代开始的现代计算机发展历程可以分为两个明显的发展时代:串行计算时代、并行计算时代。串行计算是指在拥有单个 CPU 的单台计算机上逐条执行指令解决问题。在同一时间,CPU 只能执行一条指令。在串行计算机中,大多数程序仅含有单个线程。当时的操作系统在某一时间仅能运行一个此类程序。由于系统不能同时处理两项任务,下一个任务必须等到上一个任务处理结束时才能处理,后来的操作系统创新引入了多任务处理,从而能够挂起一个程序,以运行另一个程序。通过使用这种方式来迅速地切换程序,系统能够"看上去"同时运行多个程序。事实上处理器一直在分时运行,在同一时间,它只能运行单个线程。

为了提高 CPU 的处理速度,采用的手段是提升芯片的制造工艺,Intel 公司的创始人 Gordon Moore 通过长期对比,发现"摩尔定律",即"集成电路所包含的晶体管每 18 个月就会翻一番"。

但是,随着制造工艺技术的制约以及 CPU 架构本身设计目标的局限,这种时钟频率的提升很快就碰到了壁垒。从 2001 年—2003 年,Pentium 4 处理器的时钟频率从最初的 1.5GHz 提升到了 3GHz。然而从 2003 年—2005 年,整整两年的时间里,处理器的时钟频率提升的速度骤然放缓,只是从 3GHz 增加到 3.8GHz。处理器的速度增长宛若已经到了强弩之末,制造工艺的提升是有极限的,晶体管的处理速度会受到"硬件的物理限制",即光速的限制。为了突破这个限制,CPU 开始向多核发展,在一个 CPU 内部集成多个处理器核心,实现并行处理,提高了 CPU 的速度。随着硬件技术和新型应用的不断发展,高性能计算也有了若干新的发展,如云计算、基于 GPU 的高性能计算等。

1. 以多核为主流的体系结构

过去的 30 多年,中央处理器的发展主要来自于工艺的提高和体系结构的不断发展。工艺的提高使得晶体管面积减小,不断增大集成度;体系结构的发展同样大大推动了性能的提高,如深度流水、指令级并行等。但整体的系统结构上都还是串行的结构,部分使用了并行的技术。最近几年来,随着芯片集成规模极限的逼近,以及能耗和成本的因素,具有多核结构的产品逐渐成为市场的主流。

多核技术即在同一个处理器中集成两个或多个完整的计算内核,每个计算内核实质上都是一个相对简单的微处理器。多个计算内核可以并行地执行指令,从而实现一个芯片内的线程级并行,并可在特定的时间内执行更多任务实现任务级并行,从而提高计算能力。

一般认为,多核结构具有良好的性能潜力和实现优势:多核结构将一个复杂的功能芯片划分成多个处理器核来设计,每个核都比较简单,有利于设计的优化;多核结构能够有效地利用芯片内的资源,可以有效的利用程序的并行性,带来性能的快速提升;处理器核之间的互连缩短,提高了数据传输带宽,可以有效地共享资源,同时降低芯片的功耗。图 1-1~图 1-3 是超线程、多核技术的示意图。

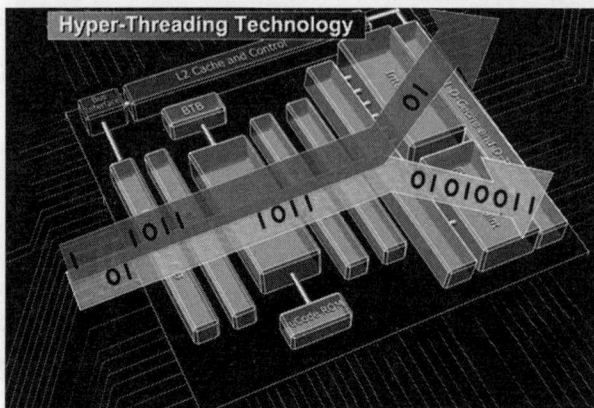

图 1 - 1　支持超线程技术的处理器

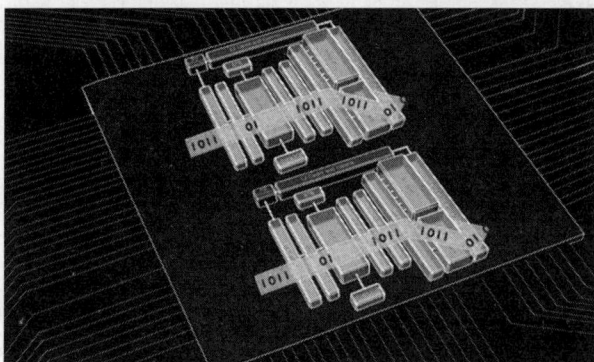

图 1 - 2　不支持超线程技术的双内核处理器

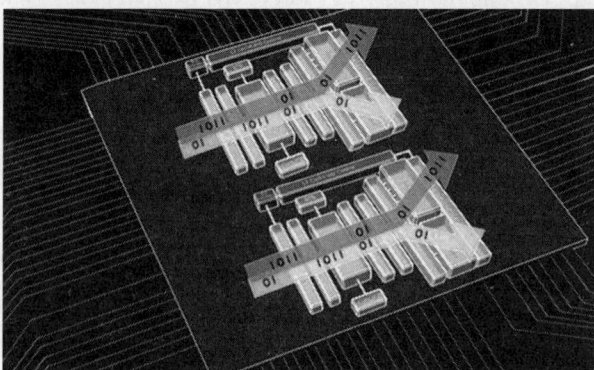

图 1 - 3　支持超线程技术的双内核处理器

多核系统在学术界的探讨和研究具有较长的历史,在 20 世纪 90 年代初就已有初步的研究工作,但并未成为业界的主流产品。近年来,随着主流芯片生产商将多核系统作为他们的主要产品推出,使得多核的技术和产品逐渐成为主流。全球主要芯片生产商纷纷推出自己的多核通用微处理器。第一个商用的多核通用微处理器是 IBM 于 2001 年发布的 Power4 处理器。每个 Power4 芯片中集成了两个 64 位的 1GHz 的 PowerPC 核,可以并行执行 200 条指令。HP 公司于 2003 年推出类似的多核处理器 PA – RISC8800,它在一块芯片上集成了两个主频为 1GHz 的 PA – RISC8700。Sun 公司于 2004 年推出了自己的多核处理器 UltraSparc IV,一块芯片内集成了两个 UltraSparc III 核心。Intel 公司和 AMD 公司也分别于 2005 年推出了各自的商用双核微处理器 Pentium D 和 Opteron。

目前 Intel 公司和 AMD 公司都推出了自己的多核处理器。双核和四核处理器目前已经投入市场。从公司的市场导向来看,他们还计划在 2009 年—2010 年陆续推出八核的处理器。服务器和工作站传统上都是使用双路处理器,这就意味着到 2010 年底每个主板上处理核心的总数量能够达到 16 个。另外,AMD 公司和 Intel 公司的处理器都提供四路甚至八路设计,不久的将来六十四核服务器也有可能出现。

具体到多核结构发展的具体趋势,还是存在着不同的预测,业界和学术界目前依然存在着不同的观点。不过,多核系统是未来计算系统的主流已经成为大家的共识。

2. 基于 GPU 的高性能计算

GPU 发展迅速,在数据并行处理能力和存储器带宽上优于 CPU,其性能逐步向通用计算领域拓展。2004 年,NVIDIA 专门邀请相关硬件方面的设计师以及软件方面的设计师对 GPU 进行重新的完全不同以前的设计,它既适用于图形,也适用于计算。

随着统一渲染架构的诞生,GPU 本身的计算方式由基于矢量计算转为了基于标量的并行计算。当摆脱了架构和计算方式所带来的限制之后,GPU 所能处理的问题由图形领域扩展到了通用计算领域。而在开发领域,需要有一种灵活的开发方式,能够让用户直接使用 GPU 的计算能力,而 CUDA 正是为此而诞生。

CUDA 是一种将 GPU 作为数据并行计算设备的软硬件体系,目前已广泛应用于科学计算、生物计算、图像处理、动力学仿真、流体力学模拟、石油勘探领域,并在很多应用中取得了不同数量级的加速比。

CUDA 采用 C 语言作为编程语言提供大量的高性能计算指令开发能力,使开发者能够在 GPU 的强大计算能力的基础上建立起一种效率更高的密集数据计算解决方案。CUDA 是业界的首款并行运算语言,而且其非常普及化,目前有高达 8000 万的 PC 用户可以支持该语言。

CUDA 的特色如下,引自 NVIDIA 的官方说明:

(1) 为并行计算设计的统一硬件软件架构。有可能在 G80 系列上得到发挥。

(2) 在 GPU 内部实现数据缓存和多线程管理(这个强,思路有些类似于 XB360 PS3 上的 CPU 编程)。

(3) 在 GPU 上可以使用标准 C 语言进行编写。

(4) 标准离散 FFT 库和 BLAS 基本线性代数计算库。

(5) 一套 CUDA 计算驱动。

(6) 提供从 CPU 到 GPU 的加速数据上传性能(瓶颈就在于此)。

(7) CUDA 驱动可以和 OpenGL DirectX 驱动交互操作(这个也强,估计也可以直接操作渲染管线)。

(8) 与 SLI 配合实现多硬件核心并行计算。

(9) 同时支持 Linux 和 Windows。

CUDA 的本质是 NVIDIA 为自家的 GPU 编写了一套编译器 NVCC 及其相关的库文件。CUDA 的应用程序扩展名可以选择是. cu,而不是. cpp 等。

NVCC 是一个预处理器和编译器的混合体。当遇到 CUDA 代码的时候,自动编译为 GPU 执行的代码,也就是生成调用 CUDA Driver 的代码。如果碰到 Host C++ 代码,则调用平台自己的 C++ 编译器进行编译,比如 Visual Studio C++ 自己的 Microsoft C++ Compiler。然后调用 Linker 把编译好的模块组合在一起,和 CUDA 库与标准 C C++ 库链接成为最终的 CUDA Application。由此可见,NVCC 模仿了类似于 GCC 一样的通用编译器的工作原理,如图 1 - 4 所示。

CUDA 在执行的时候是让 Host 里面的一个一个的 Kernel 按照线程网格(Grid)的概念在显卡硬件(GPU)上执行。每一个线程网格又可以包含多个线程块(Block),每一个线程块中又可以包含多个线程(Thread),如图 1 - 5 所示。

CUDA 是专门针对 GPU 来进行编程的平台,它最大的特点是,构建了异构计算系统,CPU 和 GPU 两个架构和指令集都是不一样的,但是它们共同协同动作来解决同一个问题。在 CPU 计算应用中,只是针对一个处理器编程,CUDA 是针对 GPU 计算的,它包含 GPU 和 CPU 两部分的代码。顺序计算和一些数据的管理等代码在 CPU 上运行,而核心的并行计算部分在 GPU 上运行。在编辑的时候编译器会把 CPU 代码和 GPU 代码分开,GPU 代码会被编译成 GPU 的目标代码,CPU 代码还是需要其他的 C 语言编译系统来编译(最新的 CUDA 版本也支持多核 CPU)。

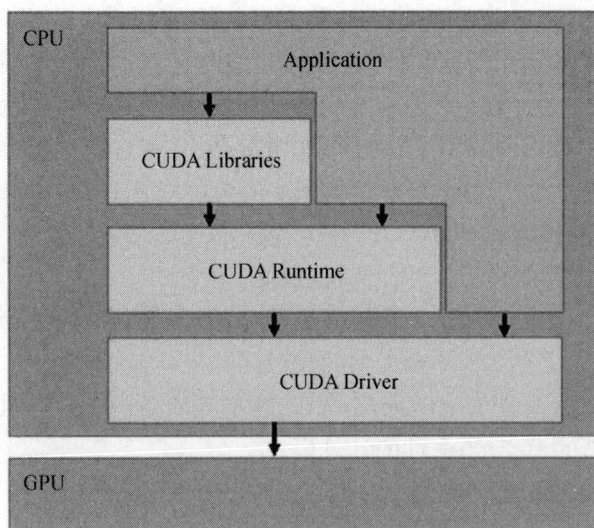

图 1 - 4　CUDA 的工作原理

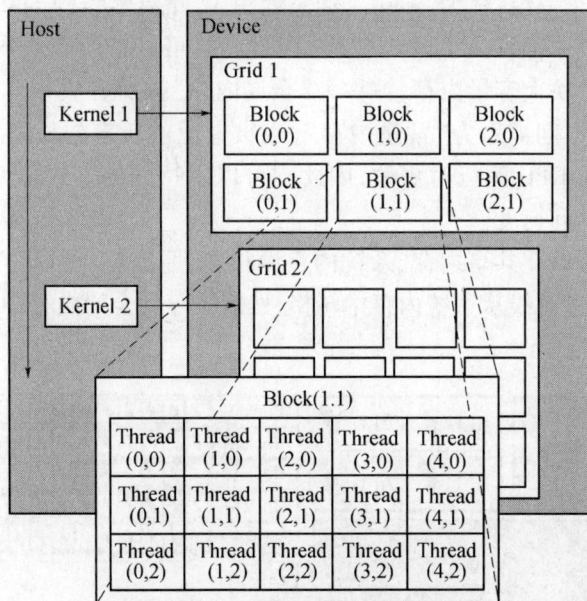

图 1 - 5　CUDA 的多线程工作原理

　　CUDA 的根本目的就是简化 GPU 计算的编程,使得人们更为快捷地开发基于 GPU 计算的应用。GPU 从计算角度来说,性能提升比 CPU 性能提升快很多。GPU 计算能力这么强,除了做图形处理之外,很多人还打算利用 GPU 强有力的计算能力进行其他应用,就是通用计算。尽管传统意义上的通用用途的 GPU(GPGPU)能够参与通用计算和处理,但使用 GPU 计算很麻烦,过去的 GPU 完全是为图形进行设计的,是一个非常专用的处理器,要使用 GPU 来做计算,需要通过图形 API 访问 GPU 计算核心。编程非常复杂,效率也不高,因为中间必须要走过渲染的过程。在这种情况下,NVIDIA 认为可以把并行计算和图形结合起来,所以就催生和开发了 CUDA。

通过 CUDA,所有的厂商很容易利用 GPU 强大的计算能力做各种各样的并行计算工作,这一切使得每个人都可以低成本的拥有自己的桌面超级计算机成为可能,而不是大家来共享一台大型的超级计算机。正如 NVIDIA Tesla GPU 计算事业部高级产品经理 Sumit Gupta 所言,这不是简单的芯片的性能提升,而是带来了一种全新的、具有革命性的计算模式。

有 CUDA 能力的 GPU 能够无上下文转换地运行成千上万个线程。这些高并发线程被组织成上百个逻辑单元,被称为"块"(Block)。在每一个块中的所有线程必须运行相同的 GPU 程序,这样的一个程序被称为"核"。每个块内的线程还被分为 32 个一组,称为"warp",通过使用 32 路流水线的 SIMD 技术实现并行化。在每个块中都有一小段"共享内存"空间,可以被所有块内的线程共享。图形卡上嵌有一块大容量内存,被称为"全局内存"被所有块共享。除了全局内存,还有一小段空间被称为"常量内存",也被卡上的所有的块所共享。常量内存的值不能够在 GPU 运行时更改,因此它可以用特殊的方式被 GPU 进行缓存以达到更高的访问速度。

全局内存应该比共享内存、系统内存慢很多,原因在于数据在 GPU 可以访问之前,必须通过总线从系统内存中转换,然后缓存到全局内存中。完整的体系结构如图 1-6 所示。

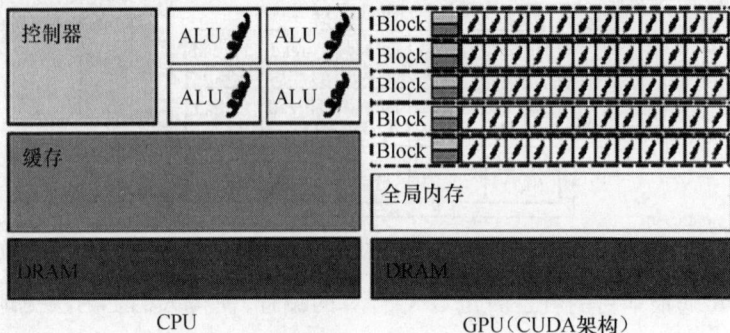

图 1-6　CPU 与 GPU 计算模型比较

为了支持在同一个芯片上大量的高并发线程,需要对块及线程的灵活性做很强的限制。块的定义引出了两个在传统 CPU 集群配置中不存在的重要限制。GPU 上可以进行的操作是有限的。例如,GPU 程序不能够访问 I/O,不能动态分配内存。共享内存和常量内存的容量很有限,因为它们非常昂贵。同步语义和原子运算比多核 CPU 环境弱得多等。这些因素对 GPU 平台的算法的运行效率有很大影响。

3. 以数据为中心的云计算

云计算(Cloud Computing)是指基于当前已相对成熟与稳定的互联网的新型计算模式,即把原本存储于个人计算机、移动设备等个人设备上的大量信息集中在一起,在强大的服务器端协同工作。它是一种新兴的共享计算资源的方法,能够将巨大的系统连接在一起以提供各种计算服务。很多因素推动了对这类环境的需求,其中包括互联网的发展与成熟、移动设备的发展、搜索引擎的普及、社会网络和移动商务等。另外,各种数字设备的大规模发展和普及也使以数字形式存储的信息的规模大幅度增长,从而进一步加强了对一个由统一的强大的服务器进行管理的需求。

云计算可以看作为分布式计算(Distributed Computing)、并行计算(Parallel Computing)和网格计算(Gridcomputing)的最新发展。它的产生和成长来自于业界的需要和推动,已经得到 IBM、Google、微软、雅虎、Sun 等全球主要信息技术公司的支持。图 1-7 是云计算联盟的示意图。

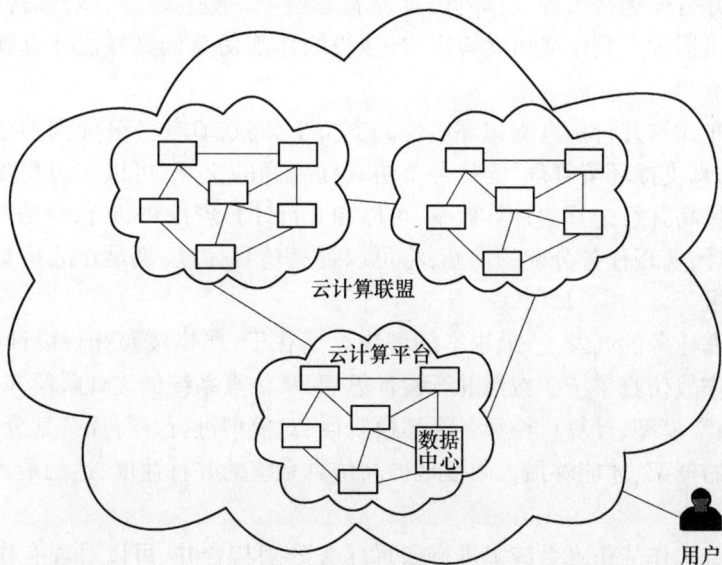

图 1-7　云计算联盟

云计算意味着对于服务器端的并行计算要求的增强,因为数以万计用户的应用都是通过互联网在云端来实现的,它在带来用户工作方式和商业模式的根本性改变的同时,也对大规模并行计算的技术提出了新的要求。

云计算还在不断的发展过程中,在信息存储与挖掘、信息安全等方面的研究是相对重要的方向。

1.2.2 基于高性能计算的仿真技术

出于科学计算的需要,并行计算机与串行计算机是同步发展的,但是并行计算机价格昂贵,一般只在实验室里有应用。随着多核时代的到来,高性能的计算机得到广泛的应用。与此同时,计算机仿真的应用也发生了很大的变化,从集中式仿真发展到了分布交互式仿真,现在又从单机仿真向高性能计算机并行仿真方向发展。

作战仿真对计算能力和通信能力的需求呈几何级数增加,只有将高性能计算技术应用到仿真中,才能满足作战仿真系统对计算能力和通信能力的需求。

现阶段,有两种方法提高仿真系统的计算能力:一是扩大分布式仿真系统的规模,即增加节点数量;二是采用高性能计算机进行作战仿真。前者带来的问题是分布式仿真系统不能无限制地扩大,到一定规模时,仿真效率不升反降,同时,给仿真管理带来很大的难度,系统可靠性也不高。采用高性能计算机实现作战仿真中的并行处理是大规模作战仿真发展的趋势。随着多路、多核高性能计算机组成的机群投入到作战仿真应用中,战役级作战仿真的高性能计算硬件条件已经具备。

在分布式与并行仿真支撑环境件的支持下,将仿真任务分配到多个处理器上,应用仿真支撑环境管理、支持各个仿真任务间的交互,可以实现初步的并行仿真。为提高并行仿真的计算效率,可以和并行计算理论相结合,对仿真任务进行并行设计,实现任务分配的均衡,将可以提高仿真速度,满足作战仿真应用的实时性需求。

在仿真任务的开发上,最根本的解决之道在于,严格按照并行设计的思想,重新开发作战仿真系统。按照并行设计思想,从仿真系统的设计阶段开始,在概念模型、数学模型、计算机模型各个建模阶段,对模型进行并行任务划分,设计好并行仿真的框架,才能够最大限度地提高仿真系统的并行速度,达到最大的并行仿真效率。

在现有的作战仿真系统上进行仿真任务分割与合并,可以对现有作战仿真系统最大限度地重用,缩短开发周期,继承现有成果。在这种情况下,仿真系统并行仿真效率能够得到提高,现有的仿真系统是按照串行思想设计的,对其进行并行改造只能有限地提高仿真速度。必须从设计阶段开始,按照并行的思想,设计、开发作战仿真系统,才能最大限度地提高并行性,有效地利用并行计算机的高性能计算能力。

1.2.3 高性能仿真技术的特点

高性能仿真是一个快速发展的多学科交叉领域,融合高性能计算、建模与仿真方法学等,主要利用高性能计算和仿真能力来更好地理解和解决重大复杂问题。随着各类应用需求的不断增长,以及建模技术、硬件技术、计算机体系结构、高性能计算、网络技术等领域的发展,高性能仿真已广泛应用于科学研究、国家安全、公共卫生、经济发展等领域,成为国家战略竞争力的重要组成部分。高性能仿真的发展将为更为可信的仿真模型的使用、复杂系统大样本仿真试验的运行提供保证,为攻克重大挑战(Grand Challenges)难题带来重要的机遇。高性能仿真正成为继理论研究和试验研究之后第三种认识、改造客观世界的重要手段。

目前,国内外对高性能仿真的战略地位有着越来越充分的认识,并且非常重视高性能仿真的发展。美国能源部科学办公室主任 Raymond L. Orbach 在 2003年就指出仿真将是进行科学发现的重要方法,为科学和技术的发展开辟了新的时代。美国总统信息技术建议委员会(PITAC)发表"计算科学:确保美国竞争力"的报告,该报告警醒美国高层加强对计算科学的重视,强调发展计算科学和高性能计算来增强国家科研能力的领导地位。SciDAC 和 SCaLeS 报告都指出应抓住运用当前的仿真能力进行科学发现的机遇,并呼吁形成多学科交叉团队的科学研究氛围来实现这些能力。此外,高端计算(High – End Computing)复苏计划和高端计算联邦计划都呼吁在计算体系结构上进行创新以适应高级仿真。劳伦斯利夫莫尔国家实验室(Lawrence Livermore National Laboratory)于 2009 年新近发布的计划指出,建模与仿真是对复杂网络化系统进行预测和控制的重要方法,高度并行仿真则是这些仿真工具的基础。可见,目前国内外高性能仿真领域正面临着关键的机遇发展期,我国必须重视和发展高性能仿真基础设施和关键技术,力争在激烈的国际竞争中取得先进地位。

信息时代科学技术的发展对高性能仿真日益迫切的需求,主要表现为下述4 个方面:

(1)高性能仿真为求解以往难以解决或无法设想的难题提供了重大机遇。例如对宇宙演变、地球演化、地质变迁、核爆炸、蛋白质折叠、高技术条件下的体系对抗作战等问题的研究,由于难以在实验室进行重现或可能对人类、环境造成危害,传统的科学方法难以有效实施。构建仿真模型在高性能计算机上进行试验为这些问题的求解提供了可能。

（2）物理上的一些基本原理,如基本粒子的 Standard Theory、原子和分子的 Schrödinger 方程、流体力学的 Navier – Stokes 方程以及电磁领域的 Maxwell 方程等,能够反映物质的基本结构、交互以及动力学性质,为进一步了解地球气候变化、污染物的传播以及各种复杂物理现象过程提供了基础。但这些方程的计算量很大,而且在一般系统上难以精确求解,使得必须借助高性能仿真得以实施。

（3）对于生物信息处理、自然灾害及生态系统演化、病毒传播及作用机理研究、经济系统演化以及军事对抗等复杂系统仿真应用,其仿真实体规模大,交互错综复杂。例如对某个地区或国家规模的高分辨率交通仿真可能要涉及 106 个 ~107 个交叉路口和 107 辆 ~108 辆车,需要大量的存储和运算资源。

（4）对于分析类仿真,往往需要统计概率分布,或者需要对多个方案进行比较分析,或者需要对参数空间的不确定性因素进行探索,找出最优的参数组合,这就要求一个应用可能需运行几十、几百甚至几千次,如果采用传统的单机或微机联网方式,其运行时间往往非常长(可能多达数月)。这种单调冗长的运行既极大地浪费了宝贵的人力、物力,又不能满足仿真应用对时效性的要求,严重滞碍了研究的深入开展。为此,迫切需要基于高性能计算平台的并行仿真技术的支持。

日益增长的应用需求是高性能仿真发展的推动力。不难看出,上述应用需求存在如下共性:随着仿真应用的不断深入,仿真规模正在逐步扩大,大规模(Large – Scale)和超大规模(Ultra – Scale)的仿真系统不断涌现,同时仿真模型将越来越精细复杂,对计算资源和仿真运行效率的要求也越来越高。因此,高性能仿真将是未来计算机仿真发展的一个重要趋势。

高性能仿真计算系统包括高性能仿真计算机硬件、软件、仿真环境、网络技术支撑平台以及建模与仿真技术的综合推动(图 1 – 8),所涉及的关键研究领域包括:

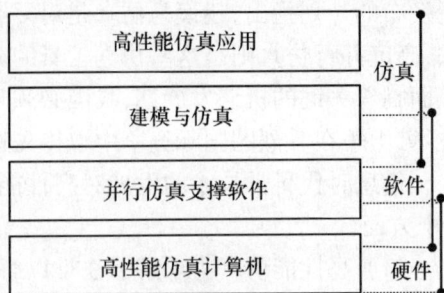

图 1 – 8　高性能仿真的主要研究领域

（1）根据仿真应用的特点以及对计算能力的要求,对高性能计算体系结构进行创新研究,研制高性能仿真计算机。高性能仿真计算机是指以高性能计算机技术为基础,根据仿真应用的具体特点定制计算机体系结构、互联通信、I/O、硬件加速器等,利用高性能计算和建模仿真能力来更好地理解和解决复杂问题。由于计算机体系结构,包括处理器、计算加速器、节点连接的拓扑结构等,都与上层应用的性能有着密切的关系,针对仿真应用的具体特点和计算/通信模式,对计算机体系结构、互联通信、I/O、硬件加速器等进行革新、优化与定制,是进一步提高仿真运行效率的重要途径。

(2)高性能仿真的发展需要并行仿真支撑软件的支持。并行仿真支撑软件必须具备柔性(Flexibility)和可扩展性(Scalability),能够充分利用底层高性能计算机的计算资源,有效支持仿真应用规模和使用的节点个数之间的均衡。

(3)高性能仿真建模理论与技术是高性能仿真基础软硬件平台与仿真应用之间的桥梁,能够为仿真应用开发提供高效的建模方式,克服并行应用的开发难度,有效挖掘仿真应用的并行性,提高仿真模型的可重用性和仿真应用的开发运行效率。

(4)仿真应用位于高性能仿真发展的最上层,主要研究内容是根据具体的仿真目标,探索应用领域的具体特点,寻求合适的硬件、软件解决方案。一方面需要针对问题域采用合适的建模方法,能够准确地表现、求解目标问题;另一方面,具体的应用具有不同的计算通信模式,选择合适的编程模型和仿真运行方法是提高效率的保证。

1.3 作战并行仿真及其现状

1.3.1 作战并行仿真的概念及特点

作战并行仿真,是指根据作战实体的并行实质,建立符合其协同、对抗事件并行发生本质的仿真模型,并将这些模型在逻辑上并行地运行于计算机上,最终反映作战实体间的信息作用和物质作用的仿真。

1.3.1.1 作战并行仿真的概念

并行仿真是典型的多学科综合的产物,在军事需求的推动下,一是受计算机技术发展的影响,二是受仿真技术的影响,在基础理论、支撑技术、甚至应用推广上,奉行的是"拿来主义"。所以,并行仿真的概念受到各根源学科的影响和制约,下面在计算方式发展历程的基础上,分析作战并行仿真的概念。

1. 计算方式发展历程

自从第一台电子计算机产生以后,计算资源的提供模式经历了以下几个阶段的演化,如图1-9所示。

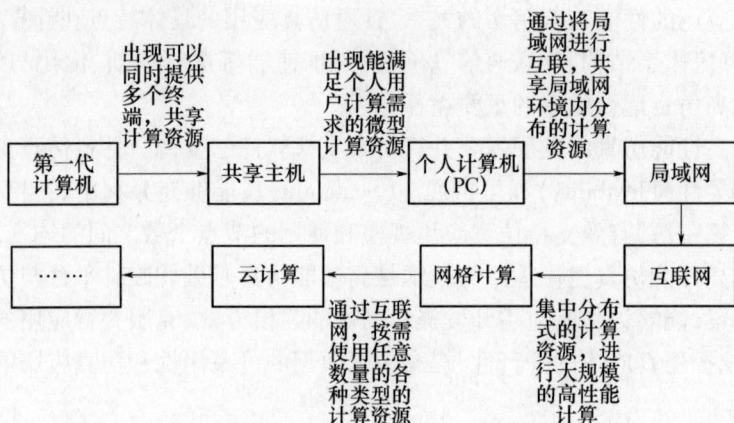

图1-9 计算方式提供方式的演化关系

(1) 单机单用户阶段。计算机刚诞生时,一台计算机在同一时间只能为一个用户所使用。

(2) 共享主机(Mainframe)阶段。随着计算机软硬件技术的发展,出现了分时操作系统,一台主机同时为多台终端提供计算服务,多个用户通过简单的终端来共同使用主机。

(3) 个人计算机(即 PC,或称为微机)阶段。随着芯片技术的发展,个人计算机取代大型机成为了独立的数据运算和存储单位,用户不再需要共享主机的计算资源。

(4) 局域网阶段。不同的 PC 之间通过局域网进行连接以进行资源共享、数据传递。

(5) 互联网(Internet)阶段。互联网将不同局域网连接在一起,用户通过互联网在全球范围内共享资源和进行分布式协作。

(6) 网格计算(Grid Computing)阶段。用户通过分布式计算方式来实现大规模的高性能计算。

(7) 云计算(Cloud Computing)和下一代互联网(NGN)阶段。用户可以通过简单的方式,通过互联网使用网络上各种可按需扩展和普适的计算服务,将计算资源作为类似于水、电一样的日常效用来提供。

2. 作战并行仿真的概念基础

仿真的本质就是计算,并行仿真实际上是一种并行计算,从计算方式发展历程可以看到,并行计算与并行处理、分布式计算等关系密切。

1) 并行

并行(Parallel),原始含义是描述空间位置上互不相交的特性,即平行性,后来扩展了时间上的概念,用来描述事物运动的同时性,在并行处理中,表示同时执行任务的特性。在并行计算理论中,采用了多种指标度量并行算法的性能,指导并行计算实现。

2) 并行处理

并行处理(Parallel Processing)是指计算机同时处理多条指令、多个数据或多个任务,要实现对一个问题的并行处理,光有可并行处理的硬件结构是不够的,还必须有支持并行处理的软件和处理问题的并行算法。

并行处理系统:并行处理系统是由 n 台处理机或 n 台等效的处理机(器)组成,受统一的操作系统控制,解算同一问题,系统硬件的价格不能大于单处理机(器)硬件价格的 n 倍,系统的运算速度要能接近单处理机(器)速度的 n 倍。

3) 分布式计算

分布式计算(Distributed Computing)是一门计算机科学,它研究如何把一个需要非常巨大的计算能力才能解决的问题分成许多小的部分,然后把这些部分分配给许多计算机进行处理,最后把这些计算结果综合起来得到最终的结果。

4) 并行计算

并行计算(Parallel Computing)在其发展过程中,随着计算方式的多样化,可分为狭义和广义两种定义:

狭义的并行计算是指在并行计算机上所做的计算,和常说的高性能计算(High Performance Computing)、超级计算(Super Computing)是同义词,因为任何高性能计算和超级计算总离不开使用并行技术。

广义的并行计算是指同时使用多种计算资源解决计算问题的过程,将一个应用分解成多个子任务,分配给不同的计算资源,各计算资源之间相互协同,并行地执行子任务,从而达到加速求解速度,或者求解应用问题。

这里认为,应该从广义的并行计算概念上进行统一,进而拓展并行计算机的定义,即并行执行多个子任务的计算资源可称为并行计算机系统,所以并行计算包括超级计算机上(主要是并行机)的并行计算和网络上并行计算。这也暗合了超级计算机的发展,随着网络技术的迅速发展,并行计算平台正从昂贵专用的超级计算机转向网络并行计算系统。

由此看,为了成功开展并行计算,不管是狭义的还是广义的,必须具备 3 个基本条件:

(1)多个计算资源。即使是并行机,也至少包含两台或两台以上处理机,这些处理机通过互联网络相互连接,相互通信。

(2)应用问题必须具有并行度。也就是说,应用可以分解为多个子任务,这些子任务可以并行地执行。

(3)并行编程。在并行机等计算资源提供的并行编程环境上,具体实现并行算法,编制并行程序,并运行该程序,从而达到并行求解应用问题的目的。

串行计算和并行计算的对比如图 1 - 10 和图 1 - 11 所示。

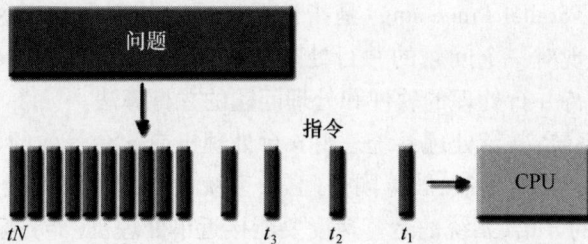

图 1 - 10　串行计算示意图

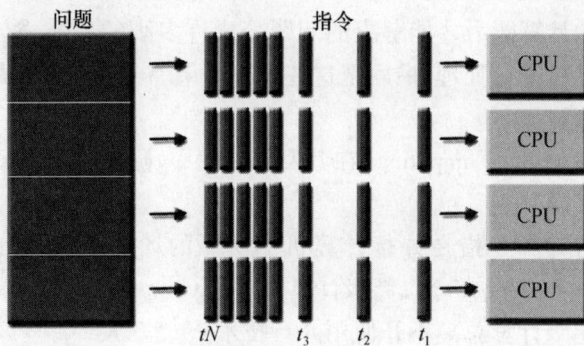

图 1 - 11　并行计算示意图

5)系统的并行性

系统的并行性是针对系统中的事件来说的,并行性有两种含义:

(1)同时性:指两个以上事件在同一时刻发生。

(2)并发性:指两个以上事件在同一时间间隔内发生。

6)作战并行仿真

作战并行仿真是指作战仿真系统包含多个仿真实体,仿真系统采用并行计算技术,能够体现各个仿真实体的并行性,反映作战系统的并行性特征。

作战并行仿真有两层涵义:一是仿真模型能够体现出各个作战实体的并行性,不再是采用串行的逻辑处理各个实体之间的交互关系;二是仿真系统采用并行计算技术,仿真系统运行在并行计算机或者仿真网络上。

1.3.1.2　作战并行仿真的特点

作战并行仿真主要以各类武器系统或军事活动"方案"为研究对象,通常为离散事件仿真,大都为模型闭环推演(图1-12)。归纳起来,作战并行仿真具有如下特点:

(1)"多样本"。作战仿真的结论往往需要建立在对多次仿真结果进行综合分析的基础上,即在想定空间上进行搜索式或大样本仿真推演,通过对大量输出结果进行统计分析才能得出统计意义上的结论。例如,兰德公司的研究人员在"恐怖的海峡"项目中,使用 JICM 运行了 1700 多次,以研究 7 个关键变量的影响。美陆军概念分析局(CAA)在使用 CEM 对"沙漠盾牌"行动方案进行分析评估过程中,共运行了 500 多次。

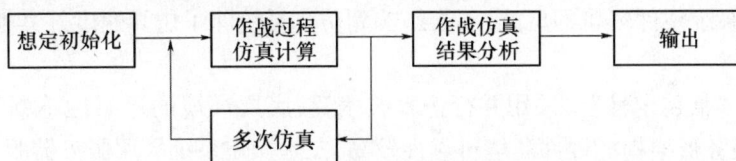

图 1-12　军事分析仿真的应用模式

(2)"超实时"。仿真推演时间往往要求大大小于实际军事活动的推进时间。由于军事分析结论建立在对各类关键变量进行大量探索性运算的基础上,所以运算时间成为分析仿真系统必须考虑的重要问题。"超实时"仿真运行模式能大大缩短对一次军事行动过程的仿真运行时间,从而能在一个相对短的时间内,完成尽可能多的样本分析。分析仿真系统还必须适应战争的时间紧迫性要求,特别是那些用于战时运筹、边打边评估的仿真系统,只有采取"超实时"仿真模式,才能满足作战需求。例如在海湾战争中,美国陆军就要求概念分析局(CAA)能够对未来相当长的作战过程保持不超过 12h 的分析评估能力。应用于战争问题研究、武器装备论证、作战方案评估等分析仿真系统,一般希望实际时钟步长与仿真时钟步长的比率为 50:1 以上,即在 1min 的仿真时间里完成实际 50min 以上的作战任务的仿真计算。在战时对作战方案和作战效果的分析评估中,这种要求更高,一般希望能达到 1000:1 甚至 10000:1。

（3）"大计算量"。要获得可信的仿真结果，战争问题研究、武器装备论证、作战方案评估等军用仿真需要建立复杂的数学模型，而随着模型复杂度的提高，其计算量呈指数增长。以大气环境对作战影响的差分模型为例，水平分辨率提高一倍则至少要求计算机速度提高 8 倍。

（4）"强耦合"。作战仿真系统中，各实体之间的相互关系逐渐变得重要，如果把所有的可能的关系都描述出来，必将导致"维数灾"。但随着信息化技术的发展，对作战影响的全局性事件不断增多，导致仿真模型对相互关系的描述也更加详细，整个作战仿真系统成为一个强耦合的仿真系统。

（5）"高敏感"。当部分参数发生小的变化时，仿真的输出会有较大的变换。经过对建模与仿真过程的反复校验，对仿真基础数据的校验，才能使仿真输出的敏感性较为合理。作战仿真的高敏感性，是造成多样本仿真的根本原因。

（6）"扩展性强"。一般来说，作战并行仿真软件会和硬件系统相分离，一是和硬件系统的结构无关；二是和硬件系统在一定范围内的数量无关。所以，作战并行仿真系统具有很强的扩展性，当条件允许时，可以随意更换或增减系统硬件环境的数量，通过简单配置，就可以保证软件环境的完整性。尤其对于机群系统来说，系统硬件环境的更改，不会影响到仿真系统除了仿真速度外其他的运行特点。

（7）"低稳定性"。采用并行仿真技术后，底层环境的可靠性不断增强，一是采用服务器架构的硬件环境可靠性较高；二是操作系统采用服务器版本，提升了底层软件的可靠性。但仿真软件的可靠性却不断下降，一是因为并行程序的调试还缺乏有效的手段，都是采用串行调试方法调试的，难免会有漏网之鱼的 Bug；二是作战并行仿真涉及到上百个进程、上千个线程，软件的故障概率不断增大。现阶段，一般有 3 种处理方法：一是简单的分离措施，保证程序主体运行正常；二是采用保存状态，迁移环境运行的方法；三是采用软件自维护技术，自动恢复。这 3 种方法除第一种有效外，另外两种都无法完全保证根除软件故障。

（8）"低可用性"。作战并行仿真的低可用性体现在两个方面：一是作战仿真软件本身的不好用，从作战想定到仿真基础数据准备，再到仿真运行、仿真结果处理，各个环节受到模型或软件本身的制约，操作不方便或使用时间长；二是由于并行仿真造成的不好用，相对于集中式的使用来说，分布式的部署，导致初始化数据准备、任务分割、任务分配、交互关系约定、运行管理与控制、结果记录与处理等各个方面都徒增很多工作量，开发"透明化"处理的软件可以减少这方面的困境，但同时也会屏蔽故障、异常、不可信等现象的产生。

1.3.2　作战并行仿真应用现状

对于大规模作战分析、体系对抗和战争问题研究、作战方案评估、新装备论证和新概念研究等分析评估论证类仿真应用来说,由于仿真过程的随机性,往往或者需要统计概率分布,或者需要对多个方案进行比较分析,或者需要对参数空间的不确定性因素进行探索,遍历各种参数组合,即需要对仿真系统中的各种参数进行逐项逐步调整,以测试其对整个系统的影响,从而找出最优的参数组合,这就要求一次分析、评估、论证往往需要仿真运行几十、几百甚至上千次,如果单次仿真运行的时间较长,那么一次分析、评估、论证的时间则非常长(可能多达几个月甚至十几个月)。这种单调、冗长的仿真运行既极大地浪费了宝贵的人力、物力资源,又阻碍了军队建设的发展和作战能力的提高。为此,并行仿真特别是基于高性能计算机的大规模并行仿真正成为分析类仿真发展的重要趋势。

在美国等发达国家,并行仿真已在国家与国防战略研究、危机预测预警与处置决策、武装力量规划、部队战斗力和作战方案分析评估、武器装备体系规划及需求分析、装备技术性能与作战效能评估、新概念武器的先期技术演示与作战应用分析等军事领域得到广泛应用。它对于评估装备作战效能,理解复杂军事问题,发现解决方案存在的问题,寻找出符合目标的优化结果,启发新的作战思想,辅助各级指挥人员进行决策等具有十分重要的作用。

如美军的 JWARS,是一个能对联合战役作战方案进行模拟分析的战役级仿真系统,是美国国防部承担的最大的建设性的模型发展项目之一。其关键应用包括联合作战仿真、作战规划与执行、兵力评估、系统效能评估与作战分析、系统采办分析、作战概念及条令开发与评估等,图 1 - 13 是 JWARS 的体系结构图。

JWARS 着重于战役层次的"端到端"(End - to - End)军事行动推演仿真,能够描述从港口装载到前线作战的全频谱范围的军事行动,为决策人员提供了一个观察从"港口到散兵坑"的全战役精细场景视图,及其对战略与战役后勤的潜在影响。

JWARS 研究已经取得相当大的进展,具备了对联合 2010/2020 作战纲要中所涉及的作战概念的潜在分析支持能力,特别是能够在后勤与作战的综合、C^4ISR 系统的评价、抢滩登陆等几个关键领域为《四年防务审查报告》的支撑研究提供帮助。图 1 - 14 是 JWARS 仿真系统的构成图。

JWARS系统

HCl系统　←→　JACS

仿真系统　←→　环境服务器

Oracle
数据库　　　环境数据库

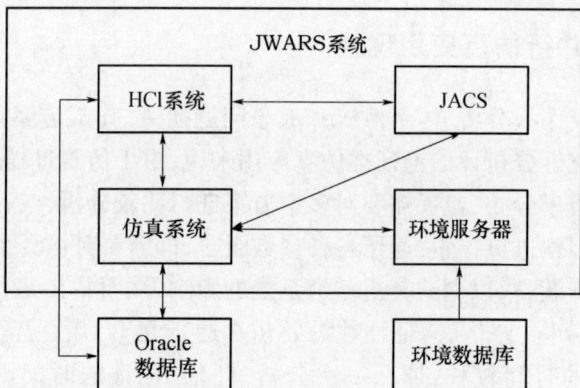

图 1 - 13　JWARS 系统体系结构

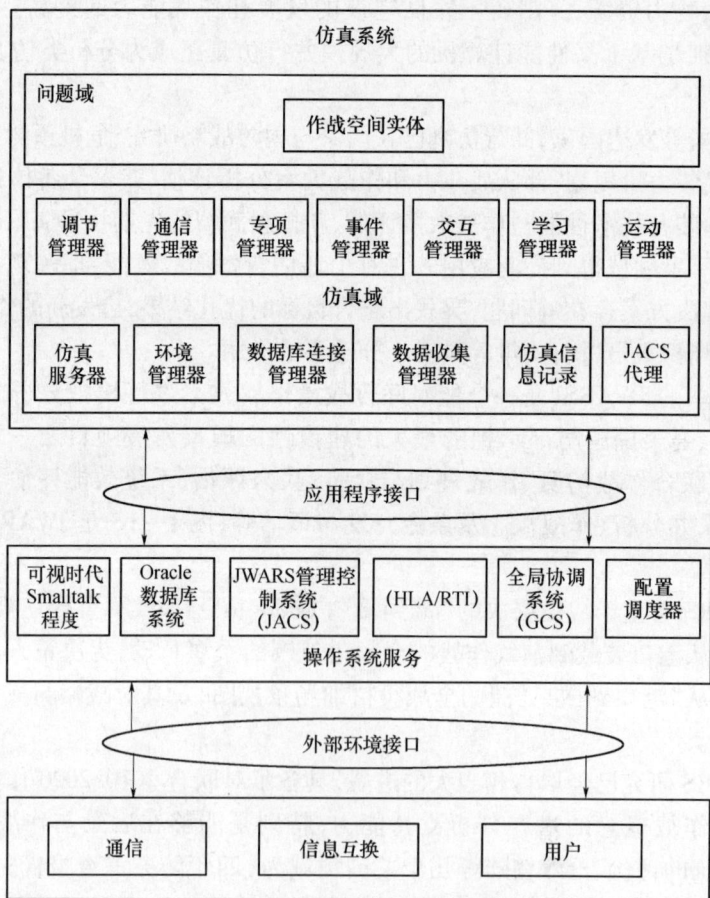

仿真系统

问题域

作战空间实体

| 调节管理器 | 通信管理器 | 专项管理器 | 事件管理器 | 交互管理器 | 学习管理器 | 运动管理器 |

仿真域

| 仿真服务器 | 环境管理器 | 数据库连接管理器 | 数据收集管理器 | 仿真信息记录 | JACS代理 |

应用程序接口

| 可视时代Smalltalk程度 | Oracle数据库系统 | JWARS管理控制系统(JACS) | (HLA/RTI) | 全局协调系统(GCS) | 配置调度器 |

操作系统服务

外部环境接口

| 通信 | 信息互换 | 用户 |

图 1 - 14　JWARS 仿真系统

JWARS 采用的是成熟的 HLA/RTI 技术,但采用 Smalltalk 开发环境,使多处理机分布并行的计算需求能够较好地实现,实现了在分布式计算资源上的并行与分布式仿真集成,一是有效地提高了计算能力;二是实现了开放的接口,形成了强大的作战仿真能力及战场环境仿真能力。

美国高度重视高性能计算技术在作战仿真中的应用,在 1992 年,美国国会就确立了国防部高性能计算现代化计划(HPCMP)。如今 HPCMP 负责为整个美国国防部的科技以及试验与评价组织提供保障。HPCMP 为用户在美国 8 个分中心提供世界上最大计算机的使用权限,并奖励小型超级计算机支持当地科技及试验与评价任务,并为有限数量的超级计算机软件开发与维护活动提供保障。

美国国防部下属的国防先进研究计划局(DARPA)一直对大规模的军事模拟非常感兴趣,因为它对于军事指挥、训练、演习和试验都有先验指导意义。其中,由 DARPA 资助的 SF Express 项目始于 1996 年,由加利福尼亚理工学院负责完成,其目标是模拟尽可能多的战斗单位。

1996 年 11 月,SF Express 使用拥有 1024 个处理器的 Intel Paragon 并行机,模拟了 10000 个战斗单位。1997 年,SF Express 扩展到横跨 7 个时区的 6 台超级计算机,共使用了 1094 个处理器,模拟了 50000 各战斗单位。1998 年,SF Express 集合 13 台并行计算机之力,使用了 1386 个处理器,成功模拟了 100298 个战斗实体。随着小型超级计算机的普及,SF Express 则致力于将各个实验室的计算能力进行整合,方便随时地进行大规模作战仿真。

在应用需求的牵引下,美国引导着并行仿真的支撑技术研究,主要方式是继承分布式仿真支撑技术,分布式仿真技术经历了 SIMNET、DIS 协议、ALSP 协议 3 个发展阶段,目前进入高层体系结构 HLA 阶段,在分布式仿真技术基础上,研究分布式与并行仿真支撑的相关技术,包括高性能计算机群上优化的并行离散时间仿真方法、与网络相结合的分布式并行仿真、并行仿真中时间管理机制与消息因果顺序的关系、数据复制方式和空间分解的并行仿真方式等。

在并行仿真的应用研究上,研究范围广泛。包括对并行仿真中间件的应用,如 Aurora 分布式与并行仿真系统、在无人机的作战并行仿真中应用了 SPEED-ES、利用 PVM 进行通信和同步等;在领域运用上,进行了多种并行仿真,包括远程网络竞争的分布式与并行仿真应用、化学反应的并行仿真、交通仿真,分子动力学并行仿真、电磁波漫射并行仿真等。

在作战仿真上,国内专家进行了广泛的探讨,认为联合作战仿真可以应用于多个方向。比如,武器装备研制方向上的联合作战仿真,支持武器装备发展评估、战技指标论证和新概念武器先期技术演示,包括系统需求论证、概念研究、功能结构、设计与制造、检测与试验、作战运用研究与操作训练等。

受限于软硬件的速度,我国对大规模作战仿真的研究较晚。将高性能计算技术应用到大规模作战仿真中才刚刚起步。2008 年,装甲兵工程学院利用 6400 亿次刀片式服务器实现了 2000 个实体的数字化师作战仿真,实现了对各级指挥、通信、火力交互的仿真,粒度到单武器平台。单个案例要进行 150 次作战仿真,如果采用分布式仿真系统中的 9 台 PC 机计算,将需要 120 天,现在只需要 33h 就完成了,而且得益于刀片式服务器的高性能计算能力,仿真中无需人员值守。在国内,这是高性能计算技术大规模作战仿真中较早的应用。

国内对与并行仿真支撑环境的研究落后于国外,但也开展了大量的研究工作。在高性能计算技术与并行仿真的结合上,研究了基于高性能计算环境的并行仿真、基于 HPC 环境的 RTI 及作战仿真应用、并行仿真引擎、高可扩分布式交互仿真支撑平台、多核集群上的高性能计算支撑平台、并行离散事件网络仿真等;在利用网络环境实现大规模并行仿真上,主要包括大规模网络仿真方法、分布式并行仿真系统数据通信性能研究、并行网络仿真可视化方法、网格并行仿真等;在并行仿真中间件的研究上包括 HLA 时间管理问题、并行离散事件仿真框架、并行离散事件仿真中的回退和持续机制研究、同步并行环境等;为了实现并行仿真系统的负载平衡,研究了各种负载平衡的算法。

在仿真应用上,和国外的研究是同步的,研究范围广泛。包括交通并行仿真、雷达并行仿真、分子动力学并行仿真、网络仿真的并行实现、电力系统并行仿真、电路并行仿真等。

国内有一些并行计算规则任务划分的研究,主要集中在算法级,均采用了有向无环图来描述并行计算任务,在图的模型中研究任务划分的算法。

总体来说,国外对并行仿真支撑技术的研究领先于国内,大量的研究引导了大批的分布式与并行仿真标准,并产生了大量的并行仿真、分布式仿真中间件。国内外对并行仿真的应用研究是同步的,并且都集中在对规则问题的并行仿真上,如交通、分子动力学等,图 1-15 是交通仿真中的路网分割图及仿真过程图,图 1-16 是分子动力学仿真中的负载均衡划分方法。

并行作战仿真在功能上比较复杂、交互频繁,属于紧耦合、不规则的仿真任务,目前还没有具体的任务划分方法,仅仅依靠开发时的任务分工形成所谓的"并行"。研究其并行仿真的实现,需要采用新的方法。

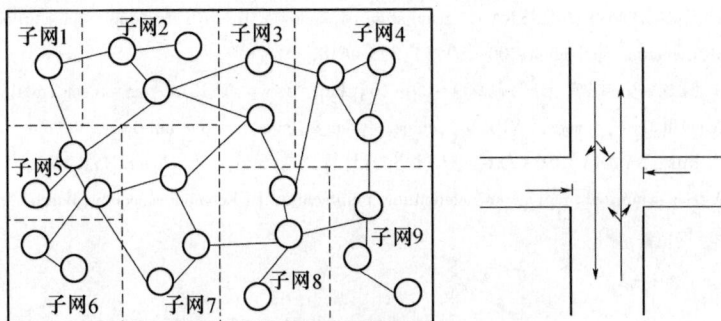

图 1 - 15　路网分割图及仿真过程图

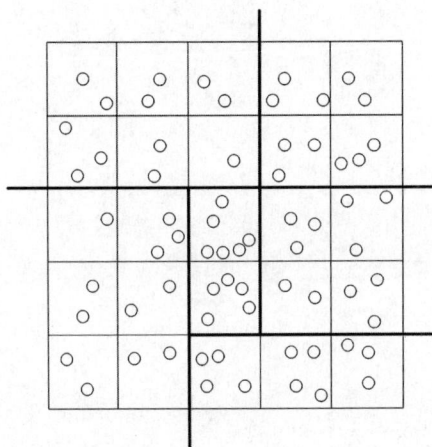

图 1 - 16　分子动力学负载均衡划分方法

参 考 文 献

[1] 陈国良,孙广中,徐云,等. 并行计算的一体化研究现状与发展趋势[J]. 科学通报,2009,54(8):
1043 - 1049.

[2] 黄柯棣,刘宝宏,黄健,等. 作战仿真技术综述[J]. 系统仿真学报,2004(09):1887 - 1895.

[3] 王成,徐享忠,王精业,等. 作战仿真应用中实时 VV&A 研究[J]. 系统仿真学报,2006(08):
192 - 194.

[4] 郭齐胜,张伟,杨立功,等. 分布交互仿真及其军事应用[M]. 北京:国防工业出版社,2003:13 - 18.

[5] 张泽华. 云计算联盟建模及实现的关键技术研究[D]. 云南大学信息学院,2010.

[6] 苏丽丽. 基于 CPU - GPU 集群的分子动力学并行计算研究[D]. 大连理工大学, 2009.

[7] 倪安宁. 并行交通仿真模型及关键算法研究[D]. 吉林大学博士学位论文,2007.

[8] 张备,翟健,杨秋松. GSim:支持 GPU 加速软件过程仿真框架[J]. 计算机工程与设计,2012.

[9] LASTRA M,MANTAS J M,URENA C. Simulation of shallow water systems using graphics processing units [J]. Math Computer Simulation,2009,80(3):598 –618.

[10] NVIDIA. CUDA Zone[EB/OL]. [2009 –09 –10]. http://www. NVIDIA. com/object/cuda_home. html.

[11] NVIDIA ebsite. http://www. NVIDIA. cn/object/what_is_cuda_new_cn. html.

[12] David B. Kirk, NVIDIA CUDA 软件和 GPU 并行计算架构,http://developer. NVIDIA. cn/.

[13] NVIDIA tesla:a unified graphics and computing architecture,IEEEcomputer society,March/April 2008,28 (2):39 –55.

第 2 章

并行仿真基础

摩尔定律一直主导了个人计算机的升级换代,也间接主导了整个 IT 产业的升级换代,包括 HPC 从向量机和 MPP 向 Cluster 的转换。众多的消费者和企业不断的升级,更换自己的机器。微软也紧跟随着这一趋势,操作系统不断地提高着对 CPU 的需求。当大量的金钱投入换来更快的处理器和新版本 Windows,处理器的实际利用率提升有多高? 能从那些提高的主频中获得多少真正需要的受益? 这是并行计算应用尤其是并行仿真必须面对的问题。

在第 1 章中,已经对分布式计算、分布式仿真、并行计算、并行仿真等概念进行了分析和定义。分布式计算是并行计算的一种,并行计算不断地从分布式计算中吸取有用的知识;并行仿真也可以从分布式仿真中"拿来"有用的理论、方法和技术。本章在介绍典型的并行计算、并行仿真技术的基础上,以并行计算相关理论为基础,重点介绍并行仿真计算模型、并行性、加速比和效率等度量方法。并分析了并行仿真对模型及仿真系统的要求,以及仿真任务划分的基本依据。

2.1　分布式计算

2.1.1　概念

分布式计算就是利用网络把成千上万台计算机连接起来,组成一台虚拟的超级计算机,完成单台计算机无法完成的超大规模问题的求解。

分布式计算的最早形态出现在 20 世纪 80 年代末的 Intel 公司。Intel 公司利用他们的工作站的空闲时间为芯片设计计算数据集,利用局域网调整研究。随着因特网的迅速发展和普及,分布式计算的研究在 90 年代后达到了高潮,目前,在因特网上进行分布式计算已非常流行。比较著名的项目有:

（1）SETI@ home,1999 年 5 月,由美国加州大学伯克利分校发起。SETI@ home 是 Search for Extra Terrestrial Intelligence at Home 的缩写,意为:在家里寻找外星文明。

（2）以破解加密术而著称的 Distributed. Net 利用分布式计算已破解了以研究加密算法而著称的美国 RSA 数据安全实验室开发的 64 位 RC5 – 64 密匙。

（3）解决较为复杂的数学问题,例如:GIMPS(寻找最大的梅森素数)。

（4）研究寻找最为安全的密码系统,例如:RC – 72(密码破解)。

（5）各种各样疾病的药物研究,例如:United Devices(寻找对抗癌症的有效的药物)。

（6）其他项目:Distributed Search for Fermat Number Divisors(费马因子网络搜寻计划)、Einstein@ hom(寻找引力波)、FightAIDS@ home(寻找对抗艾滋病的有效药物)、United Devices(寻找对抗癌症的有效药物)、D2OL(寻找对抗 SARS 等等病毒的有效药物)、LHC@ home(模拟大型强子对撞机)等。

分布式计算研究主要集中在分布式操作系统研究和分布式计算环境研究两个方面。在过去的 20 多年间出现了大量的分布式计算技术,如中间件技术、移动 Agent 技术、P2P 技术、Web Service 技术以及最近推出的网格技术等。每一种技术都得到了一定程度的认同,在特定的范围内得到了广泛的应用。

但是,所有分布式计算技术都没有得到全世界的公认,没有一种技术能显示出是分布式计算技术的主流方向。技术的复杂性和多样性使得分布式计算机的研究十分活跃,同时也使得分布式计算技术的普及非常困难。

分布式计算比起其他算法具有以下几个优点:

（1）稀有资源可以共享。

（2）通过分布式计算可以在多台计算机上平衡计算负载。

（3）可以把程序放在最适合运行它的计算机上。

其中,共享稀有资源和平衡负载是计算机分布式计算的核心思想之一。

2.1.2 分布式计算的工作原理

从上述分布式计算的例子可以看出,这些项目都很庞大,需要惊人的计算量,仅仅由单个的计算机或是个人在一个能让人接受的时间内计算完成是决不可能的。在以前,这些问题都应该由超级计算机来解决。但是,超级计算机的造价和维护非常的昂贵,这不是一个普通的科研组织所能承受的。随着科学的发展,一种廉价的、高效的、维护方便的计算方法应运而生——分布式计算。

随着计算机的普及,个人计算机开始进入千家万户。与之伴随产生的是计算机的利用问题。越来越多的计算机处于闲置状态,即使在开机状态下中央处理器的潜力也远远不能被完全利用。我们可以想象,一台家用的计算机将大多数的时间花费在"等待"上面。即便是使用者实际使用他们的计算机时,处理器依然是寂静的消费,依然是不计其数的等待(等待输入,但实际上并没有做什么)。因特网的出现,使得连接调用所有这些拥有限制计算资源的计算机系统成为了现实。

那么,一些本身非常复杂的但是却很适合于划分为大量的更小的计算片断的问题被提出来,然后由某个研究机构通过大量艰辛的工作开发出计算用服务端和客户端。服务端负责将计算问题分成许多小的计算部分,然后把这些部分分配给许多联网参与计算的计算机进行并行处理,最后将这些计算结果综合起来得到最终的结果。

当然,这看起来也似乎很原始、很困难,但是随着参与者和参与计算的计算机的数量的不断增加,计算计划变得非常迅速,而且被实践证明是的确可行的。目前,一些较大的分布式计算项目的处理能力已经可以达到甚至超过目前世界上速度最快的巨型计算机。

随着民间的组队逐渐增多,许多大型组织(如公司、学校和各种各样的网站)也开始了组建自己的战队。同时,也形成了大量的以分布式计算技术和项目讨论为主题的社区,这些社区多数是翻译制作分布式计算项目的使用教程及发布相关技术性文章,并提供必要的技术支持。图 2-1 是分布式计算系统的组网图。

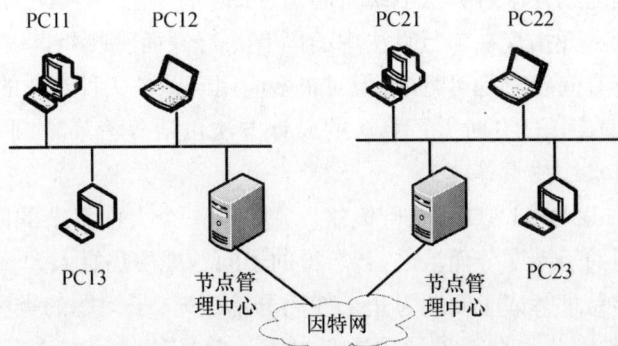

图 2-1　分布式计算系统的组网图

2.2 并行计算

2.2.1 并行计算的层次

并行计算存在多种层次的并行性,可以用并行计算任务的粒度来描述,并行计算任务的粒度是指并行计算任务的大小。

(1)指令级并行。是粒度最小的并行,一般由硬件处理器实现。

(2)数据级并行。最典型的数据级并行执行在循环操作或指令块上,通常由机器的编译器负责实现这类并行。

(3)过程级并行。这一级的并行通常对应着过程、子过程,通常由程序员负责开发这种并行性。

(4)任务级并行。任务级并行也称为业级并行,对应着并行机上并行执行的独立作业,一般由加载程序和操作系统负责处理。

2.2.2 并行计算设计原则及方法

在进行并行算法设计时,可以遵循以下 3 种思路:

(1)从问题本身的描述出发,根据问题固有的并行属性,从头开始设计一个全新的并行算法,对于有些问题,现有的串行算法难以并行化,此时要寻求新的方法,设计出一个新的并行算法。但这并不是完全排除某些串行算法设计的基本思想,而是着重从并行的具体实现上开辟新的设计方法。

(2)借用已有的并行算法使之可求解新的问题,通过分析内在的并行特性,将两类不同的问题在求解方法上统一起来,可能会产生一个很优秀的并行算法。

(3)检测和开拓现在串行算法中的固有并行性而直接将其并行化,这种方法虽不是对所有问题总是可行的,但对很多应用问题是一种有效的方法。

目前,普遍使用的几种并行算法的设计方法包括分治策略、平衡树方法、倍增技术以及流水线技术等。

分治(Divide – and – Conquer)策略。它是将一个大而复杂的问题分割成若干个特征相同的子问题分而治之,若所得的子问题规模仍嫌太大,可反复使用分治策略直至很易求解诸子问题为止。使用分治法时,子问题的类型通常和原问题的类型相同,因此很自然地导致递归过程。常见的分治方法有两种:数据分割,是指各节点基本执行相同的任务,只是数据不同,此方法常用在计算的各数据之间具有对称性的情况;任务分割,是指总任务由自然的数个子任务组成,将其分摊在各个节点上。

平衡树(Balancing – tree)方法。将输入元素作为叶节点构筑一棵平衡二叉树,然后自叶向根往返遍历。此法的优点是在树中能快速地存取所需要的信息。平衡二叉树的方法可推广到内节点的子节点的数目不只两个的任意平衡树。

倍增技术(Doubling Technique),又称为指针跳跃技术(Pointer Jumping Technique),特别适合处理以链表、有向图或有根树之类表示的数据结构,在图论和链表算法中有着广泛的应用。每当递归调用时,所要处理的数据之间的距离将逐步加倍,经过 k 步后就可完成距离为 2^k 的所有数据的计算。

流水线(Pipelining)技术,是一项重要的并行算法的设计技术,其基本思想是将一个计算任务 t,分成一系列子任务 $t_1, t_2, \cdots, t_m$,使得一旦 t_1 完成,后继的子任务就可立即开始,并以同样的速率进行计算。

作战并行仿真研究的主要内容是在现有仿真系统的基础上,开拓现在仿真系统中的固有并行性而直接将其并行化。在计算粒度上属于粗粒度任务级并行,所以在并行仿真的实现方法上与细粒度的算法级并行不同,只是借鉴了其中的思想。

2.2.3 并行算法的设计过程

设计一个高效的并行算法并不容易,其过程比较复杂,很难"一步到位",往往需要多次迭代反复才能达到要求。并行算法的设计过程一般可分为四步,即任务分割(Partitioning)、通信(Communication)分析、任务合并(Agglomeration)和处理器映射(Mapping),简称为 PCAM 设计过程,如图 2 – 2 所示。在 PCAM 设计过程中,首先,通过对计算任务的分割,尽量开拓算法的并行性;然后,统计各个分割的计算任务之间的通信情况,通过任务间双方的约定或其他简化的手段,优化各个任务间的通信成本;再根据各个任务的计算成本和任务间的通信成本,将各个分割的任务进行合并,合并的目标是:各个合并后的任务与各个处理器的处理能力相对应,要均衡分布;合并后,进行任务均衡程度的判断,如果不能达到任务均衡的目标,再回溯到分割阶段。通过必要的整个过程的反复回溯,以期最终达到一个满意的设计结果,最后将合并的任务进行映射,也就是将经过优化的计算任务指派给具体的处理器去执行。有文献将任务分割称为划分,这里认为划分拥有分割、分配的含义,因此将仿真系统的并行仿真设计过程称为并行仿真任务划分的过程。

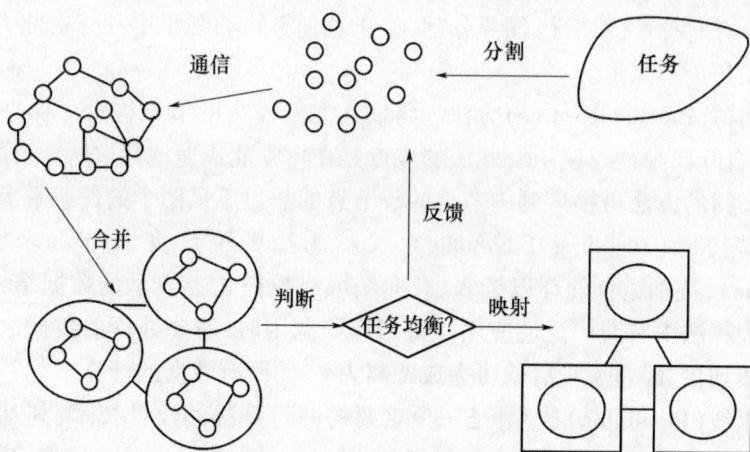

图 2 - 2 并行算法的 PCAM 设计过程

2.2.3.1 分割

分割,就是将原计算问题分割成一些小的计算任务,以充分揭示并行执行的机会,分割以充分开拓算法的并发性和可扩放性为目的。分割有两种方法:数据分割和功能分割。

数据分割,基本步骤是:首先分割与问题相关的数据,如果可能的话,就使这些小的数据片尽可能大致相等;再将每个计算关联到它所操作的数据上。由此分割将会产生一系列的任务。每个任务包括一些数据及对这些数据的操作,当一个操作可能需要别的任务中的数据时,就会产生通信要求。

功能分割,首先关注于被执行的计算上,而不是计算所需的数据上。如果所作的计算分割是成功的,再继续研究计算所需的数据,分割完成后,如果这些数据不会被交叉调用,这就意味着分割很成功。如果一个任务中的数据被其他任务频繁调用,就会产生大量的通信,说明应该考虑数据分割。对于具体问题来说,功能分割可能揭示问题的内在结构,展示出并行的机遇,但并行后的可扩展性往往会受到很大的限制,若求解问题的计算时间较大,且可分割的功能模块非常有限时,往往需要优先考虑数据分割的方法。

2.2.3.2 通信

由分割所产生的各个并行执行的任务,一般都不能完全独立执行,一个任务中的计算可能需要用到另一个任务中的数据,从而就产生了通信要求。如作战仿真系统中敌我双方的火力交互导致的仿真信息交换,我方不同部队的协同作战等。并行仿真中的通信一般包括以下 4 种模式：

（1）局部和全局通信：局部通信时，每个任务只与较少的几个近邻任务通信；全局通信中，每个任务与其他所有任务通信。

（2）结构化和非结构化通信：结构化通信时，一个任务和其近邻任务形成规则结构，如树、网格等；非结构化通信中，通信网则可能是任意图。

（3）静态和动态通信：静态通信，参与通信的仿真任务不随时间改变；动态通信中，参与通信的仿真任务则可能由运行时所计算的数据决定且是可变的。

（4）同步和异步通信：同步通信时，接收方和发送方协同操作；异步通信中接收方获取数据无需与发送方协同。消息传递的通信方式就属于异步通信。

2.2.3.3　合并

在并行算法的前两个阶段，分割了任务并考虑了任务间的通信，不过所得到的算法仍是抽象的，因为并未考虑它在任何特定的并行机上的执行效率，在第三个阶段，即合并阶段，将算法从抽象转到具体，即重新考察在分割和通信阶段所作的选择，力图得到一个在某一类并行机上能有效执行的并行算法。

合并的目的是通过合并小尺寸的任务来减少任务数，并使各个处理器上的任务均衡，但任务数仍可能多于处理器的数目，理想的情况是，在合并时就将任务数减少到恰好每个处理器上一个。

2.2.3.4　任务均衡判断

合并完成后，需要对合并后的任务进行均衡程度判断。任务均衡判断的目的是在分配任务到各个处理器之前就进行判断，以避免多余的、并行效率不高的计算。主要方法是：在并行计算任务映射之前，通过算法复杂度分析等手段对各个任务的计算量进行初步的统计，与计算任务相对应的处理器的计算能力相比较，判断各个任务的计算量与相对应的处理器的计算能力是否相适应。当处理器的处理能力相同时，各个任务的计算量也要相差不大。对任务进行均衡判断的操作应该在合并完成后立即进行，在作战并行仿真的研究中，合并的目标就是追求任务的均衡性，当不满足均衡要求时，则进行重新划分。

当合并后的计算任务不满足任务均衡要求时，回溯到分割阶段，进入下一轮的并行算法设计过程，直至达到满意的任务均衡度要求，任务均衡判断满足条件后，将各个计算任务分配到对应的处理器上。

2.2.3.5 映射

映射的主要目的是减少算法的总执行时间,其策略有两种:一是把那些能够并发执行的任务放在不同的处理器上以增强并行度;二是把那些需频繁通信的任务置于同一个处理器上以提高局部性。这两种策略有时会发生冲突,此时就需要对它们进行权衡。

在基于功能分割的算法中,常常会产生一些由短暂任务组成的计算,它们只在执行的开始和结束时需与别的任务协调,此时可以用任务分配算法来分配任务给那些可能处于空闲状态的处理器。

在进行映射时,对于许多采用数据分割技术开发的算法,存在固定数目的等尺寸任务,有结构化的局部/全局通信,此时映射很简单;对于更复杂的数据分割算法,每个任务的工作量可能不一样,通信也许是非结构化的,有效的合并就不那么容易,此时就会用到负载平衡算法。

2.2.4 并行计算模型

模型是对现实世界的事物和事件的一种抽象。这里所讨论的计算模型,是为了预测计算结果而对计算机硬件与软件进行的一种抽象。并行计算模型,也称为编程模型、类型性模型、概念性模型或理想化模型,是从具体并行计算机中抽取出若干可定量测量或计算的机器参数,屏蔽掉并行机的具体差异,可根据程序的执行行为构造出成本函数,以此分析算法或程序的复杂度,从而指导算法设计者以及程序设计者进行算法设计或编程实现。

因此,并行计算模型是并行算法设计者所看到的参数化的并行机,是提供给编程者的计算机软硬件接口,是程序执行时的系统软硬件支撑环境。具体而言,并行计算模型的主要作用是为并行算法的研究提供一个比较通用的模型基础,为并行算法的设计与分析提供一种简单、方便的框架,使设计的并行算法可以适用于多种具体的并行计算环境。

在串行计算中最为流行的模型无疑是 RAM 模型,其成功之处在于有效地抽象出了串行计算机的各种硬件特征,在此模型上设计出的算法可正确有效的在实际机器上进行运行,而无需考虑实际机器的异同。并且,在 RAM 模型上的高性能可以通过具体实现转化为实际机器上的高性能。RAM 模型另一大特点就是其简单性,虽然后来很多基于 RAM 模型改进的新型模型被提出,例如多级缓存的 RAM 模型等,但使用范围仍然没有 RAM 模型广泛。

并行计算模型的研究从并行计算机诞生之日就已经开始,发展至今,其间提

出了形形色色的并行计算模型,但从未出现过和 RAM 模型一样成功普适的模型,究其原因,大致有如下两点:

（1）缺乏统一的性能指标:串行模型中常用时间和空间（内存）复杂度来度量算法的优劣,在并行计算的世界里就更为复杂,除了需要考虑时间与空间复杂度外,还有诸如加速比（Speedup）（这其中又包括相对加速比（Relative Speedup）、最大相对加速比（Maximum Relative Speedup）和真实加速比（Real Speedup）等）、效率（Efficiency）、可扩展性（Scalability）（包括对节点数目的可扩展性和对任务规模的可扩展性）等重要指标均需要考虑。因此,单一的并行计算模型很难将多个性能指标融入到模型之中。

（2）并行计算机体系结构的复杂性:在串行计算中,模型与实际机器之间的距离一部分可由编译器来填补,但在并行计算领域中,由于并行计算机体系结构的复杂,编译器无法或很难感知诸如网络环境,网络拓扑等机器特征,因此并行计算模型与并行计算机之间有着巨大的鸿沟,不能由编译器来填补,这些因素就需要被考虑到并行计算模型之中,从而可能导致模型中的机器参数过多而使得模型变得复杂而难以适用。

因此,若需要构建一个成功的并行计算模型,应该需要考虑如下几点:

（1）简洁,易被理解和使用。

（2）在模型上的算法正确能保证在实际并行计算机上的正确。

（3）在实际并行计算机上的性能可由模型进行推断。

（4）模型到实际并行计算机的距离应该足够小,能让编译器来填补之间的大部分空白。

目前,并行计算中还未有一个如 RAM 模型一样成熟实用的模型。现有的并行计算模型中,无论是简洁性还是准确性都有待提高。其困难是显而易见的:

（1）同步并行计算机、异步并行计算机以及半同步并行计算机的指令行为各不相同,很难糅合到一个模型之中。

（2）单一模型很难兼顾共享存储,消息传递两种并行计算模式。

（3）复杂的网络拓扑结构以及网络中的不同路由方法。

并行计算模型发展至今,大致可按存储系统分为共享存储并行计算模型,分布存储并行计算模型和层次存储并行计算模型。

（1）共享存储并行计算模型:由于早期的并行计算机皆是共享存储的 SIMD、MIMD 计算机,Fortune 等人提出了共享存储的 SIMD（Single Instruction Stream – Multiple Data Stream,单指令流多数据流）同步模型 PRAM（Parallel Random Access Machine）,Cole 等人在此基础上提出了共享存储的 MIMD 异步模型 APRAM（Asynchronization Parallel Random Access Machine），这两个模型均是以计算为核心而构建的，可称为第一代并行计算模型。

（2）分布存储并行计算模型：此类模型以网络通信为核心，可称为第二代并行模型，其代表是大同步并行 BSP（Bulk Synchronous Parallel）模型和 LogP 模型。BSP 模型属于分布式存储的 MIMD 模型，LogP 模型是在大规模计算机 MPP（Massively Parallel Processors）逐渐兴起并成为并行计算机发展主流的背景下提出的。

（3）层次存储并行计算模型：当存储墙（Memory Wall）成为并行计算主要瓶颈时，以存储访问为核心的第三代并行计算模型被学者所提出，如 Memory - LogP 模型、DRAM（h）（Distributed RAM（h））模型和层次并行和存储 HPM（Hierarchicl Parallel and Memory）模型。

以下是一些常用的并行计算模型。

1. PRAM 模型

一种抽象的并行计算模型，也称为共享存储的 SIMD 模型它是从串行的 RAM 模型直接发展起来的。在这种模型中，假定存在一个容量无限大的共享存储器，有有限个或无限个功能相同的处理器，且它们都具有简单的算术运算和逻辑判断功能，在任何时刻每个处理器都可以通过共享存储单元相互交互数据。

PRAM（Parallel Random Access Machine，并行随机存取机器）模型中，节点数目为 n，节点间共享一个内存空间，每个节点在一个时间步（cycle）内可执行一条指令，其中指令包括数据传输、计算、流程控制和 I/O 指令等，并且各节点执行的指令互不影响。

PRAM 模型的特征可总结为：①节点数目 n 可任意大，共享内存的大小也无限制。②节点运行指令有基本时间步，称为 cycle。③在一个基本时间步内，每个节点执行一个指令。此指令也可为空（null）指令，即该节点在此时间步内空闲。④节点在每个基本时间步隐式同步，同步的代价为零。⑤节点间的通信是通过共享变量来实现的，并且此过程的代价也为零。⑥指令可为 RAM 模型中的任意指令，例如，一条指令可执行如下操作：从内存取出操作数，进行计算，然后将结果写回内存。

作为最为成功和广泛使用的并行模型，PRAM 模型的优点在于其简洁和清晰。整个模型只有一个参数 n，因此大多基于 PRAM 模型的算法的复杂性都只是任务规模 N 和节点数目 n 的函数，如图 2 - 3 所示。

PRAM 模型的缺点也显而易见：过度简化了并行机执行行为，以及隐藏了太多的机器参数。例如，节点间的通信代价为零这一假定与事实相距甚远，指令间的隐式同步也不符合实际机器的运行行为。

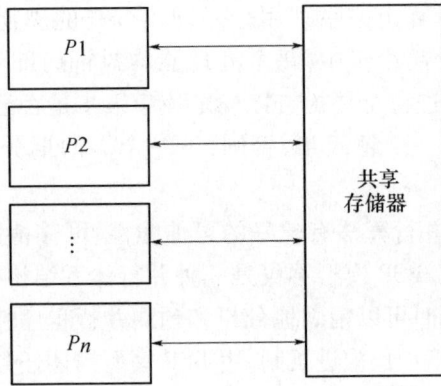

图 2 - 3　PRAM 模型

2. APRAM 模型

针对 PRAM 模型的隐式同步以及对共享内存的访问没有存取竞争和带宽限制这一不真实的情况,Cole 等人提出了一种异步模型 APRAM（Asynchronous Parallel Random Access Machine）。同样,APRAM 模型中也有 n 个节点,并共享内存,但各节点有一个私有内存,并且在 APRAM 模型中去掉了隐式同步这一假定,即各节点有自己的局部时钟,整个模型无全局时钟。

在 APRAM 模型中,整个机器视为节点的组合,节点执行一系列的原子操作,称为事件（Event）。APRAM 模型中考虑 3 种事件:读事件、写事件和本地事件。读事件和写事件是从共享内存里读数据以及往共享内存里写数据的事件,本地事件是各节点间内部的事件,包括读取私有内存的操作均视为本地事件。节点间的通信同样是由共享内存来实现,每个节点可以异步地读取和写入共享内存,每次开销记为 d,但不允许两个节点同时访问共享内存同一单元。节点间的同步由显式同步路障来进行,因此,节点间的各操作均可异步进行,只有当各节点需要进行同步时才需执行同步操作,这样就不用像 PRAM 模型一样每次操作后都进行同步。

APRAM 模型比 PRAM 模型更为复杂,其模型参数较之 PRAM 模型也多了一个读写共享内存的开销 d,并由于其异步执行比 PRAM 模型更接近实际机器,因此更为准确。

3. BSP 模型

Leslie 等人提出的 BSP（Bulk Synchronous Parallel,"大"同步并行）模型继承了 PRAM 模型和 APRAM 模型的简洁性,并力图克服其中的不足。BSP 模型的并行机包含 n 个节点,每个节点有自己的内存,节点间通过网络相连。

在 BSP 模型中,计算由一系列用全局同步分开的周期为 L 的超级步(Superstep)组成。在各个超级步中,每个处理器均执行局部计算,通过路由器接收和发送消息;然后,进行全局检查以确定该超级步是否已由所有的处理器完成;若完成,则进入下一个超级步,否则,下一个 L 周期分配给未曾完成的超级步。

基于 BSP 模型的并行算法有较好的可伸缩性、可移植性以及可预测性,适合在机群系统上运行。BSP 模型不仅是一种并行体系结构模型,而且也是一种并行程序设计模型,同时可以精确地分析和预测并行程序性能。在下文中将要分析作战仿真采用的等步长推进机制,用 BSP 模型描述任务级紧耦合的作战仿真,可以实现较为准确的计算时间和通信时间预测。BSP 模型中,一个超级计算步的成本为

$$T_{cost} = \max\{c_i\} + \max\{I_i\} + L \qquad (2-1)$$

式中:c_i 为各个任务的局部计算时间;I_i 表示各个任务发送和接收信息的最长时间;L 表示用于同步所消耗的时间。

在进行并行仿真性能分析时,忽略同步所消耗的时间,则一个步长内的仿真时间成本为

$$T_{cost} = \max\{c_i\} + \max\{I_i\} \qquad (2-2)$$

BSP 模型是典型的 MIMD 系统,各节点可同时执行不同的指令,强调计算任务和通信任务分开,采用全局同步的方式,可以执行任务级紧耦合的并行算法。与 PRAM 模型的不同之处在于 BSP 模型中仅需在每个超级步结束之时进行同步即可,而无需在每条指令之后同步,因此各节点可在一个超级步中异步的执行各自的指令。在一个超级步中,各节点只能用各自的内存进行读写,这些内存中的数据是在程序启动时生成或上一个超级步中经过通信得来。BSP 模型的通信均是点对点的通信,不允许一个节点在同一时刻同时与两个不同的节点进行通信。

BSP 模型比 PRAM 模型更接近实际并行机,与此同时相应的增添了模型的复杂度,其参数也相对复杂。BSP 模型的一个成功之处是强调了计算与通信的分离,同时也隐藏了网络的通信拓扑结构,简化了通信协议,这在一定程度上也简化了模型,使其更容易被并行算法设计者所使用。PRAM 模型上的算法也都可方便的移植到 BSP 模型中。但 BSP 模型也有着自己的缺点,如同步路障特殊硬件支持在实际并行机中并没有实现,未考虑网络延迟等因素。BSP 模型如图 2-4 所示,BSP 模型的超级步示意图如图 2-5 所示。

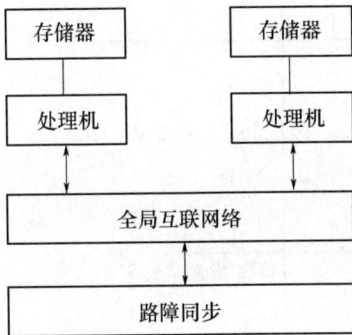

图 2 - 4 BSP 模型

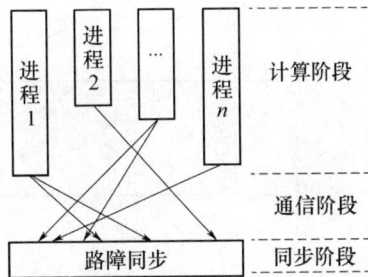

图 2 - 5 BSP 模型的超级步示意图

4. LogP 模型

在 20 世纪末期,大规模并行机 MPP 成为并行计算机发展的主流。在此背景下,Culler 等人提出了 LogP 模型,以期在 MPP 系统下较为精确的反应运行在其上的并行算法的性能。

LogP 模型是对一类分布式并行计算机的特征提取,基于点对点通信的计算模型,集中分析了处理器与网络之间的瓶颈。其中,L(Latency)表示处理器间进行消息通信所需要的等待或延迟时间的上限,表示网络中消息的延迟;o(overhead)表示处理器准备发送或接收每个消息的时间开销,在这段时间里不能执行其他操作;g(gap)表示处理器连续两次发送或接收消息时的最小时间间隔,其倒数为处理器的通信带宽;P(Processor)表示处理器数量。

具体来说,LogP 模型中对通信的限制为:每一时刻每个处理器可以发送或接收 $\lfloor L/g \rfloor$ 条消息,两个处理器之间传递 m 位消息的时间是 $2 \times o + L + g$,其中 L 是 m 的函数,$L(m) = r + \lceil m/w \rceil$,$r$ 为消息在通道中的选路时间,w 为传输通道的带宽。

LogP 模型的成功之处在于用 L、o 和 g 三个简单的参数刻画了分布存储的并行机中极为复杂的网络特性。基于点对点通信的并行计算中的瓶颈:延迟、带宽、通信额外消耗等因素都可由 LogP 模型中的参数来刻画,但其又巧妙的隐藏了网络通信拓扑,路由策略以及处理器之间的通信协议等具体细节。从本质上来讲,LogP 模型将网络刻画为一个流水线部件,其中的通信启动率为 g,通信延迟为 L,通信两点间的额外开销为 o。可以看到,当 $g = 0$、$L = 0$ 以及 $o = 0$ 时,LogP 模型退化为 PRAM 模型,并且已经证明,LogP 模型和 BSP 模型在本质上也是等效的,并且可以相互模拟,如图 2 - 6 所示。

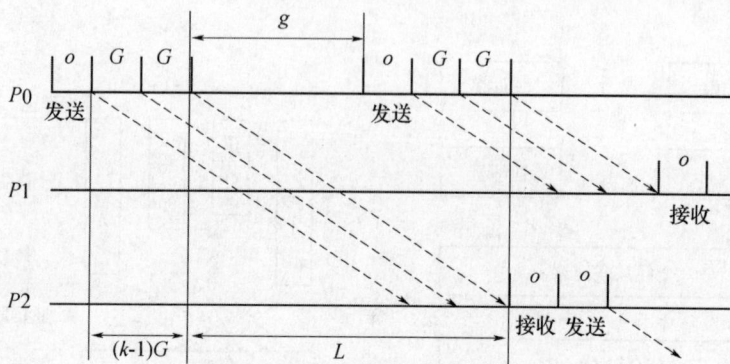

图 2-6 在 LogGP 模型下发送和接收消息

LogP 模型也有其不足之处,主要在于隐藏了过多的细节而导致缺乏对处理器间消息通信更为详尽的刻画,例如 LogP 模型没有考虑传输不同大小消息时对系统性能的影响,也没有考虑通信时的链路竞争而导致的通信拥塞的情况。后人也对 LogP 模型进行了一些补充,例如 LogGP 模型通过增加参数 G 来刻画长消息对系统通信性能的影响,LoGPC 模型增加了参数 C 来刻画网络链路竞争对系统通信性能的影响。

5. NHBL 模型

随着计算机的日益普及,个人计算机性能的迅速提升和价格的快速下降,机群系统较之传统的 MPP 系统体现出较好的灵活性、可扩展性和性价比,因此得到了快速的发展。在这种背景下,NHBL 模型被提出以适应机群系统的异质性和非独占性。

NHBL 模型的网络通信部分基于 LogGP 模型,即在 NHBL 模型中,同样用参数 L 表示消息从点对点通信的一端到另一端的延迟时间,参数 o 表示通信额外开销,此时间内节点不能进行其他操作,参数 g 表示发送和接收两个消息之间的时间间隔,参数 G 表示发送消息时每个单位长度的间隔时间,这个参数刻画了网络的带宽,参数 P 表示处理器数目。NHBL 模型在 LogGP 模型上增加了如下 5 个参数:l 表示同步时间,S_i 为每个计算模块的计算速度,E_i 为在各计算模块中被其他进程执行的平均时间,C_i 为其他进程到此处理器计算的平均概率,τ 为处理器上操作系统的时间片。通过这些参数的定义,NHBL 模型可以刻画不同用户在同一机群上运行程序性能,可以处理处理器之间负载不均衡以及其他进程抢占计算时间,争夺计算资源等复杂场景。

NHBL 模型在处理机群系统上异质性和非独占性有着较好的效果,但其缺点是模型参数过多,并且一些参数不易测量,从而导致此模型难以被并行算法设计者、并行程序开发者和并行程序运行者所使用。

6. C³ 模型

C³(Computation, Communication, Congestion)模型是一个与体系结构无关的粗粒度的并行计算模型,它同时也考虑了由工作站或高档 PC 机组成的高性能可扩展的并行机群系统,旨在能反映计算复杂度、通信模式和通信期间潜在的拥挤等诸因素对粗粒度网络算法的影响。在 C³ 模型中,计算可划分为一系列超级步;同步出现在两超级步之间且用路障同步机构设限制;在每个超级步内实行局部计算继之以发送、接收消息;一个超级步的时间有所完成的计算单位数和通信单位数来度量;在分析算法的时间复杂度时,必须累加每一个超级步中的计算单位数和通信单位数,所有超级步中的总计计算单位数与通信单位数之比可以指示算法的形态。C³ 模型提取了一类基于消息传递的分布式粗粒度系统的特征,集中反映的是网络拥挤和路由影响。

C³ 模型中主要有 4 个参数$((l,s,h,p)$:l 表示消息包的长度,与带宽有关;s 为启动时间;h 表示延迟,常用两个处理机之间的平均距离表示;p 为处理器的个数。

7. BDM 模型

BDM(Block Distributed Model)模型是共享存储编程模式与消息传递的分布式存储系统之间的一个桥梁模型,反映的是存储系统中流水线预取等方面的影响。

2.2.5 性能度量

对于一个给定问题,如果设计了一个新的并行算法,就必须对该算法的性能进行评价。

2.2.5.1 运行时间

并行算法的运行时间,是指算法在并行计算机上求解一个问题所需的时间。即算法开始执行到执行结束的这一段时间。如果多个处理器不能同时开始或同时结束时,则算法的运行时间定义为:从最早开始执行的处理器开始执行算起直到最后一台处理器执行完所经过的时间。

在计算机上实现一种算法之前,通常需要对其运行时间进行理论分析。对并行算法运行时间的分析包括估计它在最坏情况下的计算时间和通信时间,其中的计算时间是用算法所需执行的基本操作数或步数表示,通信时间则是根据计算得到的通信次数和每步的通信时间,依据 BSP 等并行计算模型计算得到。

理论分析得到的算法运行时间常表示为问题输入规模的函数。但在装备作战并行仿真中,各个仿真任务中包含了大量的仿真模型,模型的调用受随机事件影响,因此,采用理论分析的算法运行时间不能准确地描述仿真计算时间和通信时间。量化仿真任务的运行时间和通信时间有两种方法:

一是按照仿真任务中的模型数量或实体数量进行量化,这种方式可以脱离具体的硬件环境,但前提是各种实体的模型的计算时间相差不大,这个条件可以假设在仿真系统开发时能够实现。

二是统计仿真任务在具体硬件环境下的计算时间和通信时间,用实际运行时间来进行量化,当仿真系统的任务发生变更时,这种量化就失去了意义。

同时采用上面两种方法,先对仿真任务进行运行时间和通信时间的量化,再分布到仿真任务内的各类模型或实体上,采用这种方式,可以根据各类模型或实体的运行时间和通信时间特征,进行并行仿真任务划分。

2.2.5.2 加速比和效率

加速比和效率是最传统的并行算法评价标准,它们体现了在多处理器上运用并行算法求解实际问题所能获得的好处。

并行算法的加速比,是指并行算法在单处理器上的运行时间与多处理器上运行时间的比值:

$$S_P = \frac{T_1}{T_P} \qquad\qquad (2-3)$$

式中:T_1 为最优串行算法在单处理器上的运行时间;T_P 为并行算法使用 P 台处理器的计算时间。

加速比是评判一个并行程序计算性能优劣的主要标准。加速比越大,说明采用并行计算的效率越高,加速比的上限最大可以达到所使用的处理器的数目,在某些特殊情况下甚至可能超过。在作战并行仿真中,因为将仿真模型分解到多个处理器上执行会引入通信和同步开销,加上各子模型之间的依赖关系,加速比常常达不到理想值;即使所描述的是同一个系统模型,串行仿真程序和并行仿真程序仍然是两个不同的程序,所以这里得到的加速比只能粗略地说明采用并行计算获得的性能提高。与加速比有关的另一个概念是并行计算的效率。

并行算法的效率,用来描述随着处理器数量增加,并行计算加速的特征。用加速比与处理器数量的比值表示:

$$E_P = \frac{S_P}{P} \tag{2-4}$$

式中：P 为处理器台数。

如果并行算法加速比 S_P 与处理器的台数成正比，则称该并行算法在该条件下，在该并行机上具有线性加速比。

并行计算的效率实际反映了并行程序的可扩展性。可扩展性（Scalability）也称为可扩放性，它反映某个应用或某类应用在问题规模和并行计算环境都增大时的性能表现。可扩展性是设计任何并行算法或并行系统时需要重点考虑的一个指标，可扩展性优良的应用通过增加参与计算的处理器数可以获得同比增长的问题求解规模，只有具有良好可扩展性的并行算法或应用才具有生命力。

各种串行计算机的结构和所使用的计算模型都符合冯·诺依曼经典结构，而并行计算机的体系结构复杂多样，不同硬件结构并行机所采用的计算模型也不同，因此基于串行计算机开发的仿真应用基本上无法直接移植到并行机上执行，并且仿真模型的并行化分解必须与并行机的具体结构相结合，这些因素使得一般仿真科学家和应用领域专家很难直接、有效地开发基于并行计算机的仿真应用。有学者认为，这正是并行仿真技术虽然经过 30 年发展仍难以普及的主要原因。

2.2.6　并行加速比定律

并行加速比是一个度量并行处理性能的参数，它刻画并行求解一个实际问题所获得的性能，即相对单机上的串行处理而言使用并行处理所获得的性能。从问题规模角度出发可将并行加速比分为固定规模问题的加速比模型和可变规模问题的加速比模型。

2.2.6.1　Amdah1 定律

Amdahl 加速比模型指出：对于一个给定的并行系统和一个固定规模的问题，用 W_S、W_P 分别表示一个计算问题的串、并行的计算时间，用 f 表示串行部分所占比例，则：

$$f = \frac{W_S}{W_S + W_P} \tag{2-5}$$

并行部分所占比例为 $1 - f$，有

$$1 - f = \frac{W_P}{W_S + W_P} \tag{2-6}$$

并行系统的处理器数为 p，若忽略通信同步等引起的额外开销，则有加速比 S_P 为

$$S_P = \frac{W_S + W_P}{W_S + W_P/p} = \frac{1}{f + 1 - f/p} = \frac{p}{1 + f(p-1)} \qquad (2-7)$$

当 $p \to \infty$ 时，式(2-7)极限为

$$S_P = \frac{1}{f} \qquad (2-8)$$

从式(2-8)中可以看出，无论使用多少台处理器，它的加速比都不会超过 $1/f$，也就是说应用问题串行部分的瓶颈无法用增加处理器台数来解决。由于该模型假设了问题规模固定，故它也称为固定规模问题的加速比模型。

2.2.6.2　Gustafson 定律

按照 Amdahl 定律，如果问题求解算法中有 10% 的串行操作，用 1000 个处理器的最大加速比也不会超过 10。Gustafson 等指出，经典 Amdahl 定律蕴含着问题规模不变的假定，即算法中的可并行成分不随处理器个数变化的假定是不符合实际的，通过适当增加问题的规模可以达到线性加速比。其基本出发点是，对于很多大型计算，计算时间可以固定不变，增加处理器的主要目的是为了提高问题求解的精度。按此意义，给出了如下放大问题规模的加速公式：

$$S_P = \frac{W_S + pW_P}{W_S + pW_P/p} = f + p(1-f) = p - f(p-1) \qquad (2-9)$$

此即 Gustafson 加速比模型。它指出要获得较高的加速比，应随处理器数目的增加而增加问题的规模，而不是固定问题规模。

显然，Amdahl 加速比模型强调的是通过并行处理来缩短求解问题的时间，而 Gustafson 加速比模型强调的是在同样的时间里，通过并行处理能运行多大的运算量，即通过运行时间来限制问题规模的增长程度。

在作战仿真中，对于同一个仿真任务来说，任务的串并行计算比例在仿真任务运行前已经确定了，根据 Amdahl 加速比模型，增加处理器数量只能获得有限的加速性能，只有在设计、开发仿真系统时，提高仿真系统中并行任务的比例，才能获得较大的加速比，通过增加处理器的数量能缩短仿真周期。

随着实体数量的增加、仿真粒度的细化、仿真步长的缩短，作战仿真计算的规模在不断扩大。根据 Gustafson 加速比模型，在仿真系统中采用高性能计算机，增加处理器的数量，随着仿真计算规模的扩大，可以获得较大的加速比，缩短仿真周期。

2.3 分布式仿真

分布式仿真技术利用计算机网络将地域上分散的各种人在回路的仿真器、计算机生成兵力以及其他仿真设备有机地连接为一个整体，形成一个在时间和空间上相互耦合一致、人可以自由与之交互的虚拟环境。该技术由于具有有效性、可重复性、经济性和安全性等优点而倍受各国军事部门的高度重视。

从分布式初始的发展特点和应用需求看，是典型的并行仿真系统，当前随着作战仿真计算量的激增以及 PC 机、商用服务器计算能力的上升，很多分析型作战仿真系统也采用分布式仿真技术，利用廉价的机群系统实现作战并行仿真，因此，分布式仿真技术一直在为作战并行仿真研究提供可供借鉴的理论、方法和技术基础。

分布式仿真应用的特点为：仿真任务分布于多台计算机；系统异构，用多种类型的计算机进行联合仿真；对可重用性和互操作性要求高；要求带有丰富的交互信息。

为了更好地满足这样的应用特点，分布仿真标准经历了 DIS、ALSP 和 HLA 的发展过程。

2.3.1 DIS 协议

20 世纪 80 年代早期，美国的 DARPA（Defense Advanced Research Projects Agency）资助了将载人的坦克训练器在网络上连接起来的 SIMNET 项目。该项目首次实现了将大规模、实时、人在回路的仿真器集成在网络的目标。20 世纪 90 年代早期，SIMNET 的体系结构和协议发展成了 DIS（Distributed Interactive Simulation）。DIS 是一个网络协议标准，它提供了通过协议数据单元 PDU（Protocol Data Unit）传送实体状态和其他信息的方法。这些协议数据单元由数据包组成，在仿真网络上用广播的方式发送。在仿真应用的推动下，DIS 从仅支持基于同构网络的分布交互仿真发展为支持基于异构网络的分布交互仿真，从概念性研究发展到人员训练、武器研制、战术演练和空中交通管制等具体的仿真应用。

在 DIS 中，每个仿真实体负责将自身状态的更新传输给其他实体，无论它们是否需要；每个 PDU 单元包含固定的状态信息，故只要任意一个状态变量的变化超过预定的阈值，所有信息都将被传输。由此可见，DIS 由于采用了消息广播机制及固定的 PDU 单元使得系统的可伸缩性和协同性不好。另外由于 DIS 缺乏可靠的对象间通信和适当的时间管理服务,故只能被动地将分布的仿真器互连,不能满足未来大规模仿真的需求。这些都影响了仿真应用向深度和广度发展。

2.3.2 聚集仿真协议 ALSP

在 20 世纪 90 年代初期,DARPA 资助 MITRE 研究设计一种用于大规模的、聚合级对抗仿真的通用仿真协议 ALSP(Aggregation Level Simulation Protocol)。

ALSP 的设计原则是无中心节点(即每个仿真应用控制自己的局部资源,自主地采取行动)、动态配置(即仿真实体可以自由加入和退出仿真)、地理分布、基于消息的协议、时间管理、数据管理和属性所有权。

与 SIMNET 和 DIS 相比,ALSP 的特点主要体现在:

(1)仿真时间管理:典型情况下,仿真时间是与物理时间无关的。与 DIS 中的实时仿真器不同,使用 ALSP 互操作是明确进行时间管理的离散事件仿真。ALSP 提供时间管理服务协调仿真时间,并保持仿真中事件的因果关系。

(2)数据管理:参与 ALSP 系统的各种仿真可能在内部的数据表示上有很大的不同。为了将它们集成到同一个系统中,ALSP 定义了一种通用表示方式及相应的转换和控制机制。

2.3.3 高层体系结构 HLA

在 TAFIM(Technical Architecture Framework for Information Management)的原则和规范下,结合 DIS 和 ALSP 的发展经验,美国国防部于 1996 年 9 月正式颁布了高层体系结构 HLA(High Level Architecture)。HLA 定义了一个技术框架,它是一个灵活的、可伸缩的、可重用的软件体系结构,基于它可创建基于组件的分布式仿真,构成系统的各类模块或各类仿真体均可直接接入该框架,并能容易地实现相互间的互操作及仿真部件的可重用。为了确保系统有较好的性能价格比,HLA 还提供了一系列商用现货供应(Commercial off the shelf – COTS)和政府现货供应(Government off the shelf – GOTS)的软硬件,以达到"高效实用"和"即插即用"的效果。

在 HLA 中,每个通过运行支撑平台(RTI)与其他应用软件互连,并按照联盟对象模型文档数据(Federation Object Model Document Data,FDD)与其他应用软件交互的仿真应用,被称为 HLA 的一个盟员(Federate)。每个盟员包含若干个对象,对象(Object)是盟员内部代表现实世界中基本元素的概念表示。作为一个整体为实现某种特定仿真目的而使用一个公共的联盟对象模型(Federation Object Model,FOM)的一组具有名字的盟员集合称为联盟(Federation)。每个盟员通过逻辑通路与运行支撑平台 RTI(Run Time Infrastructure)相连,整个系统的交互通信由 RTI 进行协调和管理。HLA 由三部分组成:框架及规则(Framework and Rules, IEEE 1516),给出了盟员及联盟的框架及所应遵守的规则:盟员接口规范(Federate Interface Specification, IEEE 1516.1),定义了各盟员与 RTI 的接口方式;对象模型模板 OMT (Object Model Template Specification, IEEE 1516.2),定义了 HLA 对象模型的格式和语法。RTI(Run Time Infrastructure)是 HLA 框架的平台软件,作为联盟执行的核心,其功能类似于特殊目的的分布式操作系统,在 HLA 联盟执行过程中为各盟员的同步和数据交互提供公共的接口服务。

图 2 - 7 为 HLA 框架下联盟组成的逻辑示意图。在 HLA 框架下,多个盟员通过 RTI 构成一个完整的仿真系统,盟员可以是任意类型的仿真应用或仿真管理器、数据收集器、场景观察器等。

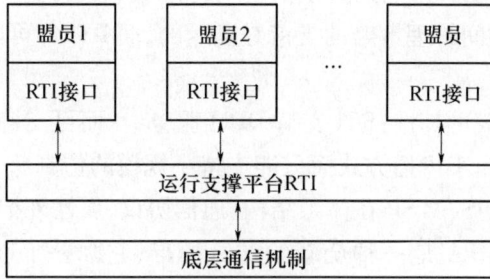

图 2 - 7　HLA 联盟组成的逻辑示意图

HLA/RTI 的标准化进程进行得非常迅速,HLA/RTI 1.3 版标准在 1998 年 2 月正式发布,对象管理组织 OMG(Object Management Group)在 1999 年 11 月采纳 HLA/RTI 作为分布式仿真的标准 DSS1.0,2000 年 12 月 OMG 通过 DSS1.1 规范。OMG 的 SimSIG(Distributed Simulation Special Interest Group)在 DSS2.0 的 RF P(Request For Proposal)中则要求提交文档以 IEEE 的 HLA 标准(1516.x)为参考依据。关于 HLA 的 OMG 成员已经由 1998 年的 15 个发展到现在的 35 个,增长了一倍多。1998 年 12 月,北大西洋公约组织在它的仿真与建模主计划中采用了 HLA/RTI,而 IEEE 在 1998 年 3 月开始 HLA 的标准化工作,2000 年 9 月 IEEE 正式投票表决通过了 HLA 标准 1516。

美国对 HLA 的发展充满了信心和决心,它规定今后所有的仿真都必须遵循 HLA 标准,HLA 将取代 DIS 和 ALSP,并且决定从 1999 年起不再资助非 HLA 仿真的开发和修改,2001 年起终止使用所有非 HLA 标准的仿真。

2.3.4　DIS、ALSP 和 HLA 的比较

在 HLA 中,盟员只将对象属性的变化传输给 RTI,再由 RTI 将这些变化传输到需要它们的盟员;HLA 允许每一个盟员利用 OMT 确定自身产生何种信息,接收何种数据,以保证所有盟员对将要交换的数据达成一致,这样就打破了PDU 的限制,使不同类型的仿真有通信的可能,更好地解决了分布式仿真中的互操作和重用问题。

HLA 中 RTI 的一些特性也解决了过去分布仿真方法的许多缺点:

(1) 内容无关性:在过去的协议中(如 DIS),通信标准和内容是不可分的。这就将该通信标准的通用应用程序限制到直接被内容定义所支持的那些仿真。而 RTI 是内容无关的,支持在一个联盟基础上的不同的内容规范。

(2) 通用的时间管理服务:以前的仿真标准要么支持实时,要么支持时间管理操作,即对各种时间管理策略的支持是互斥的,而 RTI 却可同时支持多种时间管理服务口。

(3) 灵活的规模可扩性:RTI 支持 DDM 服务,从而可支持较大规模的仿真,而以前的体系结构由于广播方式而只能支持小规模的仿真。

总之,HLA 与 DIS、ALSP 在体系结构、通信协议、属性外推、演练管理等方面存在显著的差异。HLA 是一种全新的仿真标准,它弥补了以前仿真标准的缺陷,更适用于较大规模的分布式仿真。建造在 HLA 基础上的仿真应用,具有更强的可重用性和互操作性,因而具有旺盛的生命力。

2.4　并 行 仿 真

并行性的存在是根据实体的局部时间描述功能进行判断的。在作战系统中,只要所关注的实体具备局部时间描述的功能,且该实体的行为受时间的影响,就认为并行性存在于这些实体之间。这里最典型的例子是定时炸弹,定时炸弹的起爆受时间的影响,所以定时炸弹和其他实体之间存在着并行性。

作战系统中,实体的行为需要随时间展开,有一定的时间跨度,且实体行为的并行是永远存在的,而交互事件则具有瞬时特性,在建模过程中,都作为消息的形式进行了处理,所以在并行仿真过程中,仿真计算的内容是对并行行为的仿真处理,因此对并行性的度量是根据并行行为来研究的。

2.4.1　并行仿真与分布式仿真的区别

从本质上讲,并行仿真与分布式仿真没有太大的区别,唯一的区别就是并行仿真可能是集中式的。

只能说,两者的侧重点不同,分布式仿真更专注于仿真应用之间的互操作性,而并行仿真更追求仿真计算的高性能。从仿真事件的并发特征看,并行仿真和分布式仿真是包含和被包含的关系,并行仿真不一定是分布式仿真,如在并行计算机上的仿真便是集中式的;但分布式仿真一定是并行仿真,因为分布式仿真系统中每一个事件的发生在逻辑上是并发的。因此,从同步算法上来考察并行仿真与分布式仿真则具有相同点。

从形式上看,并行仿真与分布式仿真的区别主要在两方面:一是使用的硬件环境不同;二是仿真程序之间的关系不同。

为了追求更高性能的计算,并行仿真所使用的计算平台通常是紧耦合的多处理机系统,处理机之间的通信延迟相对较小,处理机之间交互频繁。而分布式仿真更加注重不同仿真模型之间的互操作性以及协同完成仿真计算的能力,它的执行环境通常是松耦合的多计算机系统(松耦合指各节点通过网络相连,紧耦合是指各节点通过存储总线相连。分布式仿真的计算机系统可以位于同一个机房内,也可以分散在地球不同的大洲上,计算机之间的通信延迟比较大,消息传递频率相对较低。一般说来运行在每个计算机上的仿真程序并不相同,它们只是通过在同一个虚拟时空内的数据交换来满足互操作的要求。并行仿真与分布式仿真两者在硬件及软件方面的区别见表2-1。

表2-1　并行仿真与分布式仿真的比较

		并行仿真	分布式仿真
硬件平台	物理范围	集中	可能跨地域分布
	处理器	同构比例较大	经常异构
	通信网络	高速、专用网配合商用网	商用网
软件环境	操作系统	同构比例较大	经常异构
	仿真程序	同一个程序	不同的程序
	仿真交互形式	消息接口、共享内存、网络通信共存	网络通信
仿真应用	应用目的	常用于分析型仿真	常用于训练型仿真
	应用形式	单人独立操作	多人各自独立操作

应该指出的是,近年来,由于硬件技术的进步和自由软件的普及促成了机群技术的兴起,目前并行计算机和分布式计算机系统之间的界限已经逐渐变得模糊。

2.4.2　并行仿真与串行仿真的区别

并行仿真技术主要从两个方面区别于串行仿真,即仿真执行的硬件环境以及仿真模型的结构。

从仿真执行的硬件环境来看,串行仿真在基于冯·诺依曼体系结构的串行计算机上执行,而并行仿真在并行计算机上执行。

从仿真模型的结构来看,并行仿真按其划分方式可分为时间并行和空间并行两种。前者是将仿真计算在其时间维上进行划分并分解到多个处理器上并行处理;后者也称为"域分解"(Domain Decomposition),是将仿真模型本身划分为多个子模型并分配到多个处理器上并行处理,子模型之间通过传递消息来交互。时间并行需要模型具有特殊的性质——T 时刻的模型状态与 T 时刻之前的状态没有依赖关系,因此不具有普遍性。空间并行划分是目前应用最为广泛的通用并行仿真方式。

串行仿真模型中只有一个仿真时钟,一个全局事件队列,仿真驱动程序不断从该队列中取出时戳最小的事件执行,新生成的事件插入该事件队列的适当位置,并根据当前事件的时戳值来推进整个仿真的仿真时钟。

2.5　并行仿真计算模型及其度量

最理想的作战并行仿真,就是在统一时间轴的协调下,每一个有局部时间描述的实体按照时间描述,有自己的计算资源,各自向前推进仿真,并根据具体的仿真需求,产生交互事件,实现仿真系统和作战系统在实体分布、作战时间上的完全相似。但作战仿真涉及到众多的参战装备和兵力,当作战仿真的粒度到单装时,仿真系统中的实体数量很多,没有条件实现这种并行,必须在远远少于作战实体数目的计算机上进行并行仿真。

本节以作战系统和作战仿真系统为例,对作战系统和仿真系统的并行性进行度量。作战系统和作战仿真系统的并行性度量与作战系统内的自主实体数、仿真任务数、仿真系统处理器数有关,统一假设为:作战系统内自主实体的个数为 n,仿真系统需要执行的仿真任务数量为 m,仿真系统处理器数量为 p。

2.5.1　并行仿真计算模型

从以上并行计算机硬件特征和各种并行计算模型的特点来看,影响并行仿真程序执行方式的因素主要有两个,即同步方式和通信方式。从同步方式上来划分,并行仿真计算模型可被分为同步仿真和异步仿真;从通信方式上来划分,则又可分为共享内存模型和消息传递模型。

同步仿真(Synchronous Simulation)是一类符合 BSP 模型的并行仿真计算模型,该类模型将仿真时间的推进分为多个定长的时间步,时间步间隔 T 小于或等于仿真计算中所有事件与其分配事件之间的时间间隔最小值,这样就可以保证每个时间步内各节点上所处理的事件之间不会有因果关系。各处理器在每个时间步内异步处理本地的事件,在时间步结束时发送本时间步内产生的消息,并进行一次阻塞同步操作,一个时间步内产生的消息只有在下一个时间步内才能够被使用,消息的发送通常在时间步初始时使用高效的阻塞发送方式进行发送。

同步仿真协议的实现比较简单,但是它有两个主要的开销会导致其低效率:一是在每个时间步内,轻载的处理器必须空闲等待高负载的处理器完成其时间步内的事件计算;二是虽然每次同步操作的开销比较低,但整个仿真过程中会包含很多时间步,每个时间步结束时都要进行一次全局同步操作,在这个过程内不能进行事件处理,因此整体来看同步开销在仿真计算总开销中会占相当大的比例。同步仿真只有在 T 比较大时才能保证每个时间步内有足够的事件处理,或者说只有每个时间步内有足够的事件处理才能保证该模型的计算效率,但 T 的值很多情况下是不可知的,甚至是 0,因此同步仿真方法的适用性有限。

异步仿真(Asynchronous Simulation)在仿真计算过程中并不按照固定的周期进行事件计算,一个 LP 产生的消息能立即发送到接收 LP 并得到执行,异步仿真中各并发进程为了满足相互之间的依赖关系,必须进行一定的同步操作,同步多采用显式消息发送操作非阻塞地进行。大部分保守同步算法和所有的乐观同步算法都属于异步仿真的范畴,异步仿真构成了并行仿真应用的主体。APRAM、BSP 和 LogP 模型都体现了"计算—同步"的概念,在 MIMD 并行机上进行仿真计算时各处理器也遵循"事件处理—同步操作"的模式。

异步仿真总需要进行同步操作,对于乐观同步算法来说,还要增加状态保存及回退的开销,因此相对于同步仿真方法而言开销较大。有研究表明,使用保守的异步同步算法进行逻辑电路仿真时其运行效率只能达到同步仿真方法的1/3。但异步仿真的优点在于能更加充分地开发模型的并行性,且更加符合物理系统的实际特征。目前,研究和应用最为广泛的并行仿真技术都属于异步仿真技术。

并行仿真的仿真模型可以视为由通过发送消息交互的多个 LP 组成,一个或多个 LP 组成一个仿真进程(Simulation Process,SP),每个 SP 独占一个处理器,代表并行仿真中的一个节点,一个 SP 内的所有 LP 共享一个 LVT。同步和异步仿真模型都涉及到 SP 之间的通信操作,根据通信方法的不同,并行仿真模型可以被分为消息传递模型和共享内存模型两类。

消息传递模型该模型具有以下特点:

(1)多进程:消息传递模型并行仿真是由多个 SP 组成,每个 SP 都具有单独的指令流且执行不同的代码。

(2)显式消息传递:每个 SP 驻留在不同地址空间内,一个 SP 中的数据变量在其他进程中是不可见的,SP 之间必须通过显式的消息传递命令进行事件分配和同步操作,这是该模型的主要特征。

(3)异步并行性(Asynchronous Parallelism):各 SP 异步执行,使用诸如路障(Barrier)和阻塞通信(Blocking Send/Receive)的方法来同步和计算 GVT。

(4)显式相互作用(Explicit Interaction):SP 必须显式地表达包括模型映射、通信、同步和聚合等操作。

(5)显式分配(Explicit Allocation):模型和数据均由用户显式地分配给各 SP,为了减少设计和编码的复杂性,用户常使用单一代码方法编写 SPMD 程序。

共享内存模型:该模型中,驻留在各处理器上的 SP 可以通过读写公共存储器中的共享变量相互通信,各 SP 共享一个全局地址空间。它与消息传递模型的相似之处在于两者都是多进程和异步的,但是共享内存模型并行仿真在 GVT 计算过程中的同步操作通过设置共享信号变量来进行,不需要路障同步操作(Barrier Synchronization),也不存在暂态消息和同步报告的问题,事件分配通过直接在接收 SP 的消息队列中插入消息来完成,回退操作则可以通过直接删除目的 SP 消息队列中的消息来完成,这些都与消息传递模型有很大差异。

并行仿真一般将仿真计算的高性能作为主要追求目标,仿真计算中事件的粒度通常都比较小,SP 之间的交互比较频繁,通信开销的大小对采用并行仿真能否带来满意的加速比有很重要的影响。因此,在设计并行仿真系统时必须考虑事件粒度和通信粒度之间的关系,只有当事件粒度与通信粒度的比值较高的时候,才能获得比较高的并行计算性能。

单从通信性能来看,基于共享内存模型的并行仿真系统的通信性能要高于基于消息传递模型的并行仿真,因为前者省去了消息传递的软件协议开销和网络传递开销,通信粒度远远小于后者;但是共享内存体系结构并行机的可扩展性差,随着 CPU 数的增加存储总线的竞争将加剧,一般此类并行机不超过 64 个 CPU。在大规模并行仿真计算中,仍需要使用基于消息传递模型的分布内存并行计算平台。

2.5.2 作战系统的并行性度量

根据作战系统中自主实体执行行为的并行特征,可以用两个数值来描述作战系统的并行度。

作战系统的最大并行度($DP_r\max$):是指在可能的情况下,作战系统中能并行执行行为的自主实体的最大数量,显然,$DP_r\max = n$。

作战系统的实际并行度($DP_rrel(t)$):是指在作战时间的某一时刻 t 或 t 到 $(t + \Delta t)$ 时间段内,作战系统中能并行执行行为的自主实体的最大数量。显然,$\max(DP_rrel(t)) \leq DP_r\max$。

作战系统的并行率 $\rho_r(t)$:是指作战系统的实际并行度($DP_rrel(t)$)与作战系统的最大并行度($DP_r\max$)的比值。

$$\rho_r(t) = \frac{DP_rrel(t)}{DP_r\max}, 0 < \rho_r(t) \leq 1 \qquad (2-10)$$

当 $\max(DP_rrel(t)) = n$ 时,$\rho_r(t) = 1$,称该作战系统中实体的行为完全并行。这说明,根据作战仿真需要所选取的所有实体在某一个时间同时执行了所关注的行为。

从图 2-8 可以看到,该作战系统在 $(2h,3h)$ 有最大并行度为 3,在 $(0,h)$ 时间段的实际并行度为 1,$(h,2h)$ 时间段的实际并行度为 2。

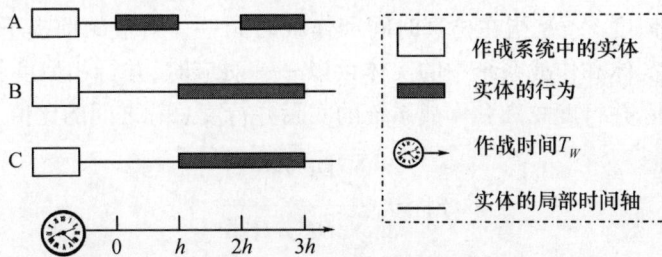

图 2-8 作战系统的最大并行度与实际并行度

2.5.3 作战仿真系统的并行性度量

根据作战仿真任务并行执行的特性,也可以分为最大并行度和实际并行度。

作战仿真系统的最大并行度($DP_s\max$):是指作战仿真系统可以并行执行的仿真任务的最大数量,显然,$DP_s\max = m$。

作战仿真系统的实际并行度($DP_s rel(t)$):是指在作战仿真时间的某一时刻 t 或 t 到 $(t+\Delta t)$ 时间段内,仿真系统中的实体并行执行行为的最大数量。显然,$\max(DP_s rel(t)) \leqslant m$。

作战仿真系统的并行率 $\rho_s(t)$:是指仿真系统的实际并行度($DP_s rel(t)$)与仿真系统的最大并行度($DP_s\max$)的比值。

$$\rho_s(t) = \frac{DP_s rel(t)}{DP_s\max} \qquad (2-11)$$

从图 2-9 可以看到,该仿真系统的最大并行度为 2,在 $(0,h)$ 和 $(3h,4h)$ 时间段内的实际并行度为 1,$(h,3h)$ 时间段内的实际并行度为 2。

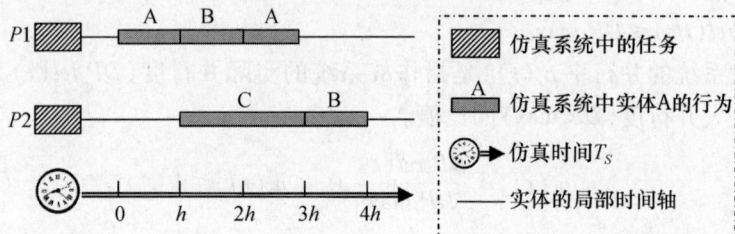

图 2-9　仿真系统的最大并行度与实际并行度

前面已经定义了作战系统和作战仿真系统的并行度。建立作战仿真系统应该在并行度上和真实的作战系统保持较高的相似性,这里,给出一个并行相似度的定义。

并行相似度 SP:是指在仿真时间和作战时间一一对应的前提下,当作战仿真系统中的实体和作战系统中的实体可以一一对应时,并行相似度就是作战仿真系统的实际并行度总和和作战系统的实际并行度总和之间的比值。

$$SP = \frac{\sum\limits_t DP_s rel(t)}{\sum\limits_t DP_r rel(t)} \qquad (2-12)$$

由式(2-12)可以得到图 2-8、图 2-9 描述的作战仿真系统和作战系统之间的并行相似度为 2/3,在等步长仿真中,相似度越大,说明仿真任务将一个步长内并发的事件转化为同时性事件的可能性就越小。在并行仿真实现的过程中,应该尽量实现较高的并行相似度,减少作战仿真系统处理串、并行事件可能带来的逻辑错误。

2.5.4 并行仿真的加速比和效率

实现并行仿真的一个目的是提高并行相似度,在逻辑层次减少时空不一致性导致的仿真误差。另一个目的是提高仿真运算效率,这个指标可以通过仿真任务的并行特性和仿真系统的硬件并行特性来度量。

在并行计算中,用相对加速比来描述多个处理器比单个处理器快多少倍。但是在并行仿真中,目标不单是提高仿真运算效率,还要兼顾提高仿真系统与作战系统的并行相似度,以保证作战中的时空、逻辑等不因仿真而产生错误。这里在两个步骤里分别实现上述两个目标,在仿真任务描述与建模时,实现各个实体的行为模型,在进行仿真任务分割时,实现任务计算时间分配的优化,以提高仿真运算效率。

用 $T_{total}(1)$ 表示仿真任务在一个处理器上的运行时间,$T_{total}(P)$ 表示在 P 个处理器上的运行时间。

在作战仿真中,仿真任务并不总是并行处理的,如图 2-9 所示,在 $(0,h)$ 时间段内,只有任务 1 在进行仿真处理,而任务 2 则在等待。

假设 n 个实体在整个作战时间内的行为仿真运行时间分布为 $C_i(t)$,$(i=1, 2,\cdots,n)$,通信时间分布为 $I_i(t)$,$(i=1,2,\cdots,n)$。分如下几种情况度量作战仿真系统的加速比。

2.5.4.1 $p=n$

这是理想情况,有和实体数量一样多的 n 个处理器。仿真系统可以同时运行 n 个任务,即仿真系统的最大并行度等于作战系统的最大并行度,$DP_s\max = DP_r\max = n$,由 BSP 模型得

$$T_{total}(1) = \sum_{i=1}^{n} \sum_{t} (C_i(t) + I_i(t))$$

$$= \sum_{t} \sum_{i=1}^{n} (C_i(t) + I_i(t)) \qquad (2-13)$$

$$T_{total}(n) = \sum_{t} (\max(C_i(t)) + \max(I_i(t))) \qquad (2-14)$$

可得理想情况下的加速比

$$S_{ideal}(n) = \frac{T_{total}(1)}{T_{total}(n)} = \frac{\sum_{t} \sum_{i=1}^{n} (C_i(t) + I_i(t))}{\sum_{t} (\max(C_i(t)) + \max(I_i(t)))} \qquad (2-15)$$

可以得到理想情况下的并行效率为

$$E_{\text{ideal}}(n) = \frac{S_{\text{ideal}}(n)}{n} = \frac{\sum\limits_{t}\sum\limits_{i=1}^{n}(C_i(t) + I_i(t))}{n\sum\limits_{t}(\max(C_i(t)) + \max(I_i(t)))} \quad (2-16)$$

由式(2-15)可见,整个仿真时间内,实体行为的仿真运行时间的分布是客观的,不可以优化的,其并行仿真的计算效率由模型运行最慢的实体和通信时间最长的实体决定。

当作战仿真系统能够提供足够多的处理器,每个处理器能够单独运行一个实体的模型时,可以通过拆分、简化等方式对仿真模型运行最慢的实体和通信最慢的实体进行处理,缩短其计算时间和通信时间,来提高仿真系统的运行效率。

2.5.4.2 $p = m, m < n$

假设系统有和仿真任务数一样多的 m 个处理器,处理器数量小于作战系统的实体数量,仿真系统能够拥有最大的并行度。

假设每个任务在整个作战时间内的仿真运行时间分布为 $C_i(t)$,$(i=1,2,\cdots,m)$,通信时间分布为 $I_i(t)$,$(i=1,2,\cdots,m)$。则可得实际情况下的加速比为

$$S_{\text{actual}}(m) = \frac{T_{\text{total}}(1)}{T_{\text{total}}(m)} = \frac{\sum\limits_{t}\sum\limits_{i=1}^{m}(C_i(t) + I_i(t))}{\sum\limits_{t}(\max(C_i(t)) + \max(I_i(t)))} \quad (2-17)$$

实际并行效率为

$$E_{\text{actual}}(m) = \frac{S_{\text{actual}}(m)}{m} = \frac{\sum\limits_{t}\sum\limits_{i=1}^{m}(C_i(t) + I_i(t))}{m\sum\limits_{t}(\max(C_i(t)) + \max(I_i(t)))} \quad (2-18)$$

因为同一个仿真任务的运行时间和通信时间不能相互转换,由式(2-17)可见,提高并行仿真系统的实际运行效率有两种方式:

(1) 均衡每个仿真任务内的模型运行时间,使得 $\sum\limits_{i} | \max(C_i(t)) - C_i(t) |$ 最小。

(2) 均衡每个仿真任务的通信时间,使得 $\sum\limits_{i} \mid \max(I_i(t)) - I_i(t) \mid$ 最小。

2.5.4.3 $p < m , m < n$

一般情况下,$p < m$,且 $0 < m(\mathrm{mod})p < p$,其中,mod 是取余的操作。这说明,至少有一部分处理器需要同时运行多个仿真任务。且其中的 $m(\mathrm{mod})p$ 个处理器要比其他的处理器多运行一个任务。按照仿真的需要,在每一个步长内,都能够得到完全同步,处理器的分时分配功能使得多个仿真任务的每个步长内的仿真任务依次串行执行。按照 BSP 模型的描述,这 $m(\mathrm{mod})p$ 个处理器需要更多的 L 周期来处理未完成的超级步,在仿真系统中的描述就是这 $m(\mathrm{mod})p$ 个处理器需要更长的时间来运行同一个步长内的仿真任务。假设每个处理器上的任务运行时间集合为 $\{C_{qi}(t)\}$,$(i = 1,2,\cdots,k,q = 1,2,\cdots,p)$,通信时间分布为 $\{I_{qi}(t)\}$,$(i = 1,2,\cdots,k,q = 1,2,\cdots,p)$,$k = \left[\dfrac{m}{p}\right]$ 或 $k = \left[\dfrac{m}{p}\right] + 1$。其中 $\left[\dfrac{m}{p}\right]$ 表示取最接近 $\dfrac{m}{p}$ 的正整数。在理想情况下,假设 $C_i(t)$,$(i = 1,2,\cdots,m)$ 均为 $C(t)$,则在 t 步,仿真任务的运行时间为

$$C'(t) = \left(\left[\frac{m}{p}\right] + 1\right) \times C(t) \tag{2-19}$$

即

$$T_{\mathrm{total}}(p) = C'(t) = \left(\left[\frac{m}{p}\right] + 1\right) \times C(t) \tag{2-20}$$

则可得并行效率为

$$E_{\mathrm{actual}}(p) = \frac{T_{\mathrm{total}}(1)}{p T_{\mathrm{total}}(p)} = \frac{\sum\limits_{t}\left(m \times C(t) + \sum\limits_{i=1}^{m} I_i(t)\right)}{p \times \left(\left[\dfrac{m}{p}\right] + 1\right) \times C(t)} \tag{2-21}$$

由式(2-21)可知,运行效率由任务最多、处理最慢的处理器确定。图 2-10 的表达更加直观,假设各个任务的计算时间相等,整个运行速度由最慢的处理器决定。所以在进行并行实现时,尽量增加 $m(\mathrm{mod})p$,最好的情况是 $m(\mathrm{mod})p = 0$,如图 2-10 所示,$m(\mathrm{mod})p = 1$,有两个处理器等待,如果 $m(\mathrm{mod})p = 2$,则只有一个处理器等待。

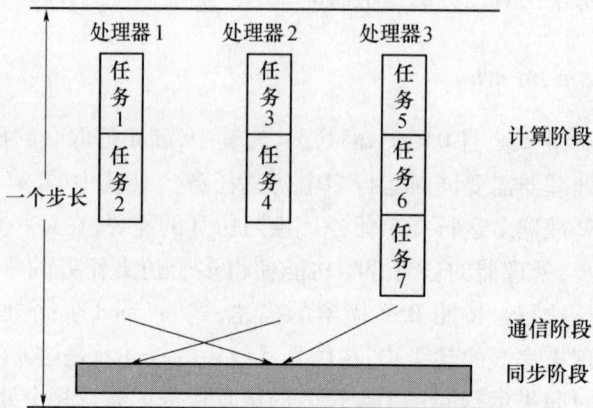

图 2 – 10　一个仿真步长中各个任务运行的示意图

2.5.5　并行仿真对模型及仿真系统的要求

并行仿真的实现需要仿真模型、仿真系统的支持。建立仿真模型时需要遵循下列要求。

1. 各个实体应该具备独立的局部时钟功能

独立的局部时钟是实体模型能并行运行的前提。如果没有独立的局部时钟,实体的行为、交互事件无法辨清时间先后顺序,而由相关定理可知,交互事件是依靠时间来描述的。

2. 实体的交互应该由两个先后关系的因果事件来描述

交互结果反映在实体对象的属性以及状态的变更上,也即行动对行动主体和客体双方的影响。

交互具有同步性,交互定义了两个实体之间的同步点。虽然每个实体执行的任务是相互独立的,但在实体之间发生相互作用时,必然会在同一时刻发生相互作用,并分别产生不同的结果。交互的同步可以用统一的时间轴来确定,也可以通过严格的事件因果关系来确定。

在建立实体的交互模型时,有的模型只重视交互的效果,比如作战仿真中的火力模型,开火后由开火一方执行解算,解算结束后,若命中,发一个消息给被射击一方。这样的模型有两个缺陷,一是模型不完整,只有一个开火事件,且由开火一方的计算确定命中;二是开火交互事件实际上包含两个事件,开火事件和被命中事件,这两个事件导致两个实体的状态改变,且这两个状态改变是有时间间隔的。在一般情况下,忽略这个时间间隔没有大的影响,但当出现2.3.3节中所示的并行事件时,会影响仿真结果的正确性。

所以在进行实体的交互建模时,应该建立交互所涉及到的两个实体的事件的模型,并在模型中能度量这两个事件的时间间隔。

3. 实体行为模型的算法在计算时间和通信时间上要均衡

由效率度量的式(2-21)可以看到,同一时间参与并行处理的模型的计算时间和通信时间均衡时,才能获得较大的并行效率。

2.5.6 仿真任务划分

为了最大限度地描述作战系统的并行性,建立作战系统 的概念模型阶段,应该尽可能细地描述作战系统中各个实体、实体的行为以及实体间的交互。

在仿真模型的基础上,进行仿真任务划分,需遵循下列要求。

1. 分割后的任务数量数倍于处理器数量

仿真任务分割的主要目标就是最大限度地拓展仿真系统的并行性,作战系统的最大并行度 $DP_r rel(t)$ 是由作战系统中的实体数量决定的,是确定的,由式(2-11)可知,只有提高仿真系统的实际并行度($DP_s rel(t)$),才能有效地提高仿真系统的并行性。

同时,当一个处理器上有多个仿真进程时,表面上看是并行的,而实际运行是串行的,这样会出现并行事件串行处理的情况,而这种串行处理是"黑箱"的,仿真系统运行时,无法控制这些事件运行的先后顺序,从而也就无法调整可能造成的因果失序,进而会对仿真结果的可信性造成不好的影响。

2. 任务在每一个步长内的计算时间要均衡

同样由式(2-21)可知,实际运行效率受每一个步长内的计算时间的均衡程度的影响,仿真系统每一个仿真步长的运行时间等于该步长内最慢的仿真任务运行的时间。只有当每个仿真任务的计算时间比较均匀时,才能提高实际运行效率。

3. 合并后的任务计算时间可以略大于平均时间,但应小于 $\dfrac{p}{p-1}$ 倍平均时间

在仿真任务划分时,很难达到完全的计算时间的均衡,可以使一些任务略超出平均时间。为方便推导,假设仿真任务在每个步长内的计算时间相等,每个任务的平均计算时间为 T,最后要合并成 p 个仿真任务。

这里,给出两个值用于限制两种情况下的计算时间: $\dfrac{p}{p-1}$ 和 $\dfrac{p}{p+1}$。

其中,前一个值是任务略超出平均时间时的限制值,具体思想是:如果在任务划分时,每个任务都略超出平均值,则最后一个任务会很小,其所在的处理器空闲时间比较长,取极限情况,该处理器任务计算时间为 0,则前 $p-1$ 个任务的计算时间为 $\dfrac{p}{p-1}T$,此时的加速比为

$$S_{\text{actual}}(p) = \frac{T_{\text{total}}(1)}{T_{\text{total}}(p)} = \frac{pT}{(pT/p-1)} = p-1 \qquad (2-22)$$

并行效率为

$$E_{\text{actual}}(p) = \frac{T_{\text{total}}(1)}{pT_{\text{total}}(p)} = \frac{p-1}{p} \qquad (2-23)$$

后者是任务略小于平均时间的限制值,具体思想是:如果在任务划分时,每个任务都略小于平均值,则最后一个任务会很大,如果该任务在一个处理器上运行,时间会是最长的,假设增加一个处理器后,能够均衡仿真任务的平均计算时间为 $\dfrac{p}{p+1}T$。则前 $p-1$ 个任务的计算时间为 $\dfrac{p}{p+1}T$,此时如果不能增加处理器,则加速比为

$$S_{\text{actual}}(p) = \frac{T_{\text{total}}(1)}{T_{\text{total}}(p)} = \frac{pT}{(2pT/p+1)} = \frac{p+1}{2} \qquad (2-24)$$

并行效率为

$$E_{\text{actual}}(p) = \frac{T_{\text{total}}(1)}{pT_{\text{total}}(p)} = \frac{p+1}{2p} \qquad (2-25)$$

很显然,每个任务的计算时间略大于平均时间时,可以取得更好的并行效率。

参 考 文 献

[1] 郑文凯,王晓东. 并行计算模型 LogGP 的相关剖析[J]. 福建电脑,2003,12:16-17.

[2] 刘步权,王怀民,姚益平. HLA 时间管理中的死锁问题研究[J]. 电子学报,2006,34(11):2038-2042.

[3] 王学慧,李革,刘保宏,等. 分布式集群并行仿真平台中时间同步技术研究[J]. 计算机仿真,2006,23(10):119-122.

[4] 刘步权. 分布式仿真运行支撑平台中时间管理服务的研究[D]. 国防科技大学,2004.

[5] 乔海泉, 王学慧, 李革, 等. 基于模板的并行离散事件仿真持久框架[J]. 系统仿真学报,2007, 19 (3): 563 –566.

[6] Z F, J H A D, W S. Parallel Molecular Dynamics simulation:implementation of PVM for a lipid membrane [J]. Computer Physics Communications. 1999, 116(2 –3): 295 –310.

[7] R K, Y Z, J L M. A Scalable,Synchronized,and Distributed Framework for Large –Scale Microscopic Traffic Simulation[C]. Vienna,Austria: 2005.

[8] Jeschke M, Park A, Ewald R, et al. Parallel and Distributed Spatial Simulation of Chemical Reactions[C]. 2008.

第 **3** 章

并行仿真支撑环境

在过去的 60 年里，IT 行业将串行计算的性价比提升了近 100 亿倍。过去 20 年里，硅技术以每 18 个月性能提升一倍的速度发展。如今摩尔定律遇到了功率瓶颈，微处理器的时钟频率无法突破物理学定律的极限——消耗功率极限，微处理器行业被迫开始转向多核，每一代技术在两年左右。但这种向多核的跃升，并非是一种基于编程或架构的突破，而是一条缓兵之计。未来可能会突破高效率、高时钟频率、单核芯片的技术，但未来的未来，必将再次遇到瓶颈，并行计算是一条无法避让的路。

人们已经确凿无疑地认识到，如果未来不能有效地以并行化的软件充分利用并行化的硬件资源，我们的计算效率就会永远停滞在仅仅略高于当前的水平上。因此，未来的计算必然是并行的。"主流编程语言"纷纷以不同的方式解决并行计算的问题。就 C/C++ 而言，除了标准委员会致力于以标准库的方式来提供并行计算库之外，标准化的 OpenMP 和 MPI，以及 Intel 的 TBB（Threading Building Blocks，线程构造模块）库也都是可信赖的解决方案；Java 在 5.0 版中引入了意义重大的 concurrency 库，得到 Java 社区的一致推崇；而微软更是采用了多种手段来应对这一问题：先是在 . NET 中引入 APM，随后又在 Robotics Studio 中提供了 CCR 库，最近又发布了 Parallel FX 和 MPI. NET，可谓不遗余力。

另一个可能更加迫切的变革，就是云计算。Google 的实践表明，用廉价服务器组成的服务器机群，在计算能力、可靠性等方面能够达到价格昂贵的大型计算机的水准，毫无疑问，这是大型、超大型网站和网络应用梦寐以求的境界。尤其是 Google 已经建立起来的"云计算"平台，可以屏蔽底层技术细节，保证较好的可延展性和运行效率,它不但可以自动将计算任务并行化,充分调动大型服务器机群的计算能力,而且还可以自动应对大多数系统故障,实现高水平的自主管理,成就了 Google 在高性能并行计算中的核心竞争力。

本章将介绍并行仿真支撑的硬件环境和软件环境,硬件环境主要介绍各种并行计算机系统的体系结构及特点,重点介绍对称多处理机、大规模并行处理机和工作站机群,对于新出现的成就超级计算机的 GPGPU 体系结构也略作介绍;软件环境主要介绍典型的分布式计算支撑技术、并行与分布式计算中间件以及分布式仿真通信中间件,这些都是当前还没有出现并行编程语言之间可选的并行仿真技术方案。

3.1 硬件支撑平台

3.1.1 并行计算机与分布式计算机

3.1.1.1 计算机系统发展简史

计算机的起源可以追溯到欧洲文艺复兴时期。16 世纪—17 世纪的思想解放和社会大变革,大大促进了自然科学技术的发展,其中制造一台能帮助人进行计算的机器,就是最耀眼的思想火花之一。

1614 年,苏格兰人 John Napier 发表了关于可以计算四则运算和方根运算的精巧装置的论文。1642 年,法国数学家 Pascal 发明能进行八位计算的计算尺。1848 年,英国数学家 George Boole 创立二进制代数学。1880 年美国普查人工用了 7 年的时间进行统计,而 1890 年,Herman Hollerith 用穿孔卡片存储数据,并设计了机器,仅仅用了 6 周就得出了准确的数据。1896 年,Herman Hollerith 创办了 IBM 公司的前身。

这些"计算机",都是基于机械运行方式,还没有计算机的灵魂:逻辑运算。而在这之后,随着电子技术的飞速发展,计算机开始了质的转变。

1943 年—1959 年时期的计算机通常被称为第一代计算机。使用真空电子管,所有的程序都是用机器码编写,使用穿孔卡片。1946 年,John W. Mauchly 和 J. Presper Eckert 负责研制的 ENIAC (Electronic Numerical Integrator and Computer)是第一台真正意义上的数字电子计算机。重 30t,18000 个电子管,功率 25kW。主要用于弹道计算和氢弹研制。

1949 年,科学杂志大胆预测"未来的计算机不会超过 1.5t"。真空管时代的计算机尽管已经步入了现代计算机的范畴,但其体积之大、能耗之高、故障之多、价格之贵大大制约了它的普及应用。直到 1947 年,Bell 实验室的 William B. Shockley、John Bardeen 和 Walter H. Brattain 发明了晶体管,电子计算机才找到了腾飞的起点,开辟了电子时代新纪元。

1959 年—1964 年间设计的计算机一般被称为第二代计算机。大量采用了晶体管和印刷电路。计算机体积不断缩小,功能不断增强,可以运行 FORTRAN 和 COBOL,接收英文字符命令。出现大量应用软件。尽管晶体管的采用大大缩小了计算机的体积、降低了其价格,减少了故障。但离人们的要求仍差很远,而且各行业对计算机也产生了较大的需求,生产更强、更轻便、更便宜的机器成了当务之急,而集成电路的发明,不仅仅使体积得以减小,更使速度加快,故障减少。

1958 年,在 Robert Noyce(Intel 公司的创始人)的领导下,继发明了集成电路后,又推出了微处理器。

1964 年—1972 年的计算机一般被称为第三代计算机。大量使用集成电路,典型的机型是 IBM360 系列。1972 年以后的计算机习惯上被称为第四代计算机。基于大规模集成电路,及后来的超大规模集成电路。计算机功能更强,体积更小。在这之前,计算机技术主要集中在大型机和小型机领域发展,但随着超大规模集成电路和微处理器技术的进步,计算机进入寻常百姓家的技术障碍已突破。特别是从 Intel 发布其面向个人机的微处理器 8080 的同时,互联网技术、多媒体技术也得到了空前的发展,计算机真正开始改变人们的生活。

1976 年,Cray - 1,第一台商用超级计算机问世。集成了 20 万个晶体管,每秒进行 1.5 亿次浮点运算。今天,Intel 已经推出主频超过 3.0GHz 的微处理器。

3.1.1.2 并行计算机发展简述

20 世纪 40 年代开始的现代计算机发展历程可以分为两个明显的发展时代:串行计算时代、并行计算时代。每一个计算时代都从体系结构发展开始,接着是系统软件(特别是编译器与操作系统)、应用软件,最后随着问题求解环境的发展而达到顶峰。创建和使用并行计算机的主要原因是因为并行计算机是解决单处理器速度瓶颈的最好方法之一。

并行计算机是由一组处理单元组成的,这组处理单元通过相互之间的通信与协作,以更快的速度共同完成一项大规模的计算任务。因此,并行计算机的两个最主要的组成部分是计算节点和节点间的通信与协作机制。并行计算机体系结构的发展也主要体现在计算节点性能的提高以及节点间通信技术的改进两方面。

20 世纪 60 年代初期,由于晶体管以及磁芯存储器的出现,处理单元变得越来越小,存储器也更加小巧和廉价。这些技术发展的结果导致了并行计算机的出现,这一时期的并行计算机多是规模不大的共享存储多处理器系统,即所谓大型主机(Mainframe)。IBM360 是这一时期的典型代表。

到了 20 世纪 60 年代末期,同一个处理器开始设置多个功能相同的功能单元,流水线技术也出现了。与单纯提高时钟频率相比,这些并行特性在处理器内部的应用大大提高了并行计算机系统的性能。伊利诺依大学和 Burroughs 公司此时开始实施 IlliacIV 计划,研制一台64 个CPU 的 SIMD 主机系统,它涉及到硬件技术、体系结构、I/O 设备、操作系统、程序设计语言直至应用程序在内的众多研究课题。不过,当一台规模大大缩小了的16CPU 系统终于在 1975 年面世时,整个计算机界已经发生了巨大变化。

首先是存储系统概念的革新,提出虚拟存储和缓存的思想。IBM360/85 系统与 360/91 是属于同一系列的两个机型,360/91 的主频高于 360/85,所选用的内存速度也较快,并且采用了动态分配的指令流水线;但是,360/85 的整体性能却高于 360/91,唯一的原因就是前者采用了缓存技术,而后者则没有。

其次是半导体存储器开始代替磁芯存储器。最初,半导体存储器只是在某些机器被用作缓存,而 CDC7600 则率先全面采用这种体积更小、速度更快、可以直接寻址的半导体存储器,磁芯存储器从此退出了历史舞台。与此同时,集成电路也出现了,并迅速应用到了计算机中。元器件技术的这两大革命性突破,使得IlliacIV 的设计者们在底层硬件以及并行体系结构方面提出的种种改进都大为逊色。

1976 年 CRAY－1 问世以后,向量计算机从此牢牢地控制着整个高性能计算机市场 15 年。CRAY－1 对所使用的逻辑电路进行了精心的设计,采用了如今称为 RISC 的精简指令集,还引入了向量寄存器,以完成向量运算。这一系列全新技术手段的使用,使 CRAY－1 的主频达到了 80MHz。

微处理器随着机器的字长从 4 位、8 位、16 位一直增加到 32 位,其性能也随之显著提高。正是因为看到了微处理器的这种潜力,卡内基—梅隆大学开始在当时流行的 DECPDP11 小型计算机的基础上研制成功一台由 16 个 PDP11/40 处理机通过交叉开关与 16 个共享存储器模块相连接而成的共享存储多处理器系统 C. mmp。

从 20 世纪 80 年代开始,微处理器技术一直在高速前进。稍后又出现了非常适合于 SMP 方式的总线协议,而伯克利加州大学则对总线协议进行了扩展,提出了 Cache 一致性问题的处理方案。从此,C. mmp 开创出的共享存储多处理器之路越走越宽;现在,这种体系结构已经基本上统治了服务器和桌面工作站市场。

同一时期,基于消息传递机制的并行计算机也开始不断涌现。20 世纪 80 年代中期,加州理工成功地将 64 个 i8086/i8087 处理器通过超立方体互连结构连接起来。此后,便先后出现了 Intel iPSC 系列、INMOS Transputer 系列,Intel Paragon 以及 IBM SP 的前身 Vulcan 等基于消息传递机制的并行计算机。

20 世纪 80 年代末—90 年代初,共享存储器方式的大规模并行计算机又获得了新的发展。IBM 将大量早期 RISC 微处理器通过蝶形互连网络连接起来。人们开始考虑如何才能在实现共享存储器缓存一致的同时,使系统具有一定的可扩展性(Scalability)。90 年代初期,斯坦福大学提出了 DASH 计划,它通过维护一个保存有每一缓存块位置信息的目录结构来实现分布式共享存储器的缓存一致性。后来,IEEE 在此基础上提出了缓存一致性协议的标准。

20 世纪 90 年代以来,主要的几种体系结构开始走向融合。属于数据并行类型的 CM – 5 除大量采用商品化的微处理器以外,也允许用户层的程序传递一些简单的消息;CRAY T3D 是一台 NUMA 结构的共享存储型并行计算机,但是它也提供了全局同步机制、消息队列机制,并采取了一些减少消息传递延迟的技术。

随着商品化微处理器、网络设备的发展,以及 MPI/PVM 等并行编程标准的发布,机群架构的并行计算机出现。IBM SP2 系列机群系统就是其中的典型代表。在这些系统中,各个节点采用的都是标准的商品化计算机,它们之间通过高速网络连接起来。

如今,越来越多的并行计算机系统采用商品化的微处理器加上商品化的互连网络构造,这种分布存储的并行计算机系统称为机群。国内几乎所有的高性能计算机厂商都生产这种具有极高性能价格比的高性能计算机,并行计算机就进入了一个新的时代,并行计算的应用达到了前所未有的广度和深度。

3.1.1.3　目前世界高性能计算机的状况

并行计算机随着微处理芯片的发展,已经进入了一个新时代。

2012 年 11 月的全球超级计算机运算速度 Top500 排行榜新鲜出炉,Cray 公司的超级计算机 Titan 以 17590TFlop/s 的运算速度夺冠,IBM 的 Sequoia 以 16324.8TFlop/s 的速度夺得亚军,曾经位列榜首的 K Computer 以 10510TFlop/s 屈居第三位。曾在 2010 年位列榜首的中国最快的超级计算机"天河" – 1A,以 2566TFlop/s 的运算速度排在第八位,见表 3 – 1。全球超级计算机 Top500 排行榜半年进行一次更新,这已经是第 40 届。

表 3-1　全球超级计算机运算速度 Top500 排行榜前十名

Rank	Site	System	Cores	Rmax (TFlop/s)	Rpeak (TFlop/s)	Power (kW)
1	DOE/SC/Oak Ridge National Laboratory United States	Titan-CrayXK7, Opeteron 6274 16C 2.200GHz, Cray Gemini interconnect, NVIDIA K20x Cray inc.	560640	17590.0	27112.5	8209
2	DOE/NNSA/LLNL United States	Sequoia-BlueGene/Q, Power BQC 16C 1.60GHz, Custom IBM	1572864	16324.8	20132.7	7890
3	RIKEN Advanced Institute for Computational Science (AICS) Japan	K computer, SPARC64 Vlllfx 2.0GHz, Tofu interconnect Fujitsu	705024	10510.0	11280.4	12660
4	DOE/SC/Argonne National Laboratory United States	Mira-Blue Gene/Q, Power BQC 16C 1.60GHz, Custom IBM	786432	8162.4	10066.3	3945
5	Forschungszentrum Juelich(FZJ) Germany	JUOUEEN-BlueGene/Q, Power BQC 16C 1.600GHz, Custom Interconnect IBM	393216	4141.2	5033.2	1970
6	Leibniz Rechenzentrum Germany	SuperMUC-iDataPlex DX360M4, Xeon E5-2680 8C 2.70GHz, Infiniband FDR IBM	147456	2897.0	3185.1	3423

Rank	Site	System	Cores	Rmax （TFlop/s）	Rpeak （TFlop/s）	Power （kW）
7	Texas Advanced Computing Center/Univ. of Texas United States	Stampede-PowerEdge C8220，Xeon E5-2680 8C 2.700GHz，Infiniband FDR，intel Xeon Phi Dell	204900	2660.3	3959.0	
8	National Supercomputing Center in Tianjin China	Tianhe-1A-NUDT YH MPP，Xeon X5670 6C 2.93 GHz，NVIDIA 2050 NUDT	186368	2566.0	4701.0	4040
9	CINECA ltaly	Fermi-BlueGene/Q，Power BQC 16C 1.60GHz，Custom IBM	163840	1725.5	2097.2	822
10	IBM Development Engineering United States	DARPA Trial Subset-Power 775，POWER7 8C 3.836GHz，Custom Interconnect IBM	63360	1515.0	1944.4	3576

研究人员形容，新科冠军 Titan 的速度相当于全球 70 亿人同时以每秒约计算 300 万道计算题的速度在运作。基于 AMD 平台的 Titan 是橡树岭国家实验室（ORNL）此前研发的超级计算机 Jaguar 的升级版，但相较于 Jaguar，Titan 有 56.064 万个处理器（包括 26.163 万个 NVIDIA K20x 加速器核心），使其除运算速度超快外，运算能力及省电效率均优于 Jaguar。Titan 目前安装于 ORNL，将用于气候变化、再生能源及核能研究的计算机仿真系统。

Top500 超级计算机榜单中，体现了超级计算机的发展趋势：

（1）加速处理器技术逐渐推广。共有 62 个系统使用的是加速处理器/协同处理器技术，包括 Titan 以及中国的"天河"-1A。中国的"天河"-1A 使用的是

NVIDIA 的 GPU 来加速运算,而 Stampede 以及其他 6 个超级计算机则是选用新的 Intel Xeon Phi 处理器来加速。

(2)多核处理器架构占绝对主流。榜单中绝大多数系统都是用的多核处理器架构。8 核或以上的系统占榜单约46.2%;6 核以上的比率则高达84.6%。

(3)InfiniBand 互联技术广泛使用。目前,InfiniBand 技术被226 个超级计算机系统用于提供互连(上届是209 个系统),这使得其成为 Top500 系统中使用最为广泛的互联技术。而使用千兆以太网技术的系统为 188 个(上届是207个)。

(4)入门级别不断提高。在 Linpack 的检测中,本届 Top500 超级计算机的入门级别提升至76.5TFlop/s,上届(也就是 6 个月前)仅为60.8TFlop/s。而Top100 的入门线也由上届的 172.7TFlop/s 提升至本届的241.3TFlop/s。

(5)体现综合国力。Top500 榜单中,美国以251 个成为 HPC(超级计算机)系统最大的用户,亚洲地区123 个,欧洲105 个。中国现有的超级计算机系统为72 个,中国超越了日本、英国、法国和德国,成为第二大超级计算机系统使用者。欧洲区的英国、法国和德国的超级计算机使用量不相上下,分别为24、21 和 20个系统。

对于并行仿真来说,其硬件主体主要由三类高性能计算组成,对称多处理机(SMP)、大规模并行处理机(MPP)和工作站机群(COW),将 GPU 用于协同加速的技术也逐渐出现。

3.1.2　对称多处理机

对称多处理机(Symmetric Multiprocessor,SMP)结构在现今的并行服务器中普遍采用。它是应用得最广泛的并行计算机,例如 HP9000/T600、IBM RS6000/R40、SGI Power Challenge XL、SUN Ultra Enterprise 6000 等。

SMP 的存储器系统结构属于 UMA 模型。SMP 系统中所有处理器通过高速总线或交叉开关与共享存储器相连。每个处理器可带私有的高速缓存。每台处理器访问共享存储器的任何部分都要通过互联网络,所有处理器访问共享存储器同一地址单元的时间相同,存储器在物理上被所有处理器均匀共享。

SMP 系统中任何处理器均可访问任何存储单元和 I/O 设备。SMP 一般只有一个地址空间,单一映像自然得到支持。操作系统、数据和应用程序在这个单一地址空间中只有一份拷贝。操作系统可按各处理机的负载灵活地调节处理机的任务,负载平衡很容易完成。因为所有的数据均驻留在同一共享存储器中,所以用户不用考虑数据的分配和再分配。各处理机可以通过共享同一内存地址单元来相互通信。这种通信方式不仅快捷可靠,而且从编程的角度来看,共享同一内存地址单元就是共享变量。这使得在 SMP 上编程简化了许多。同时,由于数据只有一份拷贝,用户对数据的管理也方便了许多。

SMP 系统每个处理器可以平等地访问内存及 I/O 的对称的逻辑结构及其对称的硬件结构有利于开发较高的并行性。对称性是 SMP 的优点,但它也给 SMP 带来了一些问题:所有的处理器都可以访问存储器和 I/O 设备使得存储器和 I/O 的负载很大,容易成为系统的瓶颈。这限制了系统中处理器的数量。另一方面,所有处理器共用一个存储器和一个操作系统,所以总线、存储器、操作系统中有一个失效就会导致整个系统的崩溃,系统不够可靠和稳定。SMP 系统的互连网络使用总线或交叉开关,而总线和交叉开关一旦作成就难于扩展。

目前,人们采用 CC – NUMA 体系结构来解决 SMP 的可扩展性问题。CC – NUMA 是将一些 SMP 机作为节点用互联网络连接起来形成的一个较大的系统。CC – NUMA 系统中各节点间不用总线连接,因此可以包含更多的节点,解决了 SMP 不可扩展的问题。同时 CC – NUMA 系统仍然是单一地址空间,所有节点中的存储器统一编址,构成一个统一的地址空间,该地址空间被所有的处理器共享,保持了 SMP 系统易于编程的特点。在 CC – NUMA 中,由于数据空间局部性的原因,处理器大多数数据访问都可限制在本地节点内,网络上的通信主要是高速缓存一致性命令而不是传输数据。

典型的 SMP 计算机有 Intel SHV 服务器电路板、SUN Ultra Enterprise 10000 系统。典型的 CC – NUMA 系统有 HP/Convex Exemplar X – Class、Sequent NUMA – Q、SGI/Gray Origin 2000。

Intel SHV 电路板是一个低端的 SMP 系统。它可用来构造 CC – NUMA 系统。SHV 是总线结构的。一个 SHV 中包含 4 个 Pentium Pro 组件、两个 PCI 桥、一个或多个存储控制器和一个 OEM 桥。它们用一条时钟频率为 66MHz、64 位带宽的存储器总线连接。一个 Pentium Pro 组件包括一个 Pentium Pro 处理器、一个 256KB 或 512KB 的二级高速缓存、一个高级可编程中断控制器(APIC)和一个二级缓存 – 总线控制器。PCI 桥是 PCI 总线与 SHV 上的存储器总线的接口,它相当于 SHV 的 I/O 设备。它可与磁盘、CD – ROM 或其他 I/O 设备相连。存储控制器可管理 4GB 的 DRAM。OEM 桥是给第三方开发者准备的,开发者可将他们需要的设备连在 OEM 桥上。通过 OEM 桥可以将多个 SHV 连接起来构成 CC – NUMA 系统。

Exemplar X 是 HP/Convex 公司于 1996 年作为可扩展并行处理机推出的。它采用 CC – NUMA 结构。一个 Exemplar X 系统包含若干节点,每个节点是一个 SMP 系统。这些节点通过一个一致性环形互联网（Coherent Toroidal Interconnect）相连。每个节点包含 16 个主频为 180MHz 的 64 位 PA - 8000 处理器。每个处理器有一个 1MB 的指令高速缓存和一个 1MB 的数据高速缓存。每个节点内还有一个 256MB ~ 16GB 的 32 路交叉存储器作为共享存储器。节点内部使用交叉开关连接。Exemplar X 系统的一个特点是在每个节点内设置独特设计的数据移动器。它与处理器、PCI 插槽和交叉开关相连，同时与各节点间的环形网络相连，其作用是保证各节点间数据传输的高带宽。

3.1.3   大规模并行处理机

大规模并行处理机（Massively Parallel Processor, MPP）是指由几百或几千台处理机组成的大规模并行计算机系统。Intel 和美国 Sandia 国家实验室 1997 年 6 月研制成功的 MPP 系统 ASCI Option Red 有 9216 个处理器。MPP 系统中处理器数目巨大，整个系统规模庞大，许多硬件设备是专门设计制造的，开发起来比较困难，通常被视为国家综合实力的象征。同时，MPP 能够提供其他并行计算机不能达到的计算能力。达到 3T 性能目标和解决重大挑战性课题都寄希望于 MPP。但是，目前性能最好的 MPP 的水平距离实际的需求还有不小的差距。全面禁止核试验后，核武器的研究主要用实验室数值模拟的方法进行。1996 年 6 月，由美国能源部联合美国三大核武器实验室 Lawrence Livermore 国家实验室、Los Alamos 国家实验室、Sandia 国家实验室共同提出了旨在通过数值模拟评估核武器性能、安全性、可靠性的"加速战略计算创新"（Accelerated Strategic Computing Initiative, ASCI）计划。为此，三大核武器实验室分别向美国三大计算机公司 Intel、IBM 和 SGI/Cray 预定了峰值速度超过 1TFlops 的并行计算机。MPP 系统过去主要用于科学计算、工程模拟等以计算为主的场合。目前，MPP 也广泛应用于商业和网络应用中，例如数据仓库、决策支持系统和数字图书馆。

当前所有的 MPP 都使用物理上分布的存储器。MPP 使用专门设计制造的高速互联网络。每个节点内有一个或多个处理器、高速缓存、一个本地存储器，有的 MPP 系统节点内还有磁盘。节点内用本地互连网络将各部件连接起来。在早期 MPP 中，节点内通常使用总线结构，目前的 MPP 多使用交叉开关。

从存储系统的角度，MPP 系统大多采用 NORMA 结构。在这种结构中，所有的存储器在物理上是分布的，而且都是私有的。每个处理器能直接访问的只有本地存储器，而不能直接访问其他处理器的存储器。程序由多个进程组成，每个都有其私有空间进程间，采用消息传递相互通信。分布存储的优点是系统的可扩展性好，但是消息传递方式使得编程困难，可编程性不好。

开发 MPP 的目的是通过大量的硬件得到高性能。所以 MPP 开发中的一个重要问题是：系统的性能是否随着处理器数量（近似）线性地增长。为了达到这一目标，MPP 采用了一系列的技术。采用分布的存储器就是因为分布式的体系结构比集中式的能提供更高的带宽。在处理器数目很多的情况下，通信开销是影响系统加速比的重要因素。因此 MPP 使用专门设计的高带宽、低延迟互联网络。MPP 包含有大量的处理器等硬件，这使得系统发生故障的概率大大提高。据估计，一台有 1000 个处理器的 MPP，每天至少有一个处理器失效。因此，MPP 必须使用高可用性技术，使得失效的部件不致导致整个系统的崩溃。同时，失效的处理器在失效前完成的任务能够得以保存以便其他节点能够继续进行处理。

MPP 系统需要考虑的另一个问题是系统的成本。因为 MPP 要使用大量的硬件，因此要尽量降低每一部件的成本。目前，MPP 降低成本的措施有：使用商品微处理器及 Shell 结构；使用物理上分布的存储器；使用 SMP 节点，降低节点内部互联网络的规模。使用分布存储器比同样规模的集中存储器要便宜。使用商用微处理器有多方面的好处。一是成本比独立开发低；二是其升级速度快，升级成本也低。目前，许多 MPP 系统都采用 Shell 结构。Shell 是一个用户设计的接口电路。微处理器通过 Shell 与节点内的其他部分相连。当处理器升级时，只需更换处理器和 Shell 电路，而系统和节点内的其他部分不用改变。这就大大方便了系统的升级，同时升级成本也很低。商品微处理器升级很快，采用 Shell 结构后，MPP 可以随之升级。

目前的 MPP 都是通用的系统，能支持不同的应用，不同的算法；都支持异步 MIMD 模式，支持流行的标准编程模式（PVM、MPI）。

总之，处理器数量大是 MPP 区别于其他系统的主要特点。MPP 巨大的计算能力来源于大量的处理器，它的许多问题和技术困难也与此有关，例如通信困难，成本高等。MPP 可达到很高的峰值速度，但由于通信、算法等原因，持续速度通常只有峰值速度的 3% ~ 10%。MPP 是最有希望达到 3T 性能目标和解决重大挑战性问题的系统，但是如何能提高持续速度仍是一个问题。

著名的 MPP 系统早期有 Thinking Machine 的 CM2/CM5、NASA/Goodyear 的 MPP、nCUBE、Cray T3D、Intel Paragon、MasPar MP1 等；当今有 ASCI 计划中的 MPP 系统：Intel 公司与 Sandia 国家实验室联合研制的 Option Red；IBM 公司与 Lawrence Livermore 国家实验室联合研制的 Blue Pacific 和 SGI 公司与 Los Alamos 国家实验室联合研制的 Blue Mountain。Blue Mountain 于 1998 年 12 月完成。它由 48 个节点组成，共有 6144 个处理器。每个节点是一个有 128 个处理器的 Origin 2000 系统（Origin 2000 是 CC – NUMA 系统）。节点间用 4MB 的

HiPPI – 800 交换开关连接。Option Red 是 Intel 可扩展系统公司和 Sandia 国家实验室于 1997 年 6 月完成的 MPP 系统。系统总共有 4608 个节点,峰值速度达 1.8TFlops。每个节点含两个 200MHz 的 Pentium Pro 处理器。所有节点中有 4536 个是计算节点,其他的是服务节点、I/O 节点、系统节点和备份节点。节点内部使用 64 位、66MHz 总线连接。计算节点和服务节点结构相同,每两个节点处于一块节点板上,I/O 和系统节点每一个节点处于一块节点板上。每块节点板连接至一个定制的网格路由部件(Mesh Routing Component, MRC),MRC 之间通过两平面(Two – Plane)网格结构的互连网络连接。

3.1.4 工作站机群

工作站机群(Cluster of Workstations,CoW)是实现并行计算的一种新主流技术。CoW 又称为 NoW(Network of Workstations),是指用商用网络(有的机群也使用定制的网络)将工作站连接起来构成的并行计算机系统。这里的工作站泛指高档计算机,可以是高档微机,也可以是工作站或 SMP 对称多处理机。

机群计算,是在并行程序设计以及可视化人机交互集成开发环境支持下,统一分配,协调处理,实现高效并行处理。从结构和节点间的通信方式看,它属于分布式存储系统,主要利用消息传递方式实现各主机之间的通信,由建立在一般操作系统之上的并行编程环境完成系统的资源管理及相互协作,同时也屏蔽工作站及网络的异构性。对程序和用户来说,机群系统是一个整体的并行系统。机群系统中的主机和网络可以是同构的,也可以是异构的。通常一个机群内的节点放在一起,使用同样性能的处理器、相同的操作系统,使用专用的机群软件进行通信连接。

3.1.4.1 机群简介

机群是一种分布存储的并行系统,各节点通信主要使用消息传递方式。机群与 MPP 的主要区别有:机群的每个节点都是一个完整的计算机系统,包括 CPU、内存、硬盘,但可能没有显示器、键盘、鼠标等外围设备,这样的节点称为"无头工作站";MPP 的每个节点内不一定有硬盘。机群的节点间通常使用低成本的商品化网络相连,如以太网、ATM、Myrinet 等,而 MPP 使用专门定制的网络,这个特征被认为是机群与 MPP 最主要的区别。机群节点与系统级网络的网络接口是连接到节点内的 I/O 总线上的,属于松耦合;而 MPP 的网络接口是连到节点内的存储总线上的,属于紧耦合。机群的每个节点上驻留有完整的操作系统;而 MPP 的节点内通常只有操作系统的微核。机群的结构如图 3 – 1 所示。

串行应用程序	并行应用程序

机群并行计算中间件

高性能计算机	高性能计算机	…	高性能计算机
通信中间件	通信中间件		通信中间件
网络接口	网络接口		网络接口

定制的高速网络

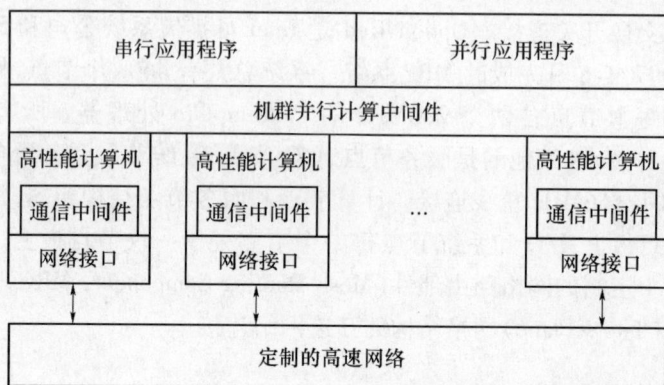

图 3 – 1　MPP 机群的结构图

机群是处理器技术和网络技术不断提高的产物。商品处理器运算速度飞速提高而且越来越便宜。网络技术的进步使得商品网络的带宽已经很高。目前，很多商品网络的带宽已达 Gb/s 量级。高速的网络硬件再加上特殊设计的网络协议，其传输速度已能达到甚至超过某些 MPP 专门定制的网络。这就为并行计算的通信提供了有力的保障。

机群系统提出之后发展得十分迅猛，已成为目前研究的热点。机群受到广泛关注的原因是多方面的。其中之一就是它可以用商品处理器和商品网络方便地构造。另外它还有许多过去的并行系统不可比拟的优势。

（1）投资风险小。传统的大规模并行处理机比较昂贵，如果性能不好就等于浪费了大量资金。而机群即使作为并行系统效果不好，它的每个节点仍可以作为高性能微机使用，不会浪费资金。

（2）性能价格比高。传统的并行机由于生产批量小，往往价格昂贵。而机群基本上使用市售的商品化部件，价格较低。机群整体的性能可达 GFlops 量级，已经接近一些 MPP 的水平。与巨型机或 MPP 相比，其价格便宜，同时由于其高扩展性，对系统的升级也很方便，费用不高。

（3）系统的开发周期短。机群的硬件都是商用的，开发的重点在通信机制和并行编程环境上。

（4）编程方便，软件继承性好。不需要学用新的并行程序设计语言，只要利用所提供的并行程序设计环境，就可实现高性能计算。只需在常规的 C、C++、Fortran 串行程序中插入少量通信原语，即可使其在机群上运行。

（5）系统结构灵活。不同结构、不同性能、不同操作系统的工作站都可以连接起来构成机群系统。这样用户就可以充分利用现有设备以及闲散的计算机，用少量投资获得较大的计算能力。

（6）可以充分利用分散的计算资源。通过把个人工作站（或微机）连接成机群，可在个人工作站空闲时给其分配任务，当工作站被使用时再回收任务和结果。

（7）可扩展性好。机群的节点数量可以根据需求进行选择，在需要提高计算能力时，可以增加节点数目，在高带宽、低延迟网络技术的支持下，获得高的计算能力。

（8）便于管理。在系统设计上采用集中的控制台，对处理节点、存储系统和网络进行监控和管理，可以有效地降低管理复杂度和系统费用。这些突出的优点使机群受到广泛欢迎。

根据不同的标准，机群可有多种分类方式。常见的对机群的分类有如下5种：

（1）根据应用目的，可以分成高性能（High Performance，HP）机群和高可用性（High Availability，HA）机群。

（2）根据节点的拥有情况，可以分为专用机群（Dedicated Cluster）和非专用机群（Nondedicated Cluster）。在专用机群中所有的资源是共享的，并行应用可以在整个机群上运行，而在非专用机群中，全局应用通过窃取 CPU 时间获得运行。非专用机群中由于存在本地用户和远地用户对处理器的竞争，带来了进程迁移和负载平衡等问题。

（3）根据节点的操作系统，可以分为 Linux 机群（如 Beowulf）、Solaris 机群（如 Berkeley NOW）、NT 机群（如 HPVM）、AIX 机群（如 IBM SP2），

（4）根据节点的配置，可以分为同构机群和异构机群。同构机群中各节点有相似的体系并且使用相同的操作系统：而异构机群中节点可以有不同的体系，运行的操作系统也可以不尽相同。

（5）按照节点的机型可分为 PC 机群（COPs）、工作站机群（CoWs）和 SMP机群（CLUMPs）。

3.1.4.2 机群系统关键技术

机群系统中的关键技术包括通信技术、并行程序设计环境、单一系统映像（Single System Image，SSI）等。

随着商品处理器性能的不断提高，机群各节点的处理速度已相当高，制约机群性能的主要因素是节点间的通信速度。如果通信速度跟不上，各节点的处理能力就发挥不出来。提高通信速度目前从软硬件都采取了措施。硬件方面是尽量使用高速网络。传统的以太网带宽只有 10Mb/s。近来出现了许多新型的高

速网络,比如快速以太网、ATM、Myrinet 等。它们的带宽已达 Gb/s 数量级,这在前面已经介绍过。在软件方面,提高网络速度的主要措施是努力减小通信在软件方面的开销,包括精简通信协议,设计新的通信机制等。传统的 TCP/IP 协议是面向低速率、高差错和大数据包传输而设计的,其设计目标与机群系统的现实情况并不相符。TCP/IP 协议有很多层次,数据传输时需要反复复制,带来了很大的时延。另一方面,各层中有许多重复的操作。在机群环境中这些操作是不必要的。所以,通过修改、精简协议可以降低通信开销。为了提高通信速度,UC Berkeley 开发了一种名为 Active Message 的通信机制。这种通信机制的思想是消息本身带有消息处理程序的地址和参数。消息到达目的节点后系统立即产生中断调用,并由中断处理机制启动消息处理程序。消息处理程序从网卡上取出消息并给发送方发送一个应答消息,然后返回原来被中断的程序。Active Message 是一种消息驱动的异步通信方式,能更好地实现通信与计算的重叠。试验证明,Active Message 机制的性能是相当好的。

为了便于用户使用,机群系统必须给用户提供一个方便易用的并行程序设计环境。目前机群系统上广泛使用的并行程序设计环境有 PVM、MPI、Express、P4 等。它们都是基于消息传递方式的。其中 PVM 和 MPI 应用得最多。PVM 是美国橡树岭国家实验室及美国几所大学联合开发的并行计算工具软件,支持 C、C++ 和 Fortran。MPI 是一个消息传递标准,是由 MPI 委员会在 1992 年 11 月—1994 年 1 月举行的一系列会议上逐渐产生的。它的设计非常审慎,博采众长。PVM 和 MPI 都是免费软件,它们都可以方便地进行再开发。

单一系统映像(SSI)的目的是将整个机群系统虚拟为一个统一的系统,使用户感觉不到各工作站的存在,而好像就在使用一台普通的计算机。SSI 包括多方面的内容,例如单一入口点、单一文件层次结构、单一 I/O 空间、单一网络、单一作业管理系统、单一存储空间和单一进程空间等。单一入口点是使用户能像登录一台虚拟主机一样登录机群系统。系统透明地将用户分配到负载较轻的物理主机上。单一文件层次结构把机群中各节点中的文件系统透明地结合成为一个大的文件系统,使用户感觉不到这些文件是分散在许多节点上的。这在每个节点都有操作系统和文件系统的机群系统中比较重要。单一存储空间的含义是把所有节点的存储器整合为一个大的虚拟存储器。总之,SSI 的作用是使分散的资源看起来是一个统一的更强大的资源。在机群系统中,SSI 可以用硬件实现也可以用软件实现。用软件实现时,是通过中间件(Middleware)来实现的。中间件是介于操作系统和用户层之间的一层软件。中间件与操作系统联系在一起,支持 SSI、通信、并行度、负载平衡等,在所有的节点上提供对系统资源的统一访问。

机群系统中还有一些其他的重要技术。例如,全局资源的利用。数据表明,由于网络速度的提高,节点访问其他节点的内存要比访问本地硬盘快。因此,有效地利用整个系统的内存减少使用磁盘可以提高计算速度。这提出了一个如何有效地利用全局资源的问题。又如负载平衡问题,尤其在异构机群中,评价各节点的计算能力以及进程迁移都很困难。

3.1.4.3 机群举例

UC Berkeley 开发的 NoW 是著名的机群系统。它使用了 Active Message 机制。在操作系统方面,它开发了称为 GLUnix(Global Layer Unix)的操作系统。NoW 系统的操作系统由两层组成,底层是执行在核模式下的商用操作系统。高层(即 GLUnix)是提供单一系统映像、资源管理等机群所需的特殊功能的用户级操作系统。香港大学的 Pearl Cluster 计划是一个用 ATM 连接的基于 Unix 服务器和工作站的机群系统。该系统的特点包括:支持 SSI 的中间件、两种语言因特网搜索工具和 Java 接口的 MPI 通信子系统等。表 3-2 是几种典型的 CoW 系统。

表 3-2　几种典型的 CoW 系统

机群	平台	通信	操作系统	其他
Beowulf	PC 机	使用 TCP/IP 的多个以太网	Linux 和 Grendel	MPI/PVM,Sockets,HPF
Berkeley 的 NoW	基于 Solaris 的 PC 机和工作站	Myrinet 和 AM	Solaris 和 GLUNIX	AM,PVM,MPI,HPF,Split－C
HPVM	PC 机	使用快速消息的 Myrinet	NT 或 Linux 连接和全局资源管理、LSF	前端机上的 Java,FM,Sockets,全局数组,SHMEM 和 MPI
Solaris MC	基于 Solaris 的 PC 机和工作站	支持 Solaris 的通信系统	Solaris 和全局层操作系统	C++和 CORBA
清华大学探索 108	基于 PC 微机服务器	使用 TCP/IP 的以太网及使用快速消息的 Myrinet	Solaris 和中间件	MPI/PVM,C,C++,Fortran

注:AM 指 Active Message,FM 指 Fast Message

3.1.5 GPU 的通用计算

GPU(Graphicprocess Unit)在处理能力和存储器带宽上相对于 CPU 有明显的优势。在 GPU 上,大部分芯片面积都用做计算单元,使得 GPU 计算能力较高。在架构上,目前的主流 GPU,如 NVIDIA GPU,采用了统一架构单元,并且实现了较细粒度的线程间通信,应用范围得到了较大扩展,使 GPU 成为高性能计算机中强劲的加速工具。如我国的"天河"-1A 超级计算机就采用了 GPU 作为加速计算器,如图 3-2 所示。

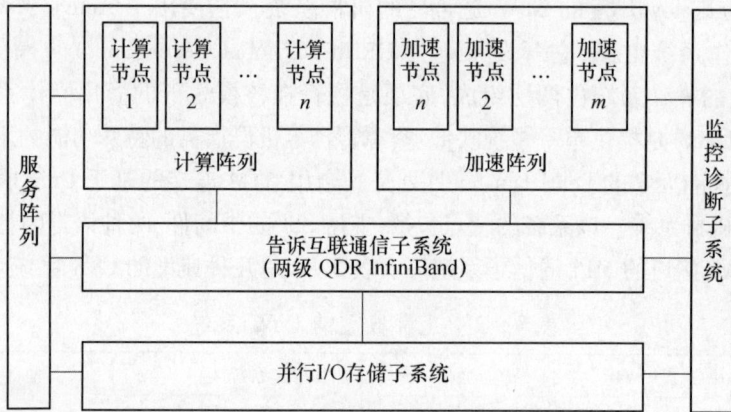

图 3-2 "天河"-1A 的硬件系统

传统上,GPU 的应用被局限于处理图形渲染计算任务,无疑是对计算资源的极大浪费。随着 GPU 可编程性的不断提高,利用 GPU 完成通用计算的研究渐渐活跃起来。将 GPU 用于图形渲染以外领域的计算称为 GPGPU(General - purpose computing on graphics processing units,GPU 的通用计算)。GPGPU 计算通常采用 CPU + GPU 异构模式,由 CPU 负责执行复杂逻辑处理和事务管理等不适合数据并行的计算,由 GPU 负责计算密集型的大规模数据并行计算。这种利用 GPU 强大处理能力和提高带宽弥补 CPU 性能不足的计算方式在发掘计算机潜在的性能,在成本和性价比方面有显著优势。

2006 年,支持 DirectX 10 的 GPU 的发布,GPGPU 开始被较多的研究者应用。随后,CUDA(Compute Unified DeviceArchitecture,计算统一设备架构)的发布则让通用计算真正在 GPU 上大量实现,并取得了显著的性能提升。

由于 CPU 和 GPU 设计目标的不同导致了两者在架构、并行层次和性能方面差异较大。CPU 的宗旨是使执行单元能够尽可能迅速地获得数据和指令,因此采用了复杂的控制逻辑和分支预测,以及大量的缓存来提高少数执行流水线的效率,对延迟极为敏感;而 GPU 则是通过大量功能简单的流处理器共同运转来提高计算和数据的整体吞吐率。CPU 和 GPU 的主要区别总结如下:

1. CPU 的重线程与 GPU 的轻线程

CPU 线程是软件管理的粗粒度重线程,当 CPU 线程被中断或者由于等待资源由就绪态变为等待状态,操作系统就要保存当前线程的上下文,并装载另外一个线程的上下文。这种机制使得 CPU 切换线程的代价十分高昂,通常需要数百个时钟周期。GPU 线程是硬件管理的细粒度轻线程,可实现零开销的线程切换。当一个线程因为访问片外存储器或者同步指令开始等待以后,可以立即切换到另外一个处于就绪态的线程,用计算来隐藏延迟,并且线程数目越多,隐藏延迟的效果越好。

2. CPU 的 MIMD 多核与 GPU 的 SIMT 众核

CPU 的每个核心具有取指和分配单元构成的完整前端,因而其核心是多指令流多数据流(Multiple Instruction Multiple Data,MIMD)的,每个 CPU 核心可以在同一时刻执行自己的指令,与其他的核心完全没有关系。但这种设计增加了芯片的面积,限制了单块芯片集成的核心数量。

GPU 的每个流多处理器才能被看作类似于 CPU 的单个核心,每个流多处理器以单指令流多线程方式工作,只能执行相同的程序。尽管 GPU 运行频率低于CPU,但其流处理器数目远远多于 CPU 的核心数,称为"众核",其单精度浮点处理能力达到了同期 CPU 的十倍之多。

3. CPU 内存、缓存与 GPU 存储器

1)全局存储器

目前的 CPU 内存控制器一般基于双通道或者三通道技术,每个通道位宽64b;而 GPU 则有数个存储器控制单元,这些控制单元具备同时存取数据的能力,使总的存储器位宽达到了 512b。这个差异导致了 GPU 全局存储器带宽大约是同期 CPU 最高内存带宽的 5 倍。

2)缓存

CPU 拥有多级容量较大的缓存来尽量减小访存延迟和节约带宽,但缓存在多线程环境下容易产生失效反应,每次线程切换都需要重建缓存上下文,一次缓存失效的代价是几十到上百个时钟周期。同时,为了实现缓存与内存中数据的一致性,还需要复杂的逻辑控制,CPU 缓存机制导致核心数过多会引起系统性能下降。

在 GPU 中则没有复杂的缓存体系与一致性机制,GPU 缓存的主要目的是随机访问优化和减轻全局存储器的带宽压力。

所以,GPU 是以大量线程实现面向吞吐量的数据并行计算,适合于处理计算密度高、逻辑分支简单的大规模数据并行负载;而 CPU 则有复杂的控制逻辑和大容量的缓存减小延迟,擅长复杂逻辑运算。

从世界超级计算机 Top500 的情况可以看到,采用 GPGPU 架构加速的并行计算环境将会不断推出,GPU 将会在并行计算中发挥更加出众的作用。

3.2　软件支撑环境

3.2.1　典型的分布式计算技术

将多台计算机连接在一起,就能实现分布式计算。分布式计算的最早形态出现在 20 世纪 80 年代末的 Intel 公司。Intel 公司利用他们的工作站的空闲时间为芯片设计计算数据集,利用局域网调整研究。随着因特网的迅速发展和普及,分布式计算的研究在 90 年代后达到了高潮,目前,在因特网上进行分布式计算已非常流行。主要包括对象中间件技术、P2P 技术、Web Service 技术、网格计算、云计算等。

3.2.1.1　对象中间件技术

从概念上讲,"分布式计算是一种计算方法,在这种算法中,组成应用程序的不同组件和对象对于已连接到网络上的不同计算机上。"从上述定义可以看到在基于分布式计算的模型上可以提供一种基础结构,该结构可以在网络上的任何位置调用对象函数。这些对象对于应用程序来说都是透明的,并且可以提供处理功能,就好像和调用它们的应用程序位于同一台计算机上。

为了使基于对象的软件在分布异构环境下具有良好的可重用性、可移植性和互操作性,OMG(Object Management Group)组织制定了 CORBA(Common Object Request Broker Architecture,通用对象请求代理体系结构)标准;Microsoft 制定了 COM/DCOM(Component Object Model/Distributed COM,组件对象模型/分布组件对象模型)标准;SUN 公司制定了 Java RMI(Java Remote Method Invocation,Java 远程方法调用)标准。这些标准形成了分布对象计算领域的主流标准。

1. CORBA

CORBA(通用对象代理体系结构)是 OMG(Object Management Group,对象

管理组）最初开发的、为业界通用的一种开发标准，用于支持丰富的开发环境的分布式计算。

　　CORBA 与传统的客户/服务器结构不同，它提供了一种无需强制使用任何专有协议或特殊编程语言、操作系统或硬件平台的、面向对象的解决力一案。在CORBA 体系结构中，应用程序可以在网络任何位置的任何平台上驻留和运行，可以以任何与 IDL（Interface Definition Language，接口定义语言）的中立接口定义相映射的语高编写。CORBA 还定义了一批系统级的服务来处理低级别的应用程序服务，如生命周期、永久性、事务、命名、安全性等。在 CORBA 中通过实现 IIOP（Internet Inter － ORBProtocol）增加了不同 ORB（Object Request Broker，对象请求代理）供应商的互操作性。IIOP 定义了 ORB 骨干，其他 ORB 可通过骨干连接并提供与其关联的服务之间的互操作。

　　在基于 CORBA 的解决方案中，ORB 是一种对象总线，提供了向对象发送请求和接受来自对象的响应，而无需考虑其位置的透明机制。ORB 截获客户端的调用并负责查找实现该请求的服务器对象、传递该对象的参数、激活其方法，并将结果返回客户端。ORB 作为 CORBA 实现方案的一部分，为 CORBA 服务提供了接口，用于购建自定义的分布式应用环境。

　　在图 3 - 3 中可以看到 CORBA 模型的结构。

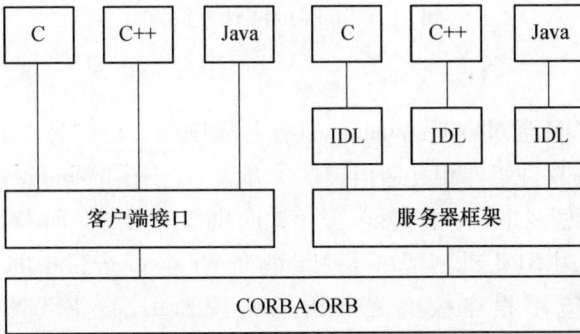

图 3 - 3　CORBA － ORB 模型结构示意图

2. Java RMI

　　JavaRMI（Java 远程方法调用）是 Java 的一组用于开发分布式应用程序的API。RMI 使用 Java 语言接口定义了远程对象（在不同机器操作系统的程序对象），它结合了 Java serialization（Java 序列化）和 JRMP（Java RemoteMethod Protocol，Java 远程方法协议）。简单说，这样使原先的程序在同一操作系统的方法调用，变成了不同操作系统之间的方法调用。由于 J2EE 是分布式程序平台，它以

RMI 机制实现程序构件在不同操作系统之间的通信。比如,一个 EJB 可以通过 RMI 调用另一台机器的 EJB 远程方法。

在基于 RMI 的应用程序体系结构中,面向注册表的机制提供了一种简单的非永久性命名查找服务,该服务用于存储远程对象引用、启发来自客户应用程序的查找。基于 JRMP 的 RMI 结构充当 RMI 客户程序和远程对象之间的介质。它截获客户请求,传递调用参数、将调用请求委托给 RMI 骨干,最后将方法执行的返回值传递给客户站位程序。它还支持从服务器到客户应用程序的回调,以便实现异步通知功能。随着 J2EE 的广泛应用,作为其体系核心的 RMI 也起着越来越重要的作用。但是只能应用于 Java 平台是它的最大的局限。在图 3 - 4 中展现了 RMI 模型的结构。

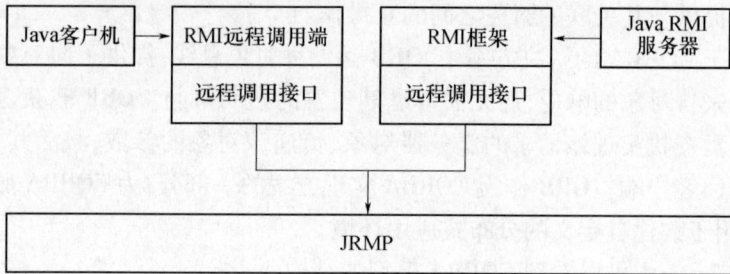

图 3 - 4 Java RMA 体系结构

3. DCOM

Microsoft COM 通过定义 Window,操作环境中的二进制标准和网络标准,为基于 Windows 的软件组件相互通信提供了方法。它采用 Windows 基于注册表的对象组织机制,为 ActiveX 组件提供分布式应用程序模型。而 DCOM(分布式组件对象模型)利用 RPC 机制解决了 Microsoft Windows 平台中的分布式计算问题,使得 COM 应用程序彼此之间可以实现通信,在 RPC 机制中采用了 DCOM 协议。

DCOM 模型可以通过网络远程调用已发布 COM 对象方法的已定义接口,除了需要一个本地 COM 对象作为占位,这种调用和对本地 COM 对象的调用相同。占位程序封装 COM 服务器对象的网络位置信息,并充当客户端上的代理。服务器可以驻留多个 COM 对象,这些对象在注册表中注册自己以后,客户端可以通过查找机制发现并访问这些对象。

DCOM 成功的实现了 Windows 平台上的分布式计算,但是只能用于专一的操作系统平台是它的最大局限。在图 3 - 5 中展现了 DCOM 模型的结构。

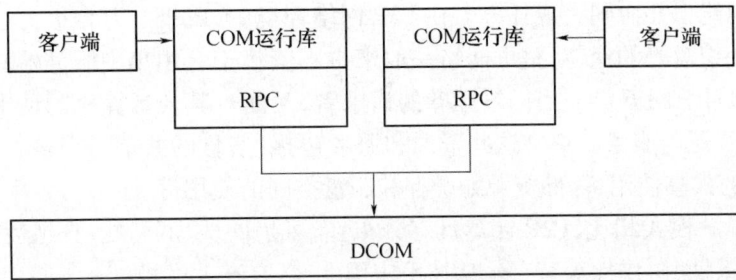

图 3 - 5　DCOM 体系结构

对于以上 3 种体系结构来说,它们都采用了紧密耦合的同步模型机制。这些技术都基于二进制通信协议,并采用了跨逻辑层的紧密集成,从而带来了可伸缩性问题。

尽管 CORBA 和 DCOM 已在各种平台上得到了实现,但在实际工程中,建立在这两个协议之上的解决方案都会因为厂商的不同而不同。如果要开发一个 DCOM 应用程序,分布式应用程序中所有的参与节点都必须以 Windows 风格运行。如果要开发 CORBA 应用程序,其程序环境中的每个节点都需运行相同的 ORB 产品。现在也有来自不同厂商的 CORBA 应用程序能够相互操作,但是这种互操作性并不能扩展到安全与事务管理那样更高级别的服务中,而且所有特定厂商产品的优化在这种情况下将会丢失。此外,这两种协议都依赖于严格管理的环境,要想在外部成功地找到能调用 DCOM 或 COBRA 的任意两台计算机的几率较小。DCOM 和 CORBA 虽然都是服务器对服务器通信合适的协议,但它们在客户机对服务器通信方面都存在较大的缺陷,尤其是当客户机遍布因特网时,缺陷将更加明显。

1999 年 1 月 25 日,SUN 公司推出了具有革命性的新技术 Jini,将 Java 技术所建立起来的基于开放性标准的以网络为中心的分布式计算模式向前推进。Jini 以 Java RMI 技术为基础,由一系列 Java 代码组成。它把网络上的各种设备和各种软件部件组合成一个单一、动态的分布式系统,使网络更易于操纵和管理,具有更高的可配置性。

3.2.1.2　P2P 技术

P2P 技术是一种非常松耦合的分布式计算技术。

通过直接交换信息,共享计算机资源和服务,对等计算机兼有客户机和服务器的功能。在这种网络中所有的节点是对等的(称为对等点),各节点具有相同的责任与能力并协同完成任务。在 P2P 网络环境中,成千上万台彼此连接的计算机都处于对等的地位,整个网络一般来讲不依赖于专用集中服务器。网络中的每一台计算机既能充当网络服务的请求者,又能对其他计算机的请求做出响应,提供资源与服务。通常这些资源和服务包括:信息的共享与交换、计算资源如 CPU 的共享使用、存储资源如缓存和磁盘空间的使用等。

与 C/S 模式相比,P2P 计算具有分布性、可扩展性、匿名性、自组性、用户透明性、容错性、协作性等特点。从技术应用上,具有三大优势:

(1) 可扩展性好。正是由于分布式计算的这种低代价、非集中式的特性使得它能够支持大规模的网络应用,为成千上万的用户同时提供服务。

(2) 由于 P2P 分散式的结构,可以有效地减少用于建设集中式网络需要的一些固定设备的开销。

(3) 可以有效地整合分散资源,相互协作,共同为一些大型应用服务。随着大规模计算、存储资源的高获得性和低开销以及网络日益增长的连通性,P2P 计算模式有希望获得更多的广泛应用。

P2P 计算作为一种重要技术已经在当今的产品开发和科学研究中找到了位置,它将为分布式系统中存在的一些问题,如可扩展性、匿名性、容错性等提供一种有效的解决方法。

3.2.1.3 Web Service 技术

Web 服务是近几年才提出来的一个概念,它的基本思想是提供一种软件服务。在 Web 服务体系架构下分布式对象之间采用基于 HTTP、XML 等因特网标准协议的 SOAP 协议进行信息交换,不需要专门的协议如 COM 的 RPC、CORBA 的 IIOP,因而易于穿越防火墙,实现跨平台、跨操作系统的对象间进行交互。Web 服务是一种新的计算模式,它的出现使得分布于因特网之上的服务不再是孤立的,而是可以相互调用、相互联系的。具体的实现方式是:对象之间使用 SOAP 相互通信,通过 WSDL 文档能对 Web 服务进行详尽的描述,可供生成客户端调用接口,而通过基于 UDDI 的商业注册中心,能发布自己的 Web 服务或查询可以获得的 Web 服务。

Microsoft. NET 与 SUN J2EE 是目前市场上支持企业 Web 服务(Web Services)的两个最重要的应用平台。

Microsoft. NET 是一个由 Server、Client 和 Service 组成的平台,可以让企业开发智能型与企业级 Web Services 的产品。.NET应用程序的商业层级可以透过 Active Data Objects(ADO . NET)来连接数据库,也可以透过 Web Services 技术

（包括：SOAP、UDDI、WSDL 以及 BizTalk）来连接厂商的商业应用程序。因此，.NET程序可以彼此连接起来。传统的客户端程序、浏览器以及无线装置则可以连接到 Active Server Pages（ASP.NET），这些 ASP.NET则有着各企业自行使用 HTML、XHTML 或 WML 所设计的使用者界面。

J2EE（Java 2 Platform，Enterprise Edition）被设计成专门用来解决多层式企业解决方案的开发、布署以及管理上的问题。到了最近，J2EE 更被扩充成可支持 XML Web Services 的标准。这些 Web Services 可以和其他用 J2EE 或非 J2EE 标准所开发的 Web Services 沟通。

3.2.1.4 网格计算中间件

1. 网格计算的定义及特点

网格计算（Grid Computing）通过将地理上分布、异构的各种高性能计算机、数据服务器、大型检索存储系统和可视化、虚拟现实系统等，通过高速互联网络连接并集成起来，形成对用户相对透明的虚拟的高性能计算环境中所实现的分布式计算，这个计算环境是一个广域范围内的无缝集成和协同计算环境。

网格计算是一种松耦合的分布式计算技术，比传统的分布式（COM/DCOM，CORBA）要复杂得多。当今的网格基于 Web service，有大量的服务去实现资源管理、安全、协同合作、性能分析、容错等大量的复杂的工作。

网格计算系统（Grid Computing System）与分布式系统和并行系统相比有很多相同的特征，但是与二者又有着非常重要的区别。与分布式系统类似，位于多个管理域下的超级计算机通过不可靠的网络进行连接，并且需要对广域分布的动态资源进行集成，但是网格计算系统对高性能的要求使其编程模型及接口与分布式系统有极大的差别。网格计算系统作为并行系统还需要进行超级计算机之间的通信分配以满足应用对性能的要求，然而由于网格计算系统的异构性以及动态性，现有的并行计算技术不能够很好地适应这种需求。

一般而言网格计算系统具有以下几个特征：

（1）扩展性：网格计算系统初期的规模较小，随着超级计算机系统的不断加入，系统的规模随之扩大。

（2）系统多层次的异构性：构成网格计算系统的超级计算机有多种类型，不同类型的超级计算机在体系结构、操作系统及应用软件等多个层次上具有不同的结构。

（3）结构的不可预测性：与一般的局域网系统和单机的结构不同，网格计算系统由于其地域分布和系统的复杂使其整体结构经常发生变化。

（4）动态和不可预测的系统行为：在传统的高性能计算系统中，计算资源是独占的，因此系统的行为是可以预测的，而在网格计算系统中，由于资源的共享造成系统行为和系统性能经常变化。

（5）多级管理域：由于构成网格计算系统的超级计算机资源通常属于不同的机构或组织并且使用不同的安全机制，因此需要各个机构或组织共同参与解决多级管理域的问题。

对于网格计算系统来说，最根本的问题是实时获得系统的结构和状态信息，通过这些信息对网格应用进行配置，并能实时获得计算资源的状态信息。

2. 网格计算支撑技术

开放网格体系结构（Open Grid Services Architecture，OGSA）是以两项技术为支撑的：一是 Globus Toolkit，作为应用于科学和工程计算的网格技术解决方案而被广泛采用；二是 Web 服务，已经成为访问网络应用的通用标准框架。

1）Globus Toolkit

Globus 项目是目前国际上最有影响的与网格计算相关的项目之一，Globus 协议作为自由软件已经在互联网（www. globus. org）上公开，其网格计算工具集 Globus Toolkit 也成为构建网格系统的一个重要标准。Globus Toolkit 是一个开放源码的工具集，具有开放的体系结构，支持网格及网格应用的构建。它解决了安全、信息发现、资源管理、数据管理、通信、错误检查和可移植性等问题，目前正在被数百个站点和数十个全球的主要网格项目所使用。除了作为科学和工程项目的核心，它还是引导 IT 工业建造重要的商业网格产品的基础。工具集以组件的形式提供出来，既可以独立使用，也可以组合在一起开发应用程序。由于每个组织都有自己的运作方式，多个组织之间的合作会受到数据库、计算机或者网络等资源不兼容的阻碍。Globus Toolkit 试图去掉这些阻止无缝合作的障碍，它的核心服务、接口和协议使用户访问远程资源如同访问本地资源一样，并在本地同步地持有对资源使用者和使用时间的控制。

OGSA 对 Globus Toolkit 最重要的技术贡献在于可扩展性和可管理性。以前版本的 Globus Toolkit 软件（GT2）中包括的是一套预先定义好的服务，它们在很大程度上是相互独立而不具备通用性的，一个服务的开发、使用或者管理不会对其他服务的开发、使用和管理提供任何帮助。OGSA 结构和 OGSI 设施为网格服务提供了一个通用的框架，通过通用的接口对服务加以使用和管理，利用这些服务建造系统和应用程序非常便利。

2）Web 服务

Web 服务是一个正在兴起的重要的分布式计算模式，不同于分布式计算环境 DCE（Distributed Computing Environment）、公共对象请求代理结构 CORBA（Common Object Request Broker Architecture）、Java 远程函数调用 RMI（Remote Method Invocation）等方法，它关注基于因特网的标准（如 XML），解决异构的分布式计算问题。所谓 Web 服务，是指在商业需求下由企业发布的在线应用服务，其他公司或应用软件能够通过因特网来访问并使用这项应用服务。它是基于网络的、分布式的模块化组件，遵守具体的技术规范，能与其他兼容的组件进行互操作，可以在 Web 中被描述、发布、查找以及调用。Web 服务定义了描述被访问软件组件的技术、访问这些组件的方法以及发现和识别相关服务提供者的方法。Web 服务是编程语言中立、编程模型中立及系统软件中立的。

Web 服务的核心是在广域网上将各种应用连接起来，借助于 Web 标准将因特网从一个通信网络进一步发展成一个应用平台。Web 服务标准正在由 W3C 和其他标准体进行定义，并构成了新的主要工业动力（如 Microsoft 的.NET 技术，IBM 的动态电子商务和 SUN 开发的 SUN ONE）的基础。Web 服务中重要的标准包括简单对象访问协议 SOAP，Web 服务描述语言 WSDL，WS－Inspection、通用描述、发现和集成 UDDI 等。

SOAP 提供了在服务提供者和服务请求者之间进行消息传递的方法。SOAP 是一种 XML 有效载荷的简单封装机制，定义了一个远程过程调用 RPC 规范和一个消息传递规范。SOAP 独立于底层的传输协议，其有效载荷可以在 HTTP、FTP、Java 消息服务（JMS）以及其他类似的传输协议上进行传输。Web 服务可以对到达底层软件组件的多种访问机制加以描述。SOAP 只是形式化 Web 服务调用的一种方法。

WSDL 是将 Web 服务描述为一系列端点（endpoint）集合的 XMI 文档，这些端点对两类消息进行操作，一类是面向文档的消息型有效载荷，一类是 RPC 型有效载荷。根据消息、结构和简单的消息、交换（操作）序列，用一种与具体语言无关的抽象方法定义了给定服务的接口，然后将其绑定到具体的网络协议和数据编码格式上，从而完成对一个端点的定义。多个相关联的具体端点捆绑在一起定义抽象的端点（服务）。WSDL 具有可扩展性，允许采用多种不同的消息格式和网络协议来描述端节点和具体的消息表示。

WS-Inspection 包含一个简单的 XML 语言和对服务提供者发布的服务描述信息进行定位的相关规范。一个 WS-Inspection 语言（WSIL）文档可以包含一个服务描述的集合和其他服务描述源的链接。一个服务描述通常是指向一个 WS-DL 文档的 URL，也可以是对 UDDI 站点上一个条目的引用。一个链接通常是指向另一个 WS-Inspection 文档的 URL，也指对 UDDI 条目的引用。通过

WS-Inspection,服务提供者创建了一个 WSIL 文档并使其网络可达。服务请求者使用标准的基于 Web 的访问机制来获取这个文档,并了解服务提供者发布了哪些服务。WSIL 文档可以以不同的索引格式进行组织。

UDDI 定义了 Web 服务的目录结构,提供了在 Web 上描述并发现商业服务的框架,通过服务注册以及使用 SOAP 访问这些注册信息实现其目标。

Web 服务是一系列标准的综合,而且许多标准正在制定中。Web 服务利用这些标准提供了一个松散耦合的分布式计算环境,在 Web 服务模型中,一个个相对独立的、具有不同功能的 Web 服务被提供出来,用户通过 SOAP 来访问这些服务。Web 服务使用面向服务构架 SOA(Service Oriented Architecture),该构架由 3 个参与者和 3 个基本操作构成,3 个参与者分别是服务提供者、服务请求者和服务代理,3 个基本操作则是发布、查找和绑定。服务提供者将它的服务发布到服务代理的一个目录上。当服务请求者需要调用该服务时,它首先到服务代理提供的目录上去搜索该服务,得到如何调用该服务的信息,然后根据这些信息去调用服务提供者发布的服务。在 Web 服务体系中,使用 WSDL 来描述服务,UDDI 来发布、查找服务,而 SOAP 用夹执行服务调用。

Web 服务框架十分有利于构建 OGSA 体系结构,主要表现在以下两个方面。首先,要实现异构环境下对服务的动态发现和组合,需要一种机制能够注册和发现接口的定义及端点实现的描述,而且能够基于特定接口绑定动态生成代理。通过提供一个标准机制使得接口定义及其在特定绑定中的具体实现(传输协议和数据编码格式)相分离,WSDL 能够支持上述需求。其次,Web 服务被广泛的采用,那么基于 Web 服务的框架能够利用大量的工具和已有的服务,例如可以对不同的语言生成绑定的 WSDL 处理器、位于 WSDL 之上的工作流系统以及 Web 服务的主机环境等。使用 Web 服务并不意味着任何情况下都使用 SOAP 进行通信,可以使用可选择的传输方式。

3. 基于 Globus 构建的仿真

SF Express 项目是将 DIS 技术和 Globus 工具包相结合进行大规模军事仿真的典范,该项目始于 1996 年,由美国国防部下属 DARPA 资助、由加州理工学院负责完成。SF Express 是一个验证性的项目,其目标是模拟尽可能多的战斗实体。最开始 SF Express 并没有使用网格技术,而是利用由高性能并行计算机组成的机群,同时使用了 DIS、并行仿真等技术,达到了模拟数万实体的目标,但是通过试验暴露了下列问题:每次试验都要采用手工方法来配置资源;无法适应网络的变化,不能动态容错。所以当仿真实体进一步增加时,传统的并行仿真、分布式仿真已经无法满足其组织管理上的问题。之后,SF Express 采用了与 Globus 的融合的网格策略。在场景分发、资源配置、资源管理、信息服务、日志服务、监视和容错等方面都利用了 Globus 的动态管理功能。1998 年 3 月 16 日,SF Express 集合 13 台并行计算机之力,使用了 1386 个处理器,终于成功模拟了 100298 个战斗实体,实现了历史上最大规模的战争模拟。此时的 SF Express 已经能够适应网格的动态变化,能够自动选择资源,自动提交可执行代码和运行数据,自动调整运行状态,自动屏蔽网格中的出错情况。图 3 - 6 给出了基于 Globus 的 SF Express 运行示意。

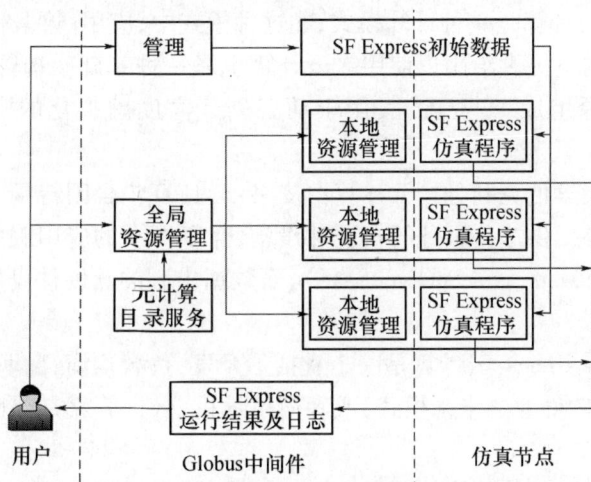

图 3 - 6   基于 Globus 的 SF Express 运行示意图

从 SF Express 走过的历程看,由单台并行计算机转向网格环境,将能够解决的问题规模扩大一个数量级。而它与 Globus 的融合程度,决定了它对网格环境的适应能力。这对后来的大规模仿真应用无疑是有借鉴意义的。

3.2.1.5   云计算

云计算是目前比较流行、应用比较广泛的分布式计算技术。其最基本的概念,是透过网络将庞大的计算处理程序自动分拆成无数个较小的子程序,再交由多部服务器所组成的庞大系统经搜寻、计算分析之后将处理结果回传给用户。透过这项技术,网络服务提供者可以在数秒之内,达成处理数以千万计甚至亿计的信息,达到和“超级计算机”同样强大效能的网络服务。

最简单的云计算技术在网络服务中已经随处可见,例如搜寻引擎、网络信箱等,使用者只要输入简单指令即能得到大量信息。未来如手机、GPS 等行动装置都可以透过云计算技术,发展出更多的应用服务。

稍早之前的大规模分布式计算技术即为"云计算"的概念起源。进一步的云计算不仅只做资料搜寻、分析的功能，未来如分析 DNA 结构、基因图谱定序、解析癌症细胞等，都可以透过这项技术轻易达成。

1. 概念

目前，对云计算的概念还没有一个统一的认识，从 IBM、Google、Microsoft、Amazon 到 Wikipedia，以及各个领域的专家，都从各自不同的视角给出了超过 20 种以上的云计算概念。这里列举出其中的几个概念如下：

(1) IBM：云计算是一种计算模式，在这种模式中，应用、数据和 IT 资源以服务的方式通过网络提供给用户使用。云计算也是一种基础架构管理的方法论，大量的计算资源组成 IT 资源池，用于动态创建高度虚拟化的资源提供用户使用。

(2) 加州大学伯克利分校云计算白皮书：云计算包含因特网上的应用服务以及在数据中心提供这些服务的软硬件设施，互联网上的应用服务一直被称为软件即服务(Software as a Service，SaaS)，而数据中心的软硬件设施就是我们称为的云(Cloud)。

(3) Markus Klems：云计算是一个囊括了开发，负载均衡，商业模式，以及架构的流行词，是软件业的未来模式，或者简单地讲，云计算就是以因特网为中心的软件。

以上的概念分别从不同的角度对云计算进行了描述，在对这些不同的概念以及云计算的目标和实现机制进行分析后，从计算资源提供的角度，认为云计算是指将计算资源作为一种服务通过网络提供给用户的计算模式，用户以便捷和按需扩展的方式来使用计算资源，而无需了解计算资源如何被提供的细节。

云计算使用相对集中的计算资源(各云计算服务提供商拥有的或机构私有的数据中心)为各种分布式应用提供服务，用户可以通过各种网络终端设备方便的按需使用各种计算资源(如数据、软件、硬件和网络带宽)，计算资源被作为一种人类生产和生活中的"效用"来提供。

从狭义的观点来看，云计算是指通过网络以按需使用和可快速扩展和收缩的方式来使用远程的由云计算服务提供商所提供的 IT 基础设施(如计算设备、存储设备和网络带宽)，用户不用了解这些设施实现的细节和存放位置，而只需为所使用的资源付费即可。

从广义的观点来看，可以将任何可以集成到云中的服务通过云来交付给用户，即用户通过网络以按需使用和可快速扩展和收缩的方式来使用远程的由云计算服务提供商(Cloud Computing Service Provider，CCSP)所提供的服务，服务内容可以是 IT 基础设施,也可以是软件、应用和其他任何与 IT 相关的服务类型,用户从云中获得的是一种广义的服务,而服务的实现对用户来说则是透明的。

云计算是一种通过网络、云计算平台,按用户需求组织网上资源(云),为用户提供各类计算服务的新计算模式。"云计算"(Cloud Computing)是分布式处理(Distributed Computing)、并行处理(Parallel Computing)和网格计算(Grid Computing)的发展。

2. 体系结构

从用户的观点来看,云计算是一个拥有超级计算资源的"云",用户只要连接到网络中的"云"就可以获得计算资源,并根据需要动态的增加或减少使用资源的数量,用户只需要为所使用的资源付费即可。但从云计算的内部来看,云计算有自己的结构和组成,从云计算的组成来看,云计算的体系结构如图 3 – 7 所示。

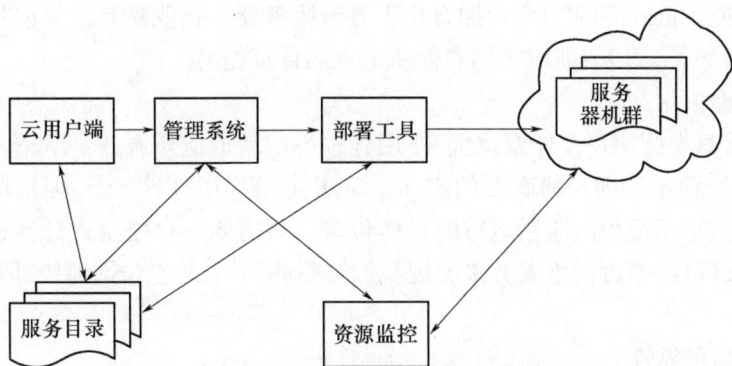

图 3 – 7　云计算的体系结构

云用户端:为用户提供请求云计算服务的交互界面,它也是用户使用云计算的入口,用户通过 Web 浏览器等简单的程序进行注册、登录,并进行定制服务、配置和管理用户等操作。用户在使用云计算服务时的感觉和使用在本地操作的桌面系统一样。

服务目录:通过访问服务目录,云用户在取得相应权限(通过付费或其他机制)后,就可以对服务列表进行选择、定制或退订等操作,操作的结果在云用户端界面生成相应的图表来进行表示。

管理系统和部署工具:提供用户管理和服务,对用户进行授权、认证、登录等管理,对云计算中的计算资源进行管理,接收用户端发送过来的请求,分析用户请求,并将其转发到相应的程序,然后智能的对资源和应用进行部署,并且在应用执行的过程中动态地部署、配置和回收计算资源。

资源监控：对云系统中资源的使用情况进行监控和计量，并据此做出快速的反应，完成对云计算中节点同步配置、负载均衡配置以及资源监控，以确保资源能及时有效地分配给用户。

服务器机群：由大量虚拟的或物理的服务器构成，由管理系统进行管理，负责实际运行用户的应用，数据存储，以及对用户的高并发量请求进行处理。

用户首先通过云用户端从服务目录列表中选择所需的服务，用户的请求通过管理系统分配相应的计算资源，并通过部署工具分发请求到服务器机群中，并配置相应的应用程序来执行。

3. 云计算的特点

1）超大规模

"云"具有相当的规模，Google 云计算已经拥有 100 多万台服务器，Amazon、IBM、微软、Yahoo 等的"云"均拥有几十万台服务器。企业私有云一般拥有数百上千台服务器。"云"能赋予用户前所未有的计算能力。

2）虚拟化

云计算支持用户在任意位置、使用各种终端获取应用服务。所请求的资源来自"云"，而不是固定的有形的实体。应用在"云"中某处运行，但实际上用户无需了解、也不用担心应用运行的具体位置。只需要一台便携式计算机或者一个手机，就可以通过网络服务来实现我们需要的一切，甚至包括超级计算这样的任务。

3）高可靠性

"云"使用了数据多副本容错、计算节点同构可互换等措施来保障服务的高可靠性，使用云计算比使用本地计算机可靠。

4）通用性

云计算不针对特定的应用，在"云"的支撑下可以构造出千变万化的应用，同一个"云"可以同时支撑不同的应用运行。

5）高可扩展性

"云"的规模可以动态伸缩，满足应用和用户规模增长的需要。

6）按需服务

"云"是一个庞大的资源池，你按需购买；云可以像自来水、电、煤气那样计费。

7）极其廉价

由于"云"的特殊容错措施可以采用极其廉价的节点来构成云，"云"的自动化集中式管理使大量企业无需负担日益高昂的数据中心管理成本,"云"的通用性使资源的利用率较之传统系统大幅提升,因此用户可以充分享受"云"的低成本优势,经常只要花费几百美元、几天时间就能完成以前需要数万美元、数月时间才能完成的任务。

8)潜在的危险性

云计算服务除了提供计算服务外,还必然提供了存储服务。但是云计算服务当前垄断在私人机构(企业)手中,而他们仅仅能够提供商业信用。对于政府机构、商业机构(特别像银行这样持有敏感数据的商业机构)对于选择云计算服务应保持足够的警惕。一旦商业用户大规模使用私人机构提供的云计算服务,无论其技术优势有多强,都不可避免地让这些私人机构以"数据"(信息)的重要性挟制整个社会。对于信息社会而言,"信息"是至关重要的。另一方面,云计算中的数据对于数据所有者以外的其他用户云计算用户是保密的,但是对于提供云计算的商业机构而言确实毫无秘密可言。这就像常人不能监听别人的电话,但是在电讯公司内部,他们可以随时监听任何电话。所有这些潜在的危险,是商业机构和政府机构选择云计算服务、特别是国外机构提供的云计算服务时,不得不考虑的一个重要的前提。

4. 云计算技术的优势

由于云计算技术具有可以大幅度降低用户使用 IT 资源的成本,提供强大的计算资源和优质低价的服务等优势,云计算技术已经成为日前产业界和学术界的研究热点。和传统应用模式相比,云计算技术具有以下优势:

(1)虚拟化技术。现阶段云计算平台的最大特点是利用软件来实现硬件资源的虚拟化管理、分配及应用。用户通过虚拟平台使用网络资源、计算资源、数据库资源、硬件资源、存储资源等服务,与在本地计算机上使用的感受没有什么不一样,而在云计算中利用虚拟化技术可极大的降低维护成本和提高资源的利用率。

(2)灵活定制。在云计算平台中,用户可以根据自己的需要或喜好定制相应的服务、应用及资源,云计算平台可以按照用户的需求来部署相应的资源、计算能力、服务及应用。用户不必关心资源在哪里、如何部署,只需要向云计算平台提出需求,云计算平台就会给用户返回定制的结果。

(3)动态可扩展性。在云计算平台中,可以根据用户需求的增长将服务器实时加入到现有服务器群中,提高"云"的处理能力,如果某个计算节点出现故障,则可以根据相应策略抛弃该节点,并将运行在其上的任务交给别的节点运行,而节点在故障排除后,又可以实时加入现有的服务器机群中。

（4）高可靠性和安全性。在云计算中,用户数据被存储在云中,而应用程序也在云中运行,数据的处理交由云来执行。云提供数据备份和自动故障恢复功能,如果云中的一个节点出现故障,云会自动启动一个节点来运行程序,这保证了云中应用和计算的正常进行,用户端可以不对数据进行备份,数据可以在任意点恢复。而且 CCSP 为了提供可靠和安全的云计算服务,其本身具有专业的管理团队以提供良好的数据安全服务。

（5）高性价比。云计算对用户端的硬件设备要求很低,用户端只需要简单的访问网络的功能和数据处理能力,和云的强大计算能力以及将来高速的网络速度相比,云计算中用户端的处理能力看起来将更像一个输入和输出设备。而用户端的软件也不用购买和升级,只需要从云中定制就可以,服务器端则可以用价格低廉的 PC 组成云,计算能力却可超过高性能的计算机,用户在软硬件维护和升级上的投入大为减少。

（6）数据、软件在云端。在云计算平台中,用户的所有数据直接存储在云端（服务器端）,在需要的时候直接从云端下载使用;用户需要使用的软件由 CCSP 统一部署在云端运行,软件维护由服务商来完成,当用户端出现故障或崩溃时,用户对软件的使用并不受影响,用户只需要换个用户端就可以继续自己的工作。

（7）超强的计算和存储能力。云计算用户可以在任何时间、任意地点,采用任何可以访问网络的设备登录到云计算系统就可以便捷的使用云计算服务;云端由成千上万台甚至更多的服务器组成服务器机群,提供海量的存储空问和高性能的计算能力。

3.2.2　并行与分布式计算中间件

由于并行程序设计是软件并行化的基础,所以对并行程序设计的环境和工具的研究就越来越重要。目前主要的并行编程工具有以下 4 种:

（1）HPF（High Performance Fortran,高性能 Fortran 语言）依赖先进的编译手段来预测和发掘数据并行程序,它以 Fortran 为基础,需要开发专门的编译程序。

（2）PVM（Parallel Virtual Machine,并行虚拟机）系统使用消息传递模式,它的一个关键性概念就是将许多计算机群集起来并看成是一个完整的大型虚拟计算机系统。PVM 计算模型具有简单、通用的性质,适用于许多类型的程序结构。

（3）MPI（Message Passing Interface,消息传递接口）是一个用于开发基于消息传递的并行程序的接口,具有可移植性和易用性,有完备的异步通信功能。

（4）OpenMP（Open Multi Processing,开放式多进程）是一种基于共享存储的多处理器多线程并行编程语言。OpenMP 程序设计模型提供了一组与平台无关的编译指令、指导命令、函数调用和环境变量,可以显式地指导编译器如何利用应用程序中的并行性。

下面对比了几种并行编程工具的可扩展性、可移植性、是否支持增量并行、是否支持 Fortran、数据并行、语言扩展以及是否以性能为主导等方面,见表 3 - 3。

表 3 - 3 几种并行编程工具的比较

性能	MPI	PVM	HPF	OpenMP
可扩展性	是	部分	是	是
可移植性	是	是	是	是
增量并行	否	否	否	是
Fortran	是	否	是	是
语言扩展	否	否	是	是
数据并行	否	否	是	是
性能优化	是	否	试图	是

在并行编程领域,MPI 和 OpenMP 是应用范围最广、逐渐形成行业标准的两个代表性并行编程工具。

3.2.2.1 MPI

MPI 是消息传递接口的工业标准,用于开发基于消息传递的并行程序,目的是为用户提供一个实际可用的、可移植的、高效、灵活的消息传递接口库。相对其他并行编程环境,它具有如下特点:

(1) MPI 程序既可以在分布式系统又可以在共享内存系统中运行。

(2) MPI 程序可以移植到包括 NT 和 UNIX 在内的几乎所有系统。

(3) 特别适合粗粒度并行。

(4) 存在大量优化的商业 MPI 库。

(5) 每个进程都有自己的局部内存。

(6) 以消息的方式,通过显式的收发函数调用完成数据在各自局部内存间的复制。

消息传递是目前并行计算机上广泛使用的一种程序设计模式,特别是对分布式存储的可扩展的并行计算机 SPC(Scalable Parallel Computers)和工作站机群 NOW(Networks of Workstations)或 COW(Clusters of Workstations)。尽管还有很多其他的程序实现方式,但是过程之间的通信采用消息传递已经是一种共识。在 MPI 和 PVM 问世以前,并行程序设计与并行计算机系统是密切相关的,对不同的并行计算机就要编写不同的并行程序,给并行程序设计和应用带来了许多麻烦,广大并行计算机的用户迫切需要一些通用的消息传递用户界面,使并行程序具有和串行程序一样的可移植性。

自从 1994 年 6 月推出 MPI 以来,它已被广泛接受和使用,目前国际上推出的所有并行计算机都支持 MPI。对于使用 SPC 的用户来说,编写 SPMD 并行程序使用 MPI 可能更为方便。

采用 MPI 支持并行仿真有以下先进性:

(1) MPI 是一个库,而不是一门语言,可以被 C 和C++ 语言调用,遵从所有对库函数和过程的调用规则,这为并行仿真的设计、开发、改造、升级提供了灵活性。

(2) MPI 是一种标准或规范的代表,而不是特指某一个对它的具体实现,所有并行计算机制造商都提供对 MPI 的支持,并行仿真程序可以在免费的 MPI 的支持下,在不同的并行计算机上运行,使仿真系统具有很强的并行可扩展性。

3.2.2.2　OpenMP

OpenMP 是由 OpenMP Architecture Review Board 牵头提出的,并已被广泛接受的,用于共享存储并行系统的多线程程序设计的一套指导性注释。OpenMP 支持的编程语言包括 C、C++ 和 Fortran;支持 OpenMP 的编译器包括 SUN Compiler、GNU Compiler 和 Intel Compiler 等。它的标准形成于 1997 年,随后 OpenMP ARB(OpenMP 官方机构)在 1998 年的 10 月推出 OpenMP C/C++ API 1.0,在 2000 年 11 月推出 OpenMP Fortran API 2.0,在 2002 年 3 月推出了 OpenMP C/C++ API 2.0,在 2005 年 5 月接着发布了 OpenMP API 2.5 规范(合并了 Fortran 和 C/C++),在 2008 年 5 月推出了最新的 OpenMP 3.0 的规范。在其发展过程中,它的编译器指令和库函数不断完善。

OpenMP 标准通过定义编译制导、库例程和环境变量规范,给程序员提供了支持 Fortran、C/C++ 语言的一组功能强大的高层并行结构和一个支持增量并行的共享存储程序设计模型,能满足很大范围的应用需求。目前,OpenMP ARB 发布的分别支持 Fortran、C/C++ 的最新说明规范是 2.0 的版本。OpenMP 允许用户创建、管理可移植的并行程序,其编译制导主要包括 3 种类型:并行及工作共享制导、数据环境制导和同步制导。OpenMP 程序的并行块主要由 parallel 制导来描述,并行块以 SPMD 方式在多线程上运行。工作共享制导用于将并行区域中的任务划分成子任务在多个线程上执行,包括 for、sections 和 single 这 3 种模式。工作共享制导可以和某个并行块绑定在一起使用,编程更加简洁。数据环境制导用于在并行执行时控制数据的属性,主要包括 threadprivate 制导和一些描述数据区域属性的子句,如 private、shared、default、firstprivate、lastprivate、reduction 和 copyin 子句。同步制导主要包括 master、barrier、critical、atomic、flush 和 ordered。另外,OpenMP 的库例程主要提供一些获取线程标识和设置锁变量的接口函数,和环境变量一起便于对程序运行时行为进行控制。

OpenMP 运用的并行执行模式为 fork/join 式并行模式。它执行代码的基本思想是:程序开始时只有一个主线程,程序中的串行部分都由主线程执行,并行的部分是通过派生其他线程来执行,并行执行的程序要全部结束后才能执行后面的串行部分的代码,如图 3-8 所示。

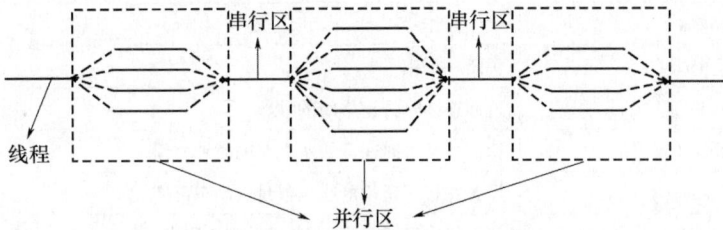

图 3-8 fork/join 并行执行模式

在 OpenMP 3.0 的规范中,其基本指令和使用说明见表 3-4。

表 3-4 OpenMP 基本指令及使用说明

基本指令	使用说明
parallel	用在代码段之前,表示这段代码被多个线程并行执行
for	用于 for 循环之前,将循环分配到多个线程中并行执行
sections	用在被并行执行的代码段之前
single	用在一段只被单个线程执行的代码段之前,表示后面的代码段将被单线程执行
nowait	忽略指令中暗含的等待
critical	用在代码临界区之前,表明域中的代码一次只能执行一个线程,其他线程被阻塞在临界区
barrier	用于并行区内代码的线程同步,所有线程执行到 barrier 时要停止,直到所有线程都执行到时才继续往下执行
atomic	用于指定一块内存区域被制动更新
master	用于指定一段代码块由主线程执行
flush	用以标识一个同步点,用以确保所有的线程看到一致的存储器视图
ordered	用于指定并行区域的循环按顺序执行

在 OpenMP 3.0 的规范中,其常用函数及使用说明见表 3-5。

表 3-5　OpenMP 常用函数及使用说明

OpenMP 的函数	使 用 说 明
omp_get_num_procs( )	返回多核处理机的物理处理器个数
omp_get_num_threads( )	返回当前并行区域中的活动线程个数
omp_get_thread_num( )	返回线程号
omp_set_num_threads( )	设置并行执行代码时的线程个数
omp_init_lock( )	初始化一个简单锁
omp_set_lock( )	上锁操作
omp_unset_lock( )	解锁操作
omp_destroy_lock ( )	关闭一个锁
omp_get_wtick( )	返回连续时钟记号间的秒数
omp_get_wtime ( )	返回自某个时间开始所花费的时钟时间
omp_set_dynamic( )	设置并行区所用的线程数量由动态可调
omp_get_dynamic( )	如果指定了线程为动态可调,则返回真
omp_set_nested( )	设置允许嵌套循环的多级并行方式
omp_get_nested( )	如果允许嵌套循环的多级并行,则返回真

1. 基于 OpenMP 的作战并行仿真功能实现

一般并行仿真程序的功能实现过程主要有以下几个方面。首先是建立概念模型,将需要仿真的系统的概念进行分析和提取,用概念化的语言进行描述。然后是建立数学模型,是对实际问题进行物理求解,用数学语言描述系统行为的特性。第三是将选择恰当的仿真算法和仿真语言,将数学模型映射到计算机上,形成计算机模型。最后是在计算机上运行仿真模型,进行仿真试验和仿真结果分析。

基于 OpenMP 的并行仿真所实现的功能主要是将一个实际系统映射到仿真计算机上。首先将现实世界中的系统用并行化的思想建立模型;然后对所建立的模型运用共享存储的机制映射为仿真系统中的一个个逻辑模块;再选择合适的同步策略和任务分配方法并用基于 OpenMP 的仿真语言编程实现仿真系统;最后对于基于 OpenMP 的并行仿真系统而言,不仅仅要对仿真系统的功能实现进行检验,更重要的是分析系统的执行性能以及仿真策略的有效性。

2. 基于 OpenMP 的作战并行仿真运行机制

目前,比较常用的并行仿真运行机制有 3 种,它们分别是数据并行机制、消息传递机制和共享存储机制。基于 OpenMP 的并行仿真采用的是第三种运行机制——共享存储机制，如图 3 - 9 所示。

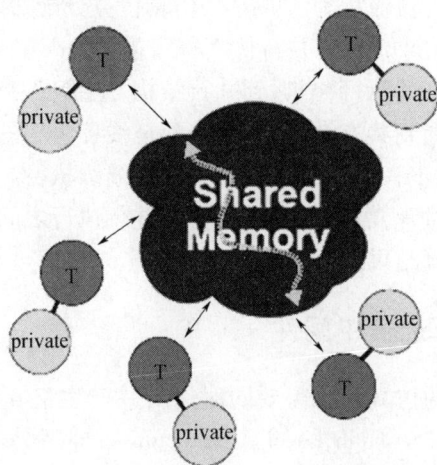

图 3 - 9　OpenMP 的共享存储机制

在共享存储机制中，驻留在各处理器上的进程可以通过读写公共存储器中的共享变量相互通信。由于它读写的数据在单一共享地址空间中，因此不需要进行显式的数据分配和负载分配。线程之间的通信通过对共享变量的读写隐式完成，但它的同步操作是显式进行的，通过同步操作来保证程序执行次序的正确性。

3. 基于 OpenMP 的作战并行仿真分配机制

基于 OpenMP 的并行仿真任务的分配采用随机分配的方法，主线程把任务加入任务池中，工作线程从任务池中随机选择任务执行。其分配方式示意图如图 3 - 10 所示。

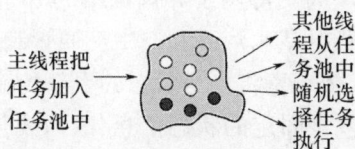

图 3 - 10　OpenMP 任务分配示意图

在 OpenMP 中，OpenMP 编译指令和库函数从程序员手中接管了线程粒度和负载平衡这两方面的工作，任务分配的主动权在操作系统手中，由操作系统来完成任务分配。这样的分配比较简单，但对于比较复杂的仿真系统效果可能不是很好。

4. 基于 OpenMP 的作战并行仿真运行流程

一般并行仿真的运行流程为:初始化、仿真任务分配、并行执行、仿真同步和仿真结果输出。基于 OpenMP 的并行仿真程序遵循 fork/join 执行模式。程序初始化完毕后从主线程开始执行,当遇到并行结构,主线程启动一组工作线程并行执行其中的语句。当遇到共享结构,任务分配至线程组中的各个线程;并行区结束,线程组中的线程同步,工作线程终止,主线程继续执行。在程序执行过程中,可多次执行 fork/join 过程,需要在串行执行和并行执行之间进行多次切换,最终完成并行仿真输出仿真结果。

3.2.3 分布式仿真通信中间件

分布在不同地域的仿真系统需要同时运行并产生交互时,需要分布式仿真技术提供支撑,其中 HLA(High Level Architecture),即高层体系结构为大规模的分布式仿真应用提供了集成方法,而 SPEEDES(The Synchronous Parallel Environment for Emulation and Discrete Event Simulation)为用户提供了完整的面向并行仿真的底层支撑服务,MPI 则提供了最标准的并行计算消息传递技术。

3.2.3.1 DIS

20 世纪 80 年代早期,美国的 DARPA 资助了将载人的坦克训练器在网络上连接起来的 SIMNET 项目。该项目首次实现了将大规模、实时、人在回路的仿真器集成在网络的目标。20 世纪 90 年代早期,SIMNET 的体系结构和协议发展成了 DIS。DIS 是一个网络协议标准,它提供了通过协议数据单元 PDU(Protocol Data Unit)传送实体状态和其他信息的方法。这些协议数据单元由数据包组成,在仿真网络上用广播的方式发送。在仿真应用的推动下,DIS 从仅支持基于同构网络的分布交互仿真发展为支持基于异构网络的分布交互仿真,从概念性研究发展到人员训练、武器研制、战术演练和空中交通管制等具体的仿真应用。

在 DIS 中,每个仿真实体负责将自身状态的更新传输给其他实体,无论它们是否需要;每个 PDU 单元包含固定的状态信息,故只要任意一个状态变量的变化超过预定的阈值,所有信息都将被传输。由此可见,DIS 由于采用了消息广播机制及固定的 PDU 使得系统的可伸缩性和协同性不好。另外,由于 DIS 缺乏可靠的对象间通信和适当的时间管理服务,故只能被动地将分布的仿真器互连,不能满足未来大规模仿真的需求。这些都影响了仿真应用向深度和广度发展。

DIS 的标准体系由 IEEE 1278.1:协议数据单元(PDU)标准;IEEE 1278.2:

通信体系结构标准;IEEE 1278.3:演练控制与反馈标准;IEEE 1278.4:DIS 校核、验证与确认标准;IEEE 1278.5:DIS 逼真度描述需求标准等构成。

DIS 中,网络传输的对象是 PDU,每种 PDU 都包含有大量预先定义好的信息,共 27 种。例如,实体状态 PDU 描述实体的位置、姿态、速度、角速度等位置和运动特性;武器开火 PDU 描述了武器的类型、开火时的姿态和速度等相关参量;碰撞 PDU 描述实体之间的碰撞;爆炸 PDU 描述了爆炸发生的位置、规模和破环程度等信息。

DIS 仿真网络是一种严格的对等的结构。如果实体有状态变化,就要随时向其他仿真应用广播其状态信息;若实体无任何状态变化,也需要隔一定的时间间隔(即"心跳时间")广播其状态信息。即使是 PDU 中的一个数据发生变化,也要发送整个 PDU。

DIS 的体系结构特点可概括为:

(1)无中央主计算机控制整个仿真演练。

(2)自治的仿真应用负责维护一个或多个仿真实体的状态。

(3)用标准协议传送真实的数据(Ground Truth)。

(4)由仿真某一实体的仿真应用负责为该实体传送状态信息。

(5)由接收仿真应用来感知事件或其他实体的存在。

(6)用 DR 算法来减少网络中的通信负荷。

DIS 的局限性主要体现在它集中应用于平台级连续、实时、人在回路的仿真,不能支持逻辑时间仿真系统,难于支持聚集级系统仿真,其固定的 PDUs 格式和枚举型定义使 DIS 系统是一个封闭的、欠灵活的系统。尤其是基于广播方式的体系结构对于较大规模系统(500 个以上实体)可扩展性差(通信量的增长量具有 O(N)的特点,N 为系统中的仿真节点数)。此外,非可靠的数据传递方式,大量冗余数据的处理和非客户定制方式的数据接收方式使系统缺乏灵活性。

3.2.3.2 HLA

HLA 是仿真技术的新标准,是通用技术框架的核心,其作用在于促进建模与仿真资源的高效开发和重用,解决仿真系统的集成问题,为大规模仿真应用提供一种集成方法。

1. HLA 发展历程

从 20 世纪 80 年代初开始,从仿真网络 SIMNET 到分布交互仿真 DIS,再到聚合级仿真协议 ALSP,仿真技术水平不断提高,仿真通用技术框架应运而生。

1994 年美国国防部 DMSO 在建模与仿真主计划 MSMP 中,提出了为国防领域的建模与仿真制定一个通用的技术框架。仿真通用技术框架提供了一种通用的体系结构,可以支持建模与仿真的互操作和重用。在美军提出的通用技术框架中,主要包括任务空间概念模型(Concept Model of the Mission Space,CMMS)、高层体系结构(High Level Architecture,HLA)和数据标准(Data Standard,DS)。

通用技术框架的提出与完善是与一系列标准的制定同步进行的,从而使得仿真系统具有更好的互操作性和可重用性,减少了模型的重复开发,提高了模型的利用率,为后续项目的研制奠定了基础。美军从1999年开始对不符合通用技术框架的项目不予立项,从2001年开始不再使用非通用技术框架开发的系统。

共同的技术框架、共同的模型标准和共同的数据标准,对于实现仿真体系的交互和重用,对高标准、高质量和高效率地建立各类仿真系统具有重要意义。

在美国国防部建模与仿真办公室的领导下,几个不同的原型版本被开发出来,如HLA1.3NG。许多美国公司至今仍采用这一标准,DMSO发布了许多免费工具。IEEE下属的一个国际标准化委员会通过更新改进了这一标准,比如在1.3NG中的某些术语被XML代替,而且硬编码列举被可重复的配置方案或者配置表代替。其结果导致IEEE1516—2000 HLA标准的诞生,目前已成为主要的版本,在欧洲、亚洲部分地区和澳大利亚等广泛使用。尽管两个版本许多区别在于其编辑特性,但是连接多个不同版本的联邦之间的途径依然需要。

像每一个IEEE标准一样,10年之后HLA同样被讨论并更新。在HLA演变的过程中,这项工作一直在SISO的领导之下。IEEE1516—2000便是其更新后的版本标准。新旧版本之间主要的区别是信息交互模型有了标准组件,因此,部分信息交互协议可以实时修改,而且,动态连接能力、扩展XML支持、增强的容错能力和基于网络的标准被整合到基于HLA的联邦之中。许多支持者和组织机构已经开始执行这一新的标准。

2. HLA 概述

将各类仿真系统集成为一个分布交互的综合仿真系统,从而形成一个庞大的作战虚拟空间。在其中可以进行大规模的部队对部队的战术、战役和战略训练;可提供武器系统的体系攻防对抗仿真和武器性能评估仿真;还可进行不同粒度、不同聚集度的对抗仿真和人员训练仿真。为了实现这样一种综合集成,需要建立新的分布仿真系统的体系结构,建立一系列的标准,来实现各类仿真应用间的互操作以及仿真应用与其部件的重用。

3. HLA 的组成

定义HLA的目标是为分布式的计算机仿真系统定义一个通用的目标体系结构。它定义了一个由联邦成员构成的联邦,即仿真系统,连接中间件以允许信

息在不同仿真系统间交互,下面是从标准的角度定义的 3 个组件:

(1) HLA 规则。用于描述通用准则以定义联邦如何工作以及如何相互工作。如更新的时机、由谁来更新等。

(2) HLA 接口描述。在连接中间件——通常被称为 RTI——一个联邦提供一个应用接口在两个方面:仿真系统向 RTI 提供的服务;RTI 依次从仿真系统发出请求时提供的服务。

(3) 对象模型模板(OMT)。用于定义通过 RTI 进行通信的多个联邦之间的信息结构。

为了确保①正确的联邦能够提供所有需要的信息;②仅仅需要的信息由正确的联邦提供;③信息提供的时机正确。下列 6 个方面被采用:

(1) 联邦管理的目的是选择正确的联邦。联邦成员加入或者离开联邦所使用的功能函数被定义在联邦管理组中。

(2) 声明管理的目的是确定哪个联邦成员能够发布和订购哪个信息元素,它定义了所能共享的信息类型。

(3) 对象管理的目的是共享目标的实例,通过被共享在联邦成员中,发送、接收、更新均属于该组中。

(4) 数据分发管理的目的是确保信息交互的高效,通过增加附加的过滤器,改组能够获取黑板上感兴趣的数据。

(5) 时间管理的目的是使得联邦同步。

(6) 所有权管理的目的是确保实例的个性化和不同联邦属性之间的转换。

对象模型模板(OMT)定义了可交互的信息,实际上,有两种信息交互策略,持续的目标和短暂的交互。两种策略非常相似:对象具有属性、交互具有参数。两种使用类型被定义在 OMT 表中;均使用 RTI 服务;两种均定义在基于树状的对象结构中,能够提供简单的从类到子类的继承;最大的不同在于交互仅仅分发数据一次,而对象便被创建;它们可以被更新,可以改变所有权,同样可以被销毁。所有的交互和对象包括参数和属性,其他定义基于联邦对象模型(FOM)建立。

联邦之间的信息交互都通过 RTI 服务;在 OMT 提供的信息中,哪些信息可以通过多个联邦交互,RTI 提供的信息定义了信息如何交互。

仿真工程师另一个关心的是管理对象模型(MOM),它是对象模型模板的一部分。然而,当仿真数据建立了 FOM 后,管理数据和扩展将属于 MOM,RTI 需要管理数据提供的服务如下:

(1) 有多少个联邦成员加入到联邦运行中。

(2) 时间管理参与到联邦使用中的具体内容:①仿真实体的哪些实例被注

册;②它们在哪些区域被注册;③是否订购了这些实例。

（3）新增联邦事件发生滞后的情况:①能够分配的最小逻辑时间是多少;②哪些实例已经被注册和更新;③这些属性最新的数值是什么。

在联邦管理中最常用的是管理对象模型(MOM),其核心数据是标准化的,但是可被扩展以支持用户请求功能。RTI 提供这些功能,同样其扩展功能同样可被"管理联邦"使用。

最后,为应对先进的分布式仿真的调整,附加的联邦协议应运而生,如对于多个联邦:哪一个联邦起主导作用,以及如何解决在一个联邦内部多目标映射等问题。这些联邦协议通常在官网中为开发者和工程师使用,它们是一个联邦运行工作顺利的重要组成部分。下列是经常使用上述协议的一些仿真活动:

（1）发布和订购,包括实体所有权的变化。

（2）数据管理和数据分发。

（3）时间管理。

（4）位置同步,包括保存和恢复策略。

（5）初始化和开始运行程序。

（6）使用支持数据库、特别是在授权的数据源方面。

（7）安全程序。

3.2.3.3　XMSF

1. 问题的提出

当前 M&S 领域主要存在以下问题:目前绝大多数仿真器应用实现较为孤立,在网络上进行大规模仿真通信时的性能低,仿真器之间的互操作性和重用性差;开发、维护和使用费用及成本高;验证性、有效性和置信度较差。仿真界需要从体系结构上建立这样一个框架,它能尽量涵盖 M&S 领域中所涉及的各种不同类型的仿真系统,以及利用开放各种标准和资源,以便于提高仿真系统的互操作性和重用性,它也必将随着仿真技术和各种支撑技术的发展而发展。

从这几年 HLA 的发展及应用方面看,HLA 在研究和工程领域不能顺利地得到推广。问题可部分归结于 HLA 标准本身,该标准遗留下了许多尚未解决的关键问题。

（1）HLA 为实现在特定的联邦内各个联邦成员的重用和互操作,预定义了每个联邦成员都要遵循的公共交互协议,即定义了仿真对象类和交互类集合的联邦对象模型(FOM),FOM 开发的工作量十分庞大,且其重用具有一定的局限性,这影响了仿真开发的效率。

（2）HLA 只规定了特定联邦内各个联邦成员之间的互操作和重用,并没有对更小粒度仿真对象在联邦成员中互操作和重用做出规范,因此,联邦成员代码的重用和共享很难实现。

（3）接口规范没有规定具体的实现方法,如何实现这些功能由 RTI 开发者自己决定,导致不同版本 RTI 之间难以互联。

（4）HLA 与其他领域的一些技术以及开放的标准脱节,尚未包含其他中间件环境的标准(如 CORBA 和 J2EE),造成 HLA 的应用局限于军事领域,阻碍了其进一步发展。

（5）在进行大规模的分布仿真时,所需的资源会发生动态变化。而 HLA 标准并不支持对分布式计算资源的管理。

（6）HLA 时间管理是可选的服务,只定义了所需服务的最小集合,但是不能满足实时交互式仿真的需求。

（7）HLA 规定了联邦开发规范(FEDEP),但没有指定联邦成员的开发规范,带来了联邦成员开发的随意性,缺乏系统的安全规范,不能达到军事领域仿真应用所需的复杂和严格的安全要求。

上述因素使得 HLA 标准不仅不能解决当前军用建模与仿真领域存在的诸多问题,其自身的应用和发展面临着许多现存问题和新的挑战。诸如:HLA 多联邦如何互连才能更好地实现互操作性? HLA 如何利用现有的中间件和组件技术才能更好地实现可重用性? HLA 如何协调和管理资源以使分布、异地协同仿真能够更为高效的完成?

2. 解决办法

随着 Internet/Web 技术的不断发展,2000 年以后,M&S 与 Web/XML、Internet/Networking 技术的进一步结合推动形成了可扩展建模与仿真框架(Extensible Modeling andSimulation Framework,XMSF)。2002 年,在 DMSO 资助下,美国海军研究生院、乔治—梅森大学以及 SAIC 公司等组织机构的研究人员提出并启动了可扩展建模与仿真框架(XMSF)。XMSF 定义为一组基于 Web 的建模与仿真的标准、描述(Profiles)以及推荐准则的集合。XMSF 的核心是使用通用的技术、标准和开放的体系结构促进建模与仿真应用在更大范围的互操作性和重用性。通过采用 Web 技术作为一个唯一全球化共享的通信平台,XMSF 为未来的建模与仿真应用创造了一个可扩展的仿真框架,是美国国防部用于基于 Web 的 M&S 领域的新标准。

XMSF 基于 XML 标记语言,通过使用商用的 Web 技术作为共享的通信平台和通用的传输框架,增强 M&S 的功能以满足训练、分析、采办的需要。其核心是应用开放的标准和资源,提高分布式仿真系统的效能和可应用性。

3. XMSF 的概念

美国在《可扩展建模与仿真框架(XMSF):基于 Web 的建模与仿真面临的挑战》中,这样定义 XMSF:"可扩展建模与仿真框架(XMSF)是为 M&S 定义的一组可组合的基于 Web 的标准、概要文件(Profile)和实践指南。基于 XML 的标记语言、互联网技术和 Web 服务将使得新一代分布式 M&S 应用得以形成、发展和互操作。"

XMSF 定义为一组基于 Web 的建模和仿真标准和分布式仿真方法的集合,非一种应用。这一标准集合利用 Web 服务和技术为 M&S 应用建立了一个技术框架。

4. 核心技术

XMSF 的支撑技术来自 3 个关键领域,即 Web 技术和可扩展标记语言(XML)、互联网和互联网技术以及建模与仿真。

基于 Web 技术的 XMSF 方法的优势在于最难的交互性问题已经或正在被紧密相连和高度互补的 Web 标准所解决。从功能需求的角度出发,XMSF 应当具有以下一些关键属性,即与平台无关、灵活、可扩展、安全、分布式以及可动态配置等。Web 与 XML 领域丰富的功能、技术可以为建模与仿真提供强有力的支持。目前,这一领域的主要困难不是功能上的缺失,而是如何有效地集成现有的诸多技术功能以满足建模与仿真的广泛应用。

互联网为 XMSF 提供了强大的运行环境,要实现 XMSF 的目标,这一框架不仅限于单一网络,必须能够运行于公共的互联网上;同时,XMSF 应具备伸缩性和适应性,不仅可以支持大量用户,同时还可以支持仿真互操作过程中所涉及的无法预计的网络服务。

在建模与仿真领域,对 XMSF 概念更深层的理解必须建立在扩展性和可组合性的基础之上。这里可组合性定义为在不同的组合中选择和聚集仿真组件,并把它们放到仿真系统中以满足特殊的用户需求的能力。

XMSF 成功要有一些高层的需求,包括多年以来使用 M&S 框架的经验,以及它们在不同的网络和系统间有效地开发所面临的挑战。XMSF 能够通过一种 Web 框架和网络技术的兼容性来完成仿真在高度分布的网络上直接的、可升缩的交互。XMSF 必须支持可组合和可重用的模型组件。XMSF 的使用不能受到专利技术、限制许可的约束和控制,这些会妨碍 M&S 互连策略自由、开放的发展。

3.2.3.4 TENA

为了更高效地利用靶场资源,提高联合试验和训练能力,最大程度地降低未来靶场运作的费用。美军启动了 FI2010(Foundation Initiative 2010)工程,目标是为构建满足未来几十年军事需求的试验与训练逻辑靶场提供体系结构和技术支撑。FI2010 工程借鉴了多种体系结构的研究和应用成果,定义了试验训练使能体系结构(Test and Training Enabling Architecture, TENA)。TENA 依照扩展的 C^4ISR 体系结构框架(ECAF)的逻辑结构,从运作、技术、软件、应用、产品线体系结构等方面,建立了逻辑靶场资源开发、集成和互操作的总体技术框架,目的是给美军试验训练靶场以及它们的用户提供公共的体系结构,将各种地理上分布的、功能上分离的试验训练资源(包括装备及平台、靶场仪器仪表、模拟器、激励器、仿真系统、各种指挥控制系统等)组合起来,形成一个综合环境,以逼真、经济、高效的方式完成网络中心战所要求的联合试验与训练任务。

TENA 设计的主要目的是给试验和训练靶场及其顾客带来负担得起的互操作。TENA 通过使用"逻辑靶场"的概念来促进集成的试验和训练。一个逻辑靶场将分布在许多设施中的试验、训练、仿真、高性能的计算技术集成起来,并采用公共的体系结构将它们连结在一起互操作。在一个逻辑靶场中,分布的真实的军事装备及其他模拟的武器和兵力之间能彼此交互。

TENA 最重要的技术驱动需求是可互操作、重用和可组合。这 3 个技术相互关联,但各自侧重点不同。互操作是某个独自开发的组件、应用或系统能与其他的元素朝着某个共同目标一起工作的特性,它关注的焦点是这些元素之间公共的东西。对于 TENA 来说,最重要的互操作程度就是"语义互操作",它是一种建立在由公共语言和通信上下文组成的基础之上的互操作。重用是在某种不同于某个给定的组件、应用或系统原始设计的上下文下使用它的能力,因此重用关注的焦点在于某单个元素的多次使用。组合是指可重用、可互操作的元素能组成一个集合的特性,因此系统的建立能根据不同的需要进行不同的配置。

TENA 充分借鉴、吸收了现有体系结构包括 HLA 和 DII COE 的成功之处,在内容描述上 TENA 则借鉴了扩展的 C4ISR 体系结构框架(ECAF)。

目前,基于 TENA 驱动需求所设计的 TENA 系统体系结构概览如图 3 – 11 所示,它确定了五类基本软件:

(1) TENA 应用(靶场资源应用和 TENA 工具):靶场资源应用是与 TENA 兼容的靶场仪器仪表或处理系统,它们是任何逻辑靶场的心脏;TENA 工具是通常可重用的 TENA 应用,它们有助于促进对逻辑靶场事件全生命周期的管理。

(2) 非 TENA 应用:与 TENA 不兼容但在某个逻辑靶场中需要的靶场仪器仪表/处理系统、被试系统(SUT)/训练参与者(TP)、仿真、C^4ISR 系统。

(3) TENA 公共基础设施:为实现 TENA 的目标和驱动需求奠定基础的那

些软件子系统,包括用于存储应用、对象模型、其他信息的 TENA 仓库,用于信息实时交换的 TENA 中间件,用于存储剧情数据、试验事件期间所收集的数据以及总结信息的逻辑靶场数据档案。

（4）TENA 对象模型:所有的靶场资源和工具之间用来通信的公共语言。某个逻辑靶场中所使用的对象模型称为"逻辑靶场对象模型(LROM)",它依据 TENA 对象模型定义,可包含 TENA 标准的对象定义,也可能包含非标准的对象定义。

（5）TENA 公共程序:为逻辑靶场使用 TENA 及相应的管理而特别设计的应用,它们是"TENA 产品线"的一部分。这种分割是为了表达所有的 TENA 驱动需求而特别设计的:公共的 TENA 对象模型作为特定领域的软件体系结构的一部分,加上一个用于通信的公共基础设施,特别表达了互操作;重用是通过使用一个公共的基础设施以及存在大量的能在 TENA 逻辑靶场和其他的体系结构、协议和系统之间实现互通的网关来表达的;可组合是通过使用特定的能访问存储在 TENA 仓库中的各种对象定义和组件的 TENA 工具和实用程序来表达的。

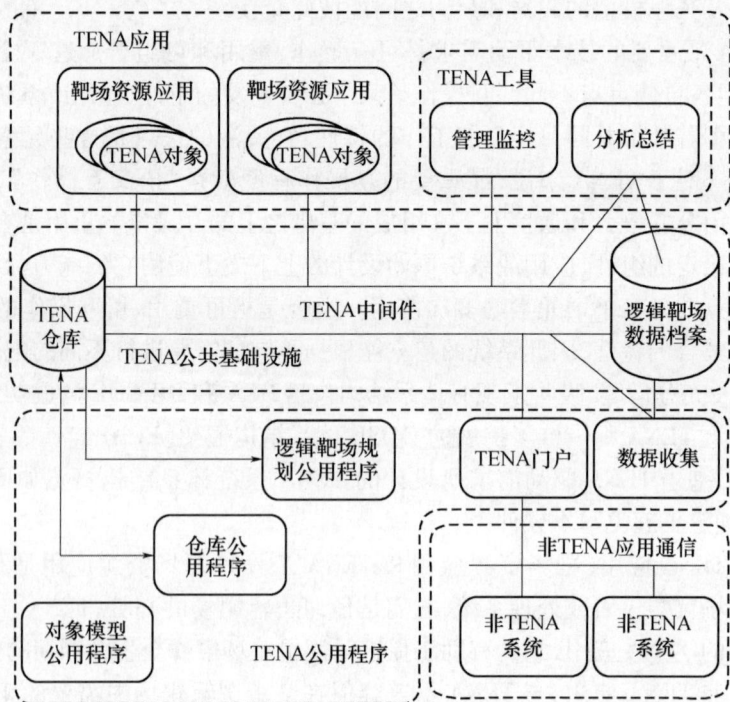

图 3-11　TENA 系统体系结构

3.2.3.5 SPEEDES

SPEEDES 是一个高性能计算仿真框架,支持并行和分布式仿真,解决计算上的紧张问题。SPEEDES 保持了 HPC 的特点,诸如高级时间管理、支持共享存储器通信结构等。

20 世纪 90 年代初,美国国防部的几个仿真基础结构项目开始探索在不同计算平台上执行的多项仿真之间的互操作问题。SPEEDES 是几个项目之一,1990 年由 NASA 启动,由美国国防部下"弹道导弹防御组织"的喷气推进实验室签署合同。SPEEDES 的初步目标是使用通用仿真引擎使分布在广大处理器中的对象具有互操作的能力。SPEEDES 的关键特性之一是它能以可重复的方式将事件的正确处理过程的前因后果保存下来,无需顾虑仿真的对象可能因相互影响而牺牲其并行性能或施加限制条件。

20 世纪 90 年代中期,DOD 正式地肯定仿真系统间具备互操作性的重要性。"防御建模仿真办公室"(DMSO)开始琢磨一个方式,即定义一种高层体系结构(HLA),该结构能够在完全不同的仿真系统间提供一些必要手段来实现互操作性。从 1996 年开始,SPEEDES 的开发工作已经逐步地反映出这种 HLA 概念。

目前,DOD 的一些主流项目正在盼望 SPEEDES 用普通仿真引擎将高性能与互操作性结合到一起。SPEEDES 的各项应用功能可结合起来以形成更大的、功能更多的仿真。SPEEDES 目前正在扩充,将提供的互操作功能有:

(1)通过网关实现 HLA 联合,能与任何满足 HLA 标准的 RTI"对话"。

(2)在计算机网络环境中操作的外部 HLA 联合。

(3)表达为在高性能计算机上执行的 SPEEDES 节点的 HLA 联合。

上述几种联合形式相互间都具有互操作性。

在支持并行处理的软件中,SPEEDES 受到 DOD 的支持,是比较符合军方需要的并行仿真软件系统之一,已经应用于美国国防部的多个项目,如联合仿真系统(JSIMS)、通过联国家测试设备的作战对策 2000(JNTF)、空间和海战系统指挥、扩展的防空试验平台(EADTB)、联合建模与仿真系统(JMASS)。

SPEEDES 从通信层、仿真引擎到建模框架等多方面,为用户提供了完整的面向并行仿真的底层支撑服务,用户只需关注具体应用的开发,而不必考虑如同步控制等底层技术细节。

1. 系统体系结构

基于 SPEEDES 的并行仿真系统从结构上可以分为六层,分别为并行计算机及操作系统、通信层(内部通信、外部通信)、事件管理层、时间管理层、SPEEDES

建模框架和并行仿真应用层等,如图 3 - 12 所示。图 3 - 12 的左侧表示通用仿真体系结构,右侧是基于 SPEEDES 的并行仿真系统体系结构。SPEEDES 提供了强大的功能支持,应用程序开发者仅需考虑仿真应用如何与 SPEEDES 建立互联与互通,而不需考虑如何保持并行处理过程的因果关系、如何实现仿真同步处理等,这极大地降低了开发者实现并行处理的难度,使得开发者能集中更多的精力致力于应用程序的设计与开发。

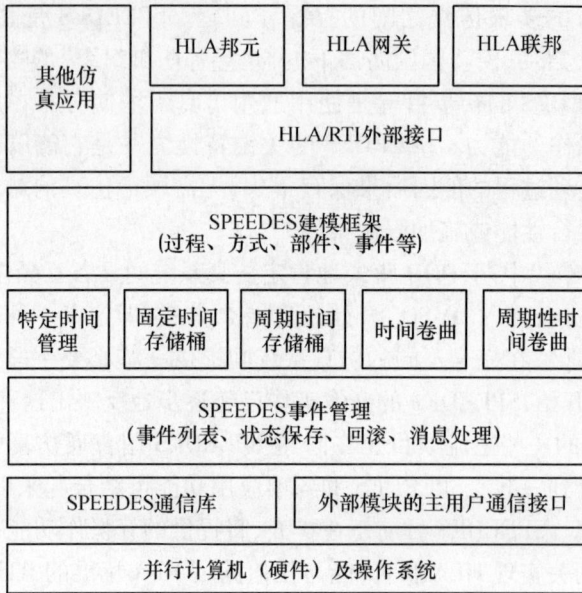

图 3 - 12　SPEEDES 体系结构

1) 并行计算机及操作系统层

并行计算机既包括高性能并行计算机,又包括商用通信网络连接成的廉价 PC 机机群;操作系统是控制和管理计算机系统的硬件和软件资源、合理地组织计算机工作流程以及方便用户的程序集合。SPEEDES 通过操作系统抽象层,实现不同操作系统的应用,目前可支持 Linux 和 Windows2000 操作系统。

2) 通信层

通信层为并行仿真支持环境提供了支持内部通信的内部高速通信库和支持外部通信的外部通信库。

其中,内部高速通信库提供了处理本节点仿真计算线程的 API,主要负责管理线程的运行、等待和阻塞,并与操作系统交互以满足线程对资源的需求。内部通信程序库是 SPEEDES 支持分布式仿真移植的基础。用一个通用接口,

"SPEEDES 通信程序库"在不同的操作系统、网络、进程间通信机构之间实现互操作,该接口是大家都能使用并能进行优化的,它涵盖所有主要类型的并行和分布式计算环境。这类环境包括共享存储多处理机、计算机网络和/或大规模信息传送超级计算机。

外部通信库为不同节点上执行的进程提供常用的通信功能,它实际上是一个函数类库和对象框架。这是 SPEEDES 提供第二个通信基础结构,该结构用外部模块简化了信息传送。SPEEDES 使其内部信息传送基础结构与其外部信息传送系统相分离,以便分别优化两者的实现。内部通信通过共享存储器、局域高速网络(或两者)完成信息传送;外部通信则通过分布式网络环境传送信息。将外部和内部通信系统分离,能使外部模块在加入或退出 SPEEDES 仿真系统时不影响其内部同步机制。

3)事件管理层

SPEEDES 提供一个优化的、基于回滚的事件管理层,该管理层支持多时间管理方案。由于在运行时间禁用回滚机制,因此允许保守的时间管理算法使事件处理同步。目前,基于先行的保守时间管理已供使用。

SPEEDES 还提供了延迟删除功能。延迟删除可用手动方式实现,用户可写入虚拟方式,决定事件在经过回滚以后是否继续往下进行。将来,SPEEDES 将用机内"接触相关"(Touch – Depend)系统进行自动延迟删除,该系统跟踪事件和状态变量之间的相关性。如果引起回滚的落伍者未触及事件所依赖的任何状态变量,那么,一个回滚事件可在以后继续往下进行。SPEEDES 中所有可回滚的操作都可继续往下进行,并因此支持延迟删除。

SPEEDES 还有持久性功能,支持把仿真状态存储到硬盘中。每当 SPEEDES 仿真动态地建立一个可回滚对象时,SPEEDES 都将其地址和块大小记录到一个预置的直接用高速存储器管理的持久数据库中。同样,每当仿真置一个可回滚指针时,SPEEDES 都将存储器块之间的连接记录到数据库中。

常规方法:如果"离散"信息可能来自其他节点,绝不允许对事件进行处理。

优化方法:用回滚状态固定离散信息问题并取消生成的事件。

由于回滚机制中透明地提供持久性,SPEEDES 仿真能够自动地参与检测点重启动。在一个检测点期间,SPEEDES 将每个节点上的所有对象打包,装进一个压缩缓冲器,然后将该缓冲器写入硬盘。每一节点写到它自己的文件上。SPEEDES 能够在随后的重启动期间读这些文件,以便从最初形成检测点的地方重构整个仿真。这项功能为 SPEEDES 应用提供了更强的容错功能。

4）时间管理层

在分布式计算环境中，保证时间管理在逻辑上正确要面临很多挑战。每一仿真对象必须按时间升序处理其事件，以便保持可重复性和因果性。该项挑战是：现在或将来，允许任何对象在任何逻辑时间分配任何其他对象的事件。

SPEEDES 利用预测来处理一些并发事件，方法是限制对象在时间上紧密到何种程度时才能交互。但保守的时间管理算法不用预测，只允许有最小时间标记的对象处理它的下一事件。因为正是在所有其他对象的实际下一事件被当前事件分配时，它们必须等待。这一事实禁止进行并发事件处理，因而使仿真能连贯地进行下去。

对时间管理问题最有效的解决办法是允许对象优化地处理它们的事件，但在接收到"落伍者"事件（其时间标记是过去的）时将它们回滚。回滚功能恢复状态变量并退到回滚仿真时间间隔期间生成的事件。当仿真引擎为不同节点分配事件时，它发送"事件分配"信息。因而回滚功能必须撤消已发送的消息，转而发送"反消息"。当另一仿真节点接收到一个反消息时，它可能已经处理完那件被回滚的事件。这类最流行的优化算法被称为"时间卷曲"（Time Warp）。

SPEEDES 用"瞬时时间卷曲"（BTW）算法来实现优化时间管理。该算法具有必要的数据流控制，以保证仿真稳定运行。当事件消息似乎被确认有效时才释放它们，由此，BTW 获得这种数据流控制。那些极可能要回滚的事件则从一开始就保留它们的信息。这一策略极大地减少了反消息流量和回滚量。

5）SPEEDES 建模框架层

SPEEDES 针对仿真对象、事件和消息等三要素的管理需要，提供一定的应用工具，形成建模框架，便于用户构建不同应用目的的模型。包括各类工具以及支持这些工具与仿真对象、仿真对象管理、事件和消息的接口等。

SPEEDES 建模框架采用 4 个基本抽象作为其框架其余部分的构建块，它们用扩充的"统一建模语言"（UML）写成。它们是对象管理、仿真对象、事件和消息。

仿真对象，也即仿真系统内的所有对象，可以是实际物理实体如飞机、环境等，也可以是抽象实体如分配时间表等。SPEEDES 设计了一个仿真对象管理器（Simulation Object Managers），在开发、部署、运行仿真系统的过程中，辅助实现仿真对象全生命周期管理。

每种仿真对象的对象管理器实例存储在每个节点上。对象管理器用分布式方法将不同类型的仿真对象组合为子集。在响应仿真对象处理要求时，对象管理器将其仿真对象分解到各 SPEEDES 节点，并记住它们的位置。

仿真对象代表被仿真的实体。它们的状态变量必须由可回滚的数据类型组成。各个实体的全部事件管理责任存储在基础级仿真对象中,在该级中 SPEED-ES 保留挂起的未处理事件和未提交的已处理事件。存储在每一节点中的 SPEEDES 分配程序连续不断地确定哪一仿真对象该处理其下一事件。仿真中,当已经处理的事件的时间标记小于最早未处理事件的时间标记时,提交已经处理的事件。

事件泛指仿真对象间或与其自身的相互作用,分为 3 种类型:第一种是仿真对象事件,即任何仿真对象可以直接分配的事件,属于" Public"型;第二种是局部事件(Local Event),只能由本仿真对象自己管理和分配的事件,属于" Private"型;第三种是自治事件(AutonomousEvent),独立于其所作用的仿真对象,主要指由框架提供的某项功能,属于" Public"型。

有时间标记的事件是由仿真对象管理的C++对象。有将来时间标记的未处理事件存放在挂起事件队列中。有过去时间标记的已处理事件存放在未提交事件队列中,直到 SPEEDES 提交它们。当处理一个事件时,SPEEDES 将状态变量变化存入事件对象。这就使 SPEEDES 能够在必要时回滚到未提交的事件。一个事件一次只能与一个仿真对象相关,因为:仿真对象可能在不同的节点上,仿真对象可能处于不同的逻辑时间,回滚相关性由仿真对象协调。

部件与事件处理器由于 SPEEDES 建立在这些基本抽象之上,因此它提供了一套较高层次的基于部件的建模工具,用以提高清晰表达的语义、可重用性和可维护性。部件被封装成一个抽象,恰如设备的一个部件,可以在仿真对象中动态地增加或减去。其例子包括:传感器、跟踪器、武器系统、通信、指挥与控制、场地、货载等。部件通常包含一个或几个可由进程和事件处理器控制的应用级模型。模型不要求分层。由于保持了模型的单向连接性(即模型只能用于部件内的其他对象),SPEEDES 保证了最大限度的可重用性。

消息泛指所有需要经过网络传递的数据,主要包括用于分配事件的消息、用于解决死锁问题的反消息(Anti Message)以及用于时间同步的同步消息等,SPEEDES 提供了消息的打包、发送、接收和解包的功能。

作为方法和进程的事件 SPEEDES 还提供了其他途径来分配和处理事件。用户可以在作为事件调用的仿真对象中定义方法。用 SPEEDES 提供的一个类型校验事件分配接口,应用程序可以分配这些事件方法。宏程序,即 DEFINE – EVENT – METHOD,除了生成一个事件对象和一个消息以外,还生成这种专门的事件分配功能。该宏程序简化了用户的工作,不必写入事件对象和消息。

SPEEDES 还在事件方法内以几条简单的宏指令支持进程模型结构。进程就是能经过仿真时间而用不着退出的事件方法。"等待"(Wait)语句是最简单的进程模型结构。进程可以等待指定的时间段,然后"醒来",从停止的地方继续进行下去。

6)并行仿真应用层

应用层是建立在建模框架之上的,依靠 SPEEDES 提供的强大功能支持构建不同的仿真应用。不同的仿真应用可以通过仿真试验管理(SimulationExperiment Manage,SEM)集成到同一个仿真环境中。包括仿真脚本转换、仿真数据采集、运行配置、对象确定、事件确定以及消息确定等。

2. SPEEDES 的运作流程

模拟脚本是 SPEEDES 所要承担的任务描述。它根据仿真试验设计,以消息的方式发送仿真事件,SPEEDES 依据事件时戳的大小生成有序事件列表(Event List),每次运行时,SPEEDES 只从事件列表中提取当前时戳最早的事件,并将其对应到过程处理模型,SPEEDES 根据过程模型将仿真对象分配给各节点或处理器运行。运行过程中,SPEEDES 根据需要运用时间管理(串行、固定时间桶、瞬时时间桶、时间卷曲、瞬时时间卷曲等)、对象状态更新、路由及 HLA/DIS(实现互联、互通与互操作)等技术,当每次提交的事件运行完后,实现仿真时间推进。在事件运行过程中可能产生的新事件,同样根据其时戳大小插入到事件列表中等待处理。

参 考 文 献

[1] 马志民,郑金彬. 分布式计算模型探讨[J]. 龙岩学院学报,2005,04:18-20.

[2] 苗再良. 网格技术发展现状和趋势[J]. 信息技术与信息化专家论坛,2005,02:17-20.

[3] 张章. 基于网格的分布式仿真研究[D]. 国防科学技术大学研究生院,2003.

[4] 都志辉,陈渝,刘鹏. 网格计算[M]. 北京:清华大学出版社,2002.

[5] 魏洪涛,石峰,李群,等. 网格计算在军事仿真中的应用[J]. 系统仿真学报,2005,03:746-750.

[6] 白洪涛. 基于 GPU 的高性能并行算法研究[D]. 吉林大学计算机科学与技术学院,2010.

[7] 张舒,褚艳利. GPU 高性能运算之 CUDA[M]. 北京:中国水利水电出版社,2009.

[8] 姚平. CUDA 平台上的 CPU/GPU 异步计算模式[D]. 中国科学技术大学,2010.

[9] 张泽华. 云计算联盟建模及实现的关键技术研究[D]. 云南大学信息学院,2010.

[10] 钟蔚,郝建国,黄健,等. XMSF 下新兴开放标准的集成和验证[J]. 国防科技大学学报,2010:146-151.

[11] 何明,裴杭萍,刘晓明. 基于 XMSF 的建模与仿真研究[J]. 系统仿真学报,2005,03:1032-1036.

第 **4** 章

作战并行仿真基本原理

在具有重大挑战意义的科学与工程计算问题的推动下,并行计算的研究迅速崛起。在并行计算机上进行并行计算,传统的串行程序设计已力不从心,它极大地制约着并行系统效率的发挥。因此,研究和发展并行程序设计就显得尤为重要。

著名计算机科学家沃斯关于程序设计曾经描述过一个公式:

程序 = 数据结构 + 算法

显然,这里指的是串行程序。并行程序设计与串行程序设计在编程的语言和环境上存在着重大差异。尤其是并行仿真,不光是算法上的问题,还涉及到大量的逻辑问题、时空一致性等问题。

作战仿真系统包含了三类仿真模型:一类是数学模型,由过程(算法)和数学方程组成的一组描述,如用于机动、毁伤的仿真模型;第二类是物理模型,对现实世界某个对象的一种物理描述,如毁伤部组件的连带关系、地形对机动的影响等模型;第三类是过程模型,用数学的或逻辑的方法对某种动态关系的一种表示,如指挥控制命令、射击与毁伤关系等模型。

作战并行仿真,实际上就是基于这三类模型的仿真,既包含了连续系统仿真,又包含了离散事件系统的仿真。作战仿真中的连续系统仿真,分为两种,一种是无法进行离散化处理,需要长时间运行,如毁伤部组件详细情况仿真;另一种是可以离散化处理,运行速度较快的,如机动仿真。

构建作战仿真系统时,需要灵活处理长时间运行的连续系统仿真,采用离线运行与在线简化处理相结合的方式,使整个仿真系统能够维持到一个正常运行的水平。

一般来说,仿真系统会成为一个离散事件系统。作战仿真系统以离散事件仿真为主,有的系统会涉及到一些连续系统仿真模型。本章简要介绍连续系统并行仿真的方法,连续系统并行仿真主要介绍并行任务分解的方式;离散事件仿真基本原理是本章的重点,主要介绍离散事件并行仿真的基本原理,分析离散事件并行仿真的同步策略。

4.1　连续系统并行仿真

要完成高效的并行计算,必须同时考虑以下两个方面:①将可并行的运算尽可能均衡地分配到不同的处理器上,这体现了任务粒度的大小。粒度越小,并行度越高。即要提高并行性,必须减小粒度。②可并行的运算(子任务)之间的通信量要尽可能减少,这反映了通信开销的大小。粒度越大,通信开销越小。即要减小通信开销,必须增大粒度。显然提高算法的并行性与减小通信开销是相互矛盾的,因此要设计高效的并行仿真算法,必须将这二者折中考虑。连续系统的并行仿真通常采用域分解技术,对大量的输入数据进行划分,分配给多个处理器,虽然处理的数据不同,但所有处理器上运行的程序是一致的,即 SPMD(Single Program Multiple Data)。

4.1.1　连续系统并行仿真的特点

通常连续系统的动态模型用常微分方程、状态方程或传递函数来描述。计算机仿真的实质就是求解这些描述系统状态行为的数学模型,由于连续系统的数学模型使用数字计算机作为工具,而计算机执行的基本操作是算术操作和逻辑操作,机器变量被表现为离散形式,因此对任何一个连续系统模型进行数字仿真时都必须首先选择一个近似的数值计算公式,实现对系统的离散化,从而建立起计算机上的仿真模型。

对于连续系统的并行仿真程序,因为每一帧的计算量是事先可确定的,即使像函数生成这类含迭代过程的计算任务尽管执行时间不尽相同,但也能给出一个统计值,所以并行仿真程序具有确定性计算模型。又因实时仿真强调仿真计算的实时性,而仿真前为优化程序执行的花销不是主要的。如果选用动态分配或混合分配,则会因算法复杂、分配开销太大,而无法满足仿真的实时性要求,因此选用静态分配策略更适合连续系统的并行仿真问题。由于一般的任务分配问题是一个 NP 完全问题,无法获得对并行任务的最优分配算法,因此人们经常利用并行程序和任务图本身所包含的一些启发信息来实现并行任务的启发式分配。启发式分配虽不能获得分配问题的最优解,但常常可以找到分配问题的近似最优解来满足实际的要求。

由此可见,计算机仿真的主要任务是在仿真模型建立起来以后,如何利用计算机进行求解这些模型,连续系统的动态模型的描述都可转化为一阶微分方程组:

$$\begin{cases} \dot{x}_1 = f_1(t, x_1, \cdots, x_n, r_1(t), \cdots, r_m(t)) \\ \dot{x}_n = f_n(t, x_1, \cdots, x_n, r_1(t), \cdots, r_m(t)) \end{cases} \tag{4-1}$$

$$y = g(x_1, \cdots, x_n) \tag{4-2}$$

式中:$\boldsymbol{x} = [x_1, x_2, \cdots, x_n]^{\mathrm{T}}$ 为状态变量向量;$\dot{\boldsymbol{x}} = [\dot{x}_1, \dot{x}_2, \cdots, \dot{x}_n]^{\mathrm{T}}$ 为状态变量导数向量;$\boldsymbol{f} = [f_1, f_2, \cdots, f_n]^{\mathrm{T}}$ 为函数向量;$\boldsymbol{r} = [r_1, r_2, \cdots, r_n]^{\mathrm{T}}$ 为系统输入向量;

为了简化表示,通常将式(4-1)、式(4-2)表示成代数方程的形式,如:

$$\begin{cases} \dot{\boldsymbol{x}} = f(t, \boldsymbol{x}, \boldsymbol{r}(t)) \\ y = g(\boldsymbol{x}) \end{cases} \tag{4-3}$$

为了更多地了解系统,研究不同变量参数对系统的不同作用,我们必须在计算机上解决式(4-1)和式(4-2)的计算问题。将 $\boldsymbol{x}(t_0) = \boldsymbol{x}_0$ 作为系统的初始条件,则式(4-3)变成

$$\begin{cases} \dot{\boldsymbol{x}} = f(t, \boldsymbol{x}, \boldsymbol{r}(t)) \\ \boldsymbol{x}(t_0) = \boldsymbol{x}_0 \end{cases} \tag{4-4}$$

利用二阶龙格-库塔算法描述这个问题过程中的一个计算步(称为一帧)如下:

(1)计算右函数 $\boldsymbol{k}_1 = \boldsymbol{f}(t_n, \boldsymbol{x}_n, \boldsymbol{r}(t_n))$。

(2)计算 $\boldsymbol{x}_{n+1} = \boldsymbol{x}_n + \boldsymbol{k}_1 \times h$,$h$ 为积分步长,$t_{n+1} = t_n + h$。

(3)计算右函数 $\boldsymbol{k}_2 = \boldsymbol{f}(t_{n+1}, \boldsymbol{x}_{n+1}, \boldsymbol{r}(t_n + 1))$。

(4)积分:$\boldsymbol{x}_{n+1} = \boldsymbol{x}_n + (\boldsymbol{k}_1 + \boldsymbol{k}_2) \times h/2$。

仿真任务的计算就是通过以上步骤不断地循环而完成的($n = 0, 1, 2, 3, \cdots, N$)。由以上分析可知连续系统仿真任务的计算,主要分成右函数计算和积分计算两部分,而右函数的计算量占整个计算量的绝大部分。因此,大幅度地降低右函数的计算时间成了提高仿真速度的关键。而右函数的计算通常具有以下特点:

(1)右函数计算的形式多样。在现实世界中,连续系统的动态模型是各种各样的,系统很难用简单的常系数微分方程来描述,它的常系数通常是由不同的

函数计算出来的,因此右函数计算的形式是多种多样的。

　　(2)右函数的计算无法形成长向量。也许是几十阶,也许是数百阶的大型复杂连续系统中,在一个单独的右函数的计算中,只需少量的状态变量进行计算。也就是说,右函数的计算只能形成短向量。

　　(3)状态变量导数的计算具有相对的独立性。由式(4-3)可以看出,状态变量的导数值只与状态变量的值和代数变量的值有关。状态变量的值可以通过递推取得,而控制变量的值是已知的,故在每一积分周期内,每一状态变量的导数求解都是相对独立的,也是可以并行完成的。而状态变量的导数求解是可以并行操作的独立单元。通过以上对每一积分周期运算的分析,可以得出以下结论:

　　(1)右函数段的并行计算是复杂连续系统仿真程序并行化的关键。

　　(2)每一积分周期内,每一状态变量的导数求解可以是并行操作的独立单元。

　　(3)以一个状态方程的求解作为并行仿真的子任务,可以获得较高的并行效率。

　　连续系统并行仿真的难点是数据分布(域分解)策略,决定了通信量。为降低通信量,在空间划分是,要考虑被仿真对象的性质和相互联系,在一定的误差限度内,允许偏差和不对称(负载不平衡)的存在。一般来说,连续系统并行仿真分两种方式:数据复制(Replicated Data)方式和空间分解(Space Decomposition)方式。

4.1.2　数据复制方式

　　由于连续系统仿真是典型的矩阵迭代计算,所以不改变现有的串行仿真算法,只是将矩阵进行带状划分或棋盘划分,进而将计算负载平均分配给多个处理器。数据复制方式的优点是实现相对简单。仿真一开始就实现了负载平衡,而且在运行过程中也不需要再动态调整负载分配。

　　数据复制方式的主要问题是,由于在任务划分时没有利用系统各状态间的相关信息,每个处理器在完成一个阶段的计算后,都要将计算结果广播给其他节点,以更新各节点保存的系统状态,然后才能进行下一步仿真计算。所以不仅通信量大,需传递的消息数目众多,而且消息数目与处理器个数成正比。因而数据复制方式不适合大型的并行计算机,也不适合于对消息数目很敏感的机群系统。

4.1.3　空间分解方式

空间分解方式,也称几何分解方式,主要用于有明确几何空间概念的仿真过程,如分子动力学仿真和电磁波漫射仿真。数据复制方式应用于分子动力学仿真时,是将全部粒子按照数量平均分配给所有处理器,在粒子因相互作用改变空间距离后,也不改变粒子和处理器的对应关系。而应用空间分解方式时,是按照空间中粒子的密度,将空间划分为不同大小的子空间,使处理器和子空间一一对应,各处理器负责子空间中粒子的受力、速度和空间位置等状态的仿真计算。对于一个特定的粒子而言,其余粒子的数量十分巨大,并且分布在它的各个方位,因此可以假设在一个截止半径(Cutoff Radius)以外的粒子对它的合力为零。由此可以看出,对每个处理器,空间分解方式都可以减少其需要通信的节点数目,尤其在处理器数目较多的情况下,能够有效地减少消息数目和通信量,具有很大的优势。但随着粒子的运动,进入其他子空间,粒子的状态信息和计算任务也要转交给其他处理器;运动同时会引起粒子空间密度变化,如不改变子空间的划分,势必引起负载不平衡,致使负载小的处理器等待负载大的处理器,降低效率。为此,必须在仿真过程中动态调整各处理器所负责的子空间的范围。这需要收集全局信息,并花费一定的计算时间,同时在调整子空间划分时,处理器间要传递转换子空间的粒子的全部状态信息,致使通信负载的峰值过大,尤其是运行在机群系统上,会较明显的降低效率。为此,有文献提出了局部动态负载平衡策略,即每个处理器只与负责其邻接子空间的少数几个处理器进行负载平衡调整,在负载平衡和通信量的增加之间进行折中。同时,可以针对仿真系统的特性,进行合理的近似,例如在计算相互作用力时将大分子的质量全部集中到它的重心上。当采用了上述措施后,基于空间分解方式的并行仿真在机群系统上取得了令人满意的效果。

异步并行计算利用多线程技术,使计算和通信重叠(Overlap),隐藏了通信延迟,将通信开销降至最低,所以在并行仿真领域,尤其在通信延迟较大的机群系统上有广阔的应用前景。实践证明,当异步并行仿真能够保证在任一 ξ 时间段内,每个处理器至少获得一组所有的其他处理器发送的最新计算结果,其中 $\xi \leqslant$ 被仿真对象的时间常数的 1/5,就能保证仿真的有效性和精度,同时显著的提高仿真速度。但由于异步并行仿真的理论很不成熟,所以离大规模的实际应用还有一定的距离。

4.2　离散事件系统

4.2.1　仿真时间

作战仿真实际上是随时间的推进,发生各种作战相关事件,这里先给出几个时间的定义:

天文时间:以国家标准确定的作战地域的时间,又称为"墙上时间",用 T_A 表示。

作战时间:以作战开始时刻为起点,直至作战结束的时间,用 T_W 表示,作战开始时间用 T_{W0} 表示。

仿真时间:以仿真开始为起点的被仿真的虚拟世界时间。在作战并行仿真系统中也称为作战仿真时间,用 T_S 表示,仿真时间的开始时间为 T_{S0}。

虚拟时间:是一个假设的并行仿真系统中存在的全局时间,为了保证各个仿真任务中各实体行为、事件的执行与真实作战系统中的一致性,需要在依靠虚拟时间进行仿真任务之间的同步、协调,用 T_V 表示,虚拟时间的开始时间表示为 T_{V0}。

4.2.2　串并行关系事件与因果关系事件

作战系统的并行性是指在同一时间,作战系统中两个以上的实体发生自主行为的特性。对于作战系统,描述其并行性的依据是作战实体各自对时间有不同的描述方式,对作战时间的度量方式确定了并行性的两种表现形式,一是同时性,即同一时刻,作战系统中两个以上的实体同时发生自主行为;二是并发性,即在同一时间段内,作战系统中两个以上的实体发生了自主行为。

随着时间度量精度的变化,这两种并行性的表现形式可以相互转换。对于两个同时性事件来说,提高时间度量的精度,同时性事件发生的时刻会不一样,假设时间差为 τ,这两个同时性事件实际上是 τ 时间段内的并发性事件。同样,对于两个并发性事件来说,假设时间段长度为 τ,减少时间度量的精度,使时间度量的最小单位为 τ,则这两个并发性事件变成同时发生的事件,即同时性事件。

仿真系统的并行性是指在同一时间,仿真系统可以同时运行多个仿真任务的特性,这里,仿真任务的存在形式是逻辑进程。

在将逻辑进程映射到不同的处理器上时,可能会将多个逻辑进程分配到同一个处理器上,即使是该处理器同时启动了这些进程,看起来这些逻辑进程是并行运行的,而实际上是操作系统通过分时调用的技术实现的同时运行,落实到很小的时间片上,实质上是串行运行,在这种情况下,只能算是一个逻辑进程在运行。因此,当仿真系统所有的处理器都用来运行仿真逻辑进程时,仿真系统的并行性实际上是由仿真系统的处理器数量决定的。

因果关系约束是并行仿真系统正确执行必须满足的基本要求。在实现并行仿真时,必须采取措施保证仿真的因果关系不被破坏,这是正确模拟客观世界的基本准则。这里给出事件的先后关系和事件的因果关系的定义,作为事件串并行关系和因果关系分析的基础。

事件的先后关系是指事件先后发生的顺序关系,依据如下原则确定事件的先后关系。

(1)如果事件 E_A 和 E_B 在时间顺序上 E_A 先于 E_B 发生,那么称 E_A 和 E_B 存在先后关系,用 $E_A : E_B$ 表示。

(2)如果事件 E_A 和 E_B 存在以下先后关系,$E_A : E_B$,且 $E_B : E_C$,那么 $E_A : E_C$,即先后关系具有传递性。

(3)如果事件 E_A 和 E_B 不存在先后关系,那么 E_A 和 E_B 是并行的,用 $E_A \parallel E_B$ 表示。

事件的因果关系是指事件之间存在因果影响的关系。依据如下原则确定事件的因果关系。

(1)如果事件 E_A 的发生与否将影响事件 E_B 的发生与否,那么称 E_A 和 E_B 之间存在因果关系,用 $E_A \rightarrow E_B$ 表示。

(2)如果事件 E_A 和 E_B 存在以下因果关系:$E_A \rightarrow E_B$,并且 $E_B \rightarrow E_C$,那么 $E_A \rightarrow E_C$,即因果关系具有传递性。

(3)如果事件 E_A 和 E_B 不存在因果关系,称 E_A、E_B 无因果关系,用 $E_A - E_B$ 表示。

由上述定义可知,可以将作战系统中发生的事件分为三类,因为先后关系和因果关系都可以传递,这里只以两个事件 E_A 和 E_B 表示,如图4-1所示。

(1)$E_A : E_B$,且 $E_A \rightarrow E_B$,如图4-1中的(a)所示,E_A 先于 E_B 发生,且对 E_B 有影响,和 E_B 构成因果关系事件。

(2)$E_A : E_B$,且 $E_A - E_B$,如图4-1中的(b)所示,E_A 先于 E_B 发生,但对 E_B 没有影响。

(3)$E_A \parallel E_B$,且 $E_A - E_B$,如图4-1中的(c)所示,E_A 和 E_B 同时发生,相互没有影响。

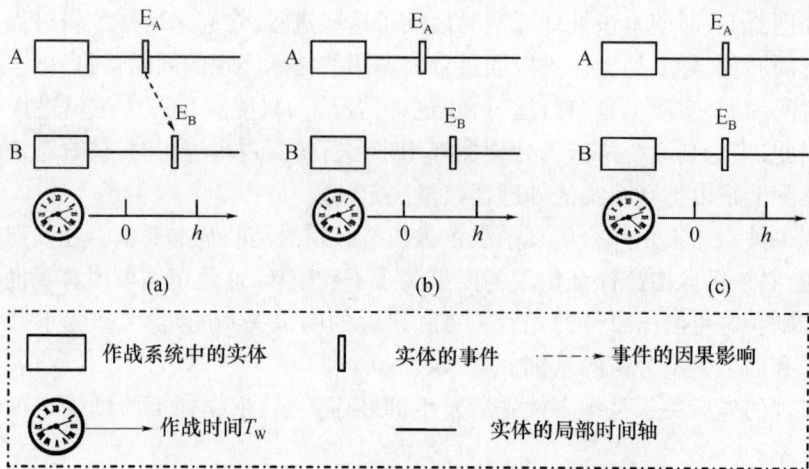

图 4 - 1   作战系统中发生的事件的先后关系与因果关系

其中前两种是串行事件,第三种是并行事件。

在理论上,因为事件是以时刻来描述的,在时间上不可分割,所以不存在 $E_A \parallel E_B$,且 $E_A \rightarrow E_B$ 或 $E_B \rightarrow E_A$,即因果关系事件总存在时间差。

4.2.3   离散事件仿真的方法

在前面已经分析过,依据事件的先后关系和事件的因果关系,可以将作战系统中的事件分为三类,本节将研究在并行仿真中对这些事件进行仿真的方法。

作战系统的最大并行度为 n,仿真系统的最大并行度 m 可能远小于 n,所以,实现作战系统并行仿真的实质,就是在实际的硬件条件下,合并一些并行实体的行为模型,使仿真系统的最大并行度和实际硬件环境相适应,以提高仿真运算效率。合并一些实体的行为模型的过程,实际上就是"先后处理"这些行为模型。同时,有一些先后关系的事件因事件的主体分布在并行执行的仿真任务中,这些事件被"并行处理"了。为了保证各个实体的行为在仿真系统中的"并行特性",保证先后关系事件在"并行化处理"时保留其"先后关系特征",需要研究各类事件的仿真方法。

4.2.3.1   时间精度对串并行关系和因果关系的影响

实际上,用时间刻画现实世界或仿真世界时,存在精度误差,特别是在仿真中,由于计算机的离散时间间隔不可能无限小,会出现 $E_A \parallel E_B$,且 $E_A \rightarrow E_B$ 或

$E_B \rightarrow E_A$,以作战仿真中的开火射击为例,如图 4 - 2 所示。仿真系统中,A、B 两个实体,各自的开火事件 E_A 和 E_B,假设开火后,对方被消灭。A 向 B 开火后,B 被消灭,而无法向 A 开火,E_A 的发生导致 E_B 不能发生,即 $E_A \rightarrow E_B$,当仿真步长为 $2h$ 时,E_A 和 E_B 具有并发性,即 $E_A \parallel E_B$,作战系统中 E_B 不可能发生,仿真系统中却发生了,而导致 A 被消灭,给出了错误的仿真结果。如果仿真步长缩短为 h,则 $E_A : E_B$,且 $E_A \rightarrow E_B$,避免了错误的仿真结果。所以,缩短仿真步长可以提高仿真精度,减少仿真中的逻辑错误。

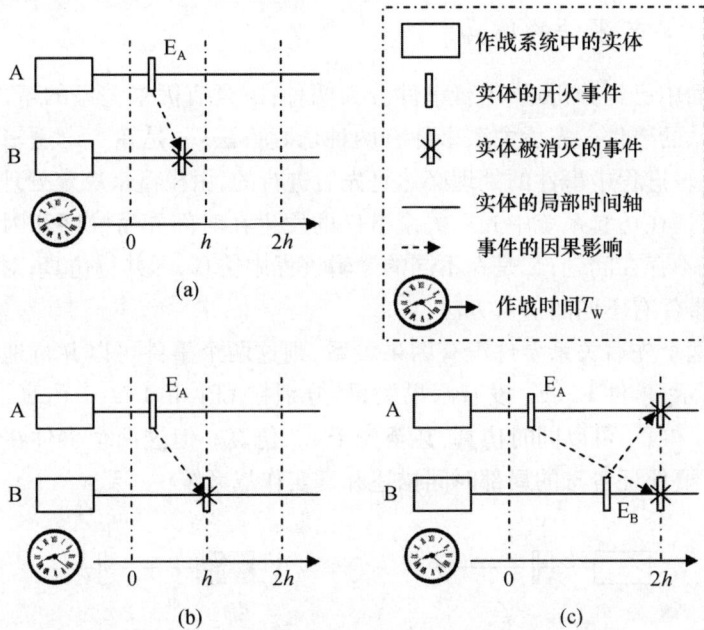

图 4 - 2 时间精度对先后关系和因果关系的的影响
(a)真实情况;(b)步长为 h 时;(c)步长为 $2h$ 时。

定理:假设时间精度足够高,两个事件 E_A 和 E_B,$E_A : E_B$ 是 $E_A \rightarrow E_B$ 的充分条件,即 $E_A : E_B \Rightarrow E_A \rightarrow E_B$。

证明:因为将来不可能影响过去,若 $E_A \rightarrow E_B$,则 E_A 必须在 E_B 前发生,即 $E_A : E_B$,证毕。

为了保证仿真的正确性,遵循因果关系约束是非常重要的。假设 $E_A : E_B$,且 $E_A \rightarrow E_B$,E_A 必须在 E_B 之前执行,否则就会发生因果关系错误。破坏因果关系约束意味着将来会影响过去,这可能导致反常行为从而导致产生错误的仿真结果。

上述定理说明,当时间精度足够高,满足对事件的描述需求时,两个因果事件必须是先后发生的,而两个先后发生的事件不一定具有因果关系。

在保证仿真系统满足因果关系约束的理论与技术上,不少专家做了大量的研究工作,从理论上论证了保证因果关系约束的充要条件,从技术上保证了因果约束事件执行的先后顺序。Fujimoto 利用本地因果关系约束(Local Causality Constraint)确定了时间先后对因果关系约束的充分非必要条件,即满足定理的描述。

4.2.3.2 串行事件的仿真方法

在前面中已经分析过,串行事件分为两种:一是有因果关系的事件;二是没有因果关系的事件。先后关系事件有两种仿真方法:一是在一个逻辑进程中仿真,一个逻辑进程中事件的处理必然是先后进行的,由模型来决定处理的先后顺序,从而保证在仿真系统中先后关系事件的发生在时间先后顺序和因果关系上的正确性,不存在问题;二是在不同的逻辑进程中仿真,即并行仿真,对上述两种先后关系事件有不同的仿真方法。

如果两个先后关系事件没有因果关系,则这两个事件可以并行地仿真。如图 4-3 所示,事件 E_A、E_B 没有因果关系,分别在 LP1 和 LP2 中仿真,从全局时间上看,E_B 和 E_A 可以同时仿真,甚至先于 E_A 仿真。但这两个事件在各自的逻辑进程中,要保证各自的局部时间描述和真实作战系统中一致。

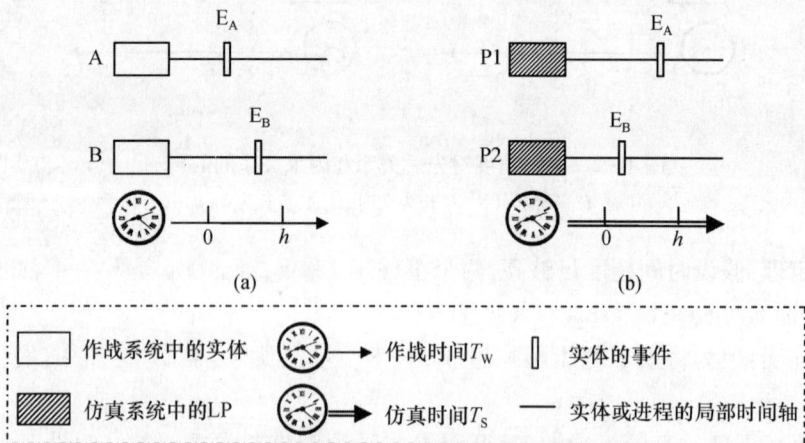

图 4-3 无因果关系时先后关系事件的并行仿真

(a) 无因果关系的先后关系事件; (b) 无因果关系时先后关系事件的仿真。

如果两个先后关系事件有因果关系,对这两个事件的并行仿真必须保证仿真系统中事件因果关系与作战系统中事件因果关系的一致性。如图4-4所示,尽管逻辑进程1和2并行运行,且有各自的局部时钟,但由于E_A和E_B是因果事件,根据前述定理,必须保证在统一时间轴上的先后顺序,即先执行E_A的仿真,再执行E_B的仿真。可以采用缩短步长,将两个事件在两个步长内分别仿真,以先后关系的一致性保证因果关系的一致性,如图4-4所示。

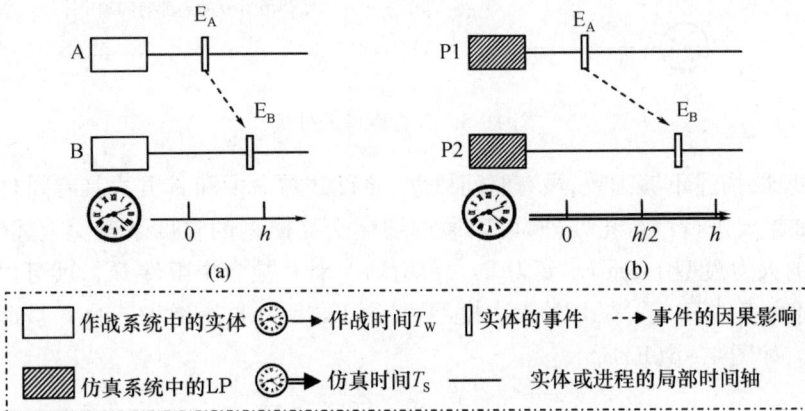

图4-4 有因果关系时先后关系事件的并行仿真

(a) 有因果关系的先后关系事件; (b) 有因果关系时先后关系事件的仿真。

4.2.3.3 并行事件的仿真方法

由上述分析可知,并行事件不会产生因果影响。但并行事件可能会对事件的主体——实体产生影响,当"先后处理"时,仿真结果会受到模型的影响。

如图4-5所示,假设A、B、C三个实体,在同一时间,A向B开火,B向C开火,因为开火至摧毁有一定的时间间隔,实际结果是B、C都被命中。

如果将这两个事件串行处理,开火事件E_A、E_B的处理会依照先后顺序依次处理,假设E_A先处理,一般来说,开火的交互事件都是由开火一方调用火力模型计算后,发送一个命中消息给目标。如果是并行处理,会同时发送一个命中消息,结果是B、C被命中,和实际情况相符合,如果是串行处理,会导致后发生的交互事件E_B失效,因为在处理E_B时B已经被命中,B就无法执行向C开火的事件E_B。导致这种现象发生的原因有两个:一是并行事件串行化处理导致并行事件之间相互影响,使不存在因果关系的并行事件产生了因果关系;二是模型将一个开火行为的主体和受体的两个事件(A开火,B被命中)在一个交互事件模

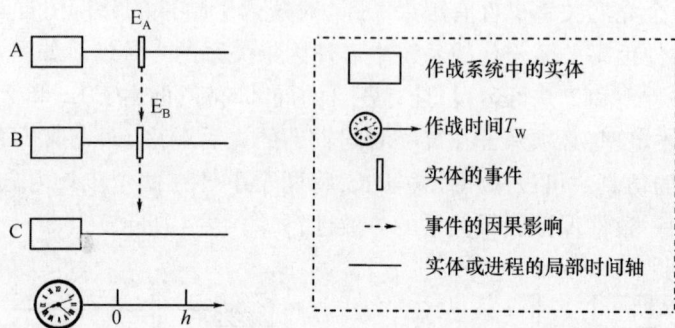

图 4 - 5 并行事件的处理

型中处理,描述不够细致,没有时间概念,导致 B 被命中和 A 开火具有同时性。

如果要进行串行化处理,可以通过细化交互模型的粒度来避免上述问题。在 A 的火力模型中,原 E_A 变为 E_{AB},再增加一个 B 被命中事件 E_{BA},就可以处理 B 的开火事件 E_B 了,在 B 的火力模型中,原 E_B 变为 E_{BC},增加一个 C 被命中事件 E_{CB},如图 4 -6(b)所示。

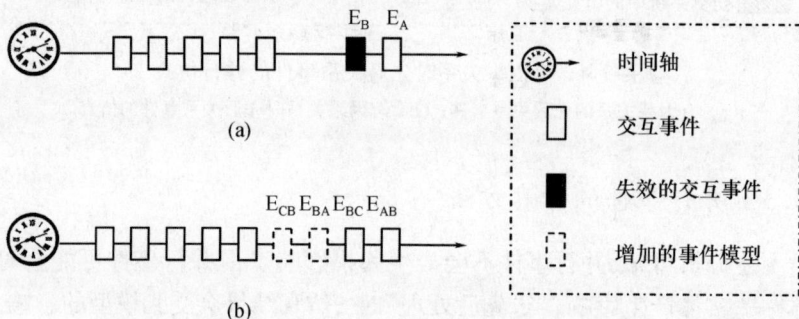

图 4 - 6 并行事件串行化的影响及处理

(a) 并行事件串行处理的事件序列;(b) 修改交互事件影响模型后的事件序列。

4.3 并行离散事件仿真

并行离散事件仿真 PDES(Parallel Discrete Event Simulation)与并行连续系统仿真不同,通常采用功能分解方式对计算任务进行划分,在对被仿真系统的分析基础上,揭示系统的结构,将系统的不同功能分配给不同的处理器。由于实现的功能不同,所以执行的代码不同,于是系统以 MPMD(Multiple Program Multi-pleData)形式运行。

一个并行离散事件仿真 PDES 模型可看成是由一组串行离散事件仿真 SDES 模型组成的集合,每个 SDES 模拟一个物理子系统,一个逻辑过程(Olgical Process)LP 代表的是模型中序贯计算单元,它模拟系统内某一物理过程。每个 SDES 由一个或多个 LP 组成,并在一个处理器上执行。每个 SDES 运用某一同步算法,以正确的时间戳(Time Stamp)顺序分配该 SDES 的局部事件。在一个 SDES 模型上某一事件的执行,往往会引起其他 SDES 模型的事件表的变化,因而 PDES 中各个 SDES 模型之间需要沟通,这种沟通是通过交换具有时间戳的事件信息来进行的。并行离散系统必须根据系统内事件发生的先后顺序执行事件,因而分布在不同 SDES 模型上的事件必须在明确所有 SDES 模型中不存在该事件的诱发事件时,才能被执行。这种因果关系(Causality)约束,是正确执行并行仿真所必须满足的关键条件。因此,离散事件并行仿真在时间推进上需要不破坏因果关系,使串行事件和并行事件的正确地发生,推进仿真系统,仿真时间是一个重要的概念。

4.3.1　仿真的驱动方式

首先回顾一下仿真的驱动方式,仿真的驱动方式主要分为以下两种:

(1)时间驱动方式:仿真过程是由时间驱动而不是由事件驱动的。当仿真运行时,系统不考虑一个实体的输入信息是否发生变化,而是以仿真时间间隔为基本驱动信息,依次遍历各实体。虽然这种方式非常简单,容易实现,但执行效率比较低。因为不论一个实体是否需要运行,它在每一仿真时刻都要被访问扫描到,这对于存在许多低运行频率实体的仿真系统而言,资源的浪费是极其可观的。

(2)事件驱动方式:该算法首先保证仿真系统不是在每一仿真时刻都将内部的实体扫描一遍,而是由事件作为驱动信息来运行实体。事件驱动算法在仿真系统中定义一个全局时钟变量,每次实体运行后修改全局时钟,同时确定下一事件对实体的触发时刻,很显然这种方式的仿真时间推进效率相对于时间驱动方式要高很多。

单个处理器在运行仿真过程中对任务的执行往往会引起其他处理器上任务序列的变化,因此各个处理器之间需要进行协调,这种协调是通过传递具有时戳的消息,由此某一处理器上的 LP 就可以准确掌握其他处理器上 LP 的执行情况,从而决定是否继续向前执行。这种判断和执行是由同步策略完成的,它处于仿真应用的外层,直接与通信信息相连接,负责整个并行与分布式仿真系统在逻辑上的正确运行。

4.3.2　并行离散事件仿真原理简介

并行离散事件仿真一般由仿真对象、事件等组成。一个仿真对象可以是一个移动的物理实体,如军事作战仿真中的一艘战舰,或者是一个较抽象的对象,如交通仿真中的一个汽车分配时刻表。事件是导致实际系统状态发生改变的原因,它通过消息映射等机制映射到仿真对象中的方法。

（1）并行离散事件仿真通过将仿真对象分发到不同的逻辑节点来实现离散事件的并行执行。每个逻辑节点负责执行分配给它的仿真对象上所有事件,而事件则按照逻辑节点维护的事件队列中时间戳属性先后分配下一个事件。

（2）提供多种运行方式。包括保守机制,能确保一次仿真应用正确顺利地执行,但却不能高效利用不同计算机的硬件资源;一种是乐观机制,有助于建模者最大限度地利用不同计算机硬件的资源,但由于该机制可能触发状态回滚事件,逻辑控制相对复杂,目前对于乐观机制算法的研究已经取得了一定的成果,譬如时间弯曲、呼吸时间桶、呼吸时间弯曲算法等。

4.3.3　并行离散事件仿真的同步策略

无论是本质上具有并行特性的系统,还是通过并行化处理的并行仿真系统,都必须根据系统内事件发生的先后顺序执行事件,换句话说,一个事件必须在其原因事件被执行之后才能开始运行。这就是确保仿真结果正确的因果关系约束,用于满足因果关系约束的时间管理机制称为同步策略(Synchronization Protocols)。

近20年来,并行与分布式仿真系统中的时间同步策略发展很快,产生了很多效果良好的时间管理算法。这些算法归纳起来主要有以下四类:保守策略、乐观策略、混合策略以及自适应策略。

4.3.3.1　保守策略

保守策略是最为常用的同步策略之一,它最大的特征是严格禁止在仿真过程中发生因果关系错误,保证各类事件是按时间的先后顺序处理执行。

它常常依赖于仿真模型的行为信息,如模型内子模块之间通信的拓扑结构或模型的超前性等来确定哪个事件是"安全"的,能被安全地处理。需要付出额外的通信开销来收集全局信息,额外的计算开销对全局信息进行处理和判断,所以仿真的效率不高。尤其是为收集全局信息,增大了通信开销,所以不适合在机群系统上实现。

最典型的保守策略是 Chandy – Misra – Bryant(CMB),CMB 策略用空消息的方法来避免死锁,开发并行性。

1. CMB 保守同步策略

保守方案的提出可以追溯到 CMB 策略,也称为空消息算法。它的前提条件有:①LP 之间有固定的连接;②LP 之间的连接是可靠的;③发送方按时戳的非降序发送消息;④通信网络保证按消息的发送顺序传递给接收方。

在 CMB 协议中逻辑进程之间通过带时戳的事件 < ee@ > 来提供事件之间的因果关系,ee 代表事件,t 表示事件在逻辑进程 LP 产生和发送的时刻。只有当逻辑进程保证不会收到时戳小于本地的局部仿真时间 LVT 的消息时,才允许执行当前事件。而且所有的事件必须以事件先后的顺序执行。

保守的逻辑进程仿真就可以看作是一些逻辑进程 LP 的集合,由直接相连的、可靠的 FIFO 通信通道组成的逻辑进程图。

2. 死锁与解除

接收方在每个连接上有一个 FIFO 队列,根据上述 4 个前提条件可知,FIFO 队列中的消息按时戳的非降序排序,每个队列尾的消息时戳就是与该队列对应的发送方的下一个要发送消息的时戳下限,取所有队列尾消息时戳的最小值就得到了将要收到的消息的时戳下限,即 LBTS。如果有一个队列为空,则 LP 就等待直到所有队列非空。这样有可能因为循环等待而造成死锁。因此,虽然保守策略能够避免因果关系错误,但是却容易发生死锁现象,解决死锁现象的方法有两种:死锁恢复法和死锁避免法。

(1)死锁恢复法(Deadlock – Recovery)。死锁恢复法是指当仿真出现死锁时,逻辑过程通过一个检测机构来打开死锁。如果发现所要执行的事件信息具有最小时间标记,那么这个事件就可以安全的被执行。

(2)死锁避免法(Deadlock – Avoidance)。零消息(NullMessage)是避免死锁方法中较常见的一种。零消息本身只携带一个时戳,不带有任何实际意义的事件,因此对仿真系统的活动没有影响,它只是表示该 LP 不会发出时戳小于零消息时戳的消息。在处理完每一个事件后,逻辑进程 LP 从输出通道上发出零信息,每条零信息给接收者提供附加信息,用以保证其他事件被安全地处理。零信息的时戳等于当前处理事件的时戳值与前瞻量 L 之和,L 是一个常数。

4.3.3.2 乐观策略

乐观策略是另一种最为常用的仿真同步策略,它的目标是最大程度地发掘仿真系统的并行性,提高系统的运行效率。Jefferson 于 1985 年提出的时间弯曲

（Time Warp）策略（简称 TW 策略）是现在最常见的一种乐观算法。这种算法具有风险性，如果发生因果关系错误就要求回退到发生错误之前的时刻重新开始执行，因此需要大量的系统资源来保存仿真过程中的状态和数据。

乐观策略是一种更为积极的处理事件的方法，它允许 LP 乐观的处理事件，一旦收到迟到消息则依赖于反消息和回退机制来撤消错误的处理。乐观策略与保守策略不同，它允许 LP 按照任意顺序执行事件，如果发生因果关系错误，则通过回退（Rollback）方法重新执行事件，以此来纠正违反因果关系而导致的错误。

1. TimeWarp 乐观策略

乐观逻辑进程仿真的早期工作是由 Jefferson 和 Sowizra 所做的 TimeWarp 策略，也是用消息传送的方法来进行仿真同步。该算法中提出的许多概念，如虚拟时间、回退机制、全局虚拟时间（Global Virtual Time，GVT）一直为现在的乐观推进算法所沿用。这种方法的一大优点是可以最大的开发仿真的并行性。而且也可以动态的创建新进程，便于修改。

2. TimeWarp 策略的弊端

尽管乐观策略有效地发掘了系统的并行性，但是它需要不断保存系统的状态信息，占用了大量的存储空间。此外，带有过去时戳的反消息可能会引起其他相关进程的进一步的回退，而这些回退又有可能导致生成新一级的反消息，如此类推会引起系统更多的回退。这种瀑布式巨增的反消息引起的回退情况就称为多级回退，会严重影响仿真的推进，甚至使仿真回退到起点，仿真无法进行下去。在机群系统上实现乐观策略的主要问题是机群系统的通信延迟较大，所以消息传递的滞后更明显，致使滞后事件增多，而滞后事件又会导致大量的反消息，增大网络负载，进一步加大网络延迟，降低仿真的效率。

3. TimeWarp 策略的改进与优化

因此，提高乐观策略的性能主要是如何尽可能少的保留信息而不影响系统的正确运行。为减小回滚的负面影响，许多研究人员作出了有益的工作。一般通过 3 种途径：

1）加快 GVT 更新速度

及时计算并行与分布式仿真系统中的 GVT，所有时戳小于 GVT 的系统状态信息不必保留。

2）合并系统状态信息

当出现滞后事件时，通常 LP 是将滞后事件时间戳之后发送出的全部消息的反消息按顺序重发，建议每个 LP 只发送时间戳大于且最接近于滞后事件时间戳的消息的反消息,而接收 LP 将取消所有时间戳大于反消息时间戳的消息对状态的改变,这样可以有效的减小因回滚而造成的消息量和通信负载。

3) 省略弱因果关系事件的回滚

当两个事件满足弱因果关系时,二者执行的先后顺序不会影响仿真结果的正确性。这时,即使存在滞后事件,也可以省略回滚。为了应用事件之间的弱因果关系,仿真之前必须对所有事件处理函数的输入和输出进行相关分析,确定出所有满足弱因果关系的事件对。仿真过程中,若遇到滞后事件时,只有事件间不满足弱因果关系,才进行回滚,有效的降低了回滚对仿真效率的影响。

4.3.3.3 混合策略

通过比较研究,人们发现保守策略和乐观策略的优缺点恰恰具有一定的互补性:保守策略的仿真并行性利用不高,运行效率较低,但不会发生因果关系错误;相比之下乐观策略则较容易发生因果错误,从而增加仿真运行的复杂性,但能有效的利用仿真系统现有的资源,最大限度的发掘潜在的并行性。若能有效的将两者结合起来,取长补短,则能更好地提高并行与分布式仿真系统的性能,由此人们提出了混合时间管理策略。

混合策略是保守策略与乐观策略的混合,它通过对这两种策略的改进来提高系统的整体性能。按照改进的原型,混合策略可以分为两类,下面分别讨论。

1. 在保守策略中加入乐观性

一类是在保守策略中加入乐观性,如 Steinman 于提出的 BTB 算法(Breathing Time Bucket),这种策略以保守策略为基础,在每个 LP 的推进周期中加入了乐观性。它的核心概念是事件限,即首先考虑把所有的等待解决事件映射到一个的事件队列中。假定仿真引擎都无法预先知道每一个事件会做什么,直到事件被处理的时候,那么所有新产生的事件都会被保存在一个特殊的辅助事件队列中。在某些时间点,下一个要被处理的事件会在辅助事件队列中,这一时间点就称为事件限。

由上面的定义可以得出事件限的最重要的特点是:在给定的循环中,一个事件不会被同样发生在同一循环中的其他事件所扰乱。若将所有事件分布于多处理器,并且事先就知道事件的限,就能够并行的处理事件而不会接收到任何落后的消息。BTB 算法通过利用事件限,避免了发送反消息就能完成回退,从而解决了乐观处理事件和避免发送风险消息这两个难题。

2. 在乐观策略中引入中断

另一类是在乐观策略中引入中断,限定了乐观策略可以自由执行的上下限。又如 BTW 算法(Breathing Time Warp),这种算法认为越是靠近 GVT 的事件,发生回退的可能性就越小。因此,通过设定一个参数 N 来限制 LPs 在每个推进周期内释放的时戳大于 GVT 的事件数量。假设从 GVT 开始,一直到第 N 个事件为止,这段时间内的所有事件都采用 TW 机制乐观的处理,而从第 $N+1$ 个事件起算法转换为保守的 BTB 机制继续执行。然而, Steinman 并没有提供具体有效的途径来确定 N 值,更没有提供动态调整该值以获得更优性能的方法。

4.3.3.4 自适应策略

自适应策略,实质上可以看作是一种动态调整的混合策略,但它的基本思想是随着仿真状态的变化而动态地选择或修改其执行方式。对于某个系统特性不变的仿真模型而言,也许可以选择相对最合适的策略,然而许多仿真模型的特性在仿真运行过程中是动态变化的,具有一定的随机性和不可预测性。因此,同步机制也应该随着模型特性的变化能够自主调整以求获得更佳的性能。主要是通过动态地改变一个或多个变量,从而使系统在保守与乐观之间适当调整。自适应策略在保守策略与乐观策略之间架起了一座桥梁,并且可以根据需要使自适应策略逼近任何一种策略。

近年来"自适应策略"逐渐引起人们的重视,它是时间管理机制在仿真运行过程中能够根据模型特性动态调整乐观程度的一种策略。实现该思想的关键是通过监控仿真系统的运行状态,在保守、乐观与混合机制之间进行评估,选择一个恰当的平衡点,以此调整控制参数。

1. 自适应机制的特点

Reynolds 于 1988 年首次提出时间管理机制的自适应思想,他指出即便是针对同一个仿真系统的自适应算法,由于它们的着眼点不同,所选择监控的状态信息和控制参数不同,会出现各种不同的自适应算法。这些算法各自具有其合理性,在某些方面确实能有效优化仿真的性能,甚至很难说哪种策略一定比其他策略好。唯物方法论指导我们,不存在万能的算法与策略适用于所有情况,任何策略或算法都是在某些前提条件下显示出其优越性的。

2. 自适应策略的分类

按照自适应策略所基于的状态,可以分为两类:一类是基于局部状态的策略;另一类是基于全局状态的策略。

(1)基于局部状态。Palaniswamy 和 Wilsey 提出的自适应有界时间窗

（Adaptive Bounded Time Window），是基于局部状态的策略。该策略的目的是限定一个时间段，使仿真系统在该时间段内可以乐观的执行事件。时间窗的设置是为了控制乐观性，防止重新执行的回退次数过多，也限制了重新执行的回退长度。该策略的自适应特性体现在它的时间窗可以动态的调整大小，调整工作是由 LP 的有用工作控制的。有用工作是一个对 LP 所做的有效工作的测度的函数，该函数包含了执行任务率、重新执行次数、平均重新执行长度以及发送的反消息数等参数。

（2）基于全局状态。Srinivason 和 Reynolds 提出的近于完美状态信息策略（NearPerfectState Information，NPSI）是基于全局状态的策略。该策略的实施依赖于所获取的"近于完美的状态信息"，这些信息是在仿真全局状态下获得的。NPSI 使用一个错误潜在参数 EP（Error Potential），每个 LP 都有一个相对应的 EP。在弹性时间算法 ETA（Elastic Time Algorithm）中，EP 指的是 LP 的下一个有待处理的事件时戳与 GVT 之差。EP 用于控制 LP 的乐观性，在仿真过程中加入等待，这个等待时间与 EP 值有一定的比例关系，EP 值越大，则等待时间越长，由此通过 EP 达到控制 LP 的乐观性的目的。

参 考 文 献

[1] 王学慧,张磊. 并行与分布式仿真时间推进同步机制综述[J]. 计算机仿真,2010,27(2):126 – 129.
[2] 李发刚,蒋志文,张文荣. 并行仿真运行信息记录分析工具的设计与实现[J]. 计算机仿真,2009,26(12):274 – 277.
[3] 张耀程. 通用并行离散事件仿真环境及相关技术研究[D]. 国防科技大学,2008.
[4] 邓彬,王宏力,邓方林. 基于复杂连续系统并行仿真的自动任务划分[J]. 计机工程与设计,2000,04:13 – 17.
[5] 陈德来,焦进,张德富. 并行仿真任务的自动生成软件[J]. 计算机研究与发展,1996,03:186 – 191.
[6] 王宏力,邓方林,王忠. 面向连续系统并行仿真的任务调度算法[J]. 系统仿真学报,1999,02:9 – 13.

第 5 章

作战并行仿真任务分割方法

真实的作战系统是一个并行的系统,在各个作战阶段,各种实体的作战行为一直并行地进行着,这些实体通过交互来影响相互的状态。根据第 2 章对作战系统并行性度量的研究,作战系统的最大并行度是作战系统中实体数量,而实际并行度是作战系统中某一个时间段内能并行执行作战行为且拥有局部时间的实体数量。

作战仿真系统的并行性源于作战系统的并行性,交战双方拥有众多的作战实体,一般来说,作战仿真系统的最大并行度远小于作战系统的最大并行度。在作战仿真系统设计、开发、实现的过程中,会通过某种组织形式,在仿真中将一定数量作战实体的作战行为进行串行处理,形成多个仿真任务,而这些仿真任务是并行运行的。

作战仿真系统模型众多、关系复杂、开发周期长,开拓现有仿真系统的并行性以实现并行仿真,对作战仿真系统来说是一种现实的做法。

5.1　并行的世界观

随着向众核(Many‑Core)处理器时代的迈进,对并行方法的有效使用已成为还原模型本质、提升应用性能的关键。

传统模型开发常陷于顺序序列的构思中,在串行的计算机模型开发中,程序控制有一个清晰的流程,编码人员知道数据被访问和更改的方式,并了解其中的依赖关系。对此,Intel 软件与服务事业部首席工程师 Henry Gabb 谈到:"在并行开发中这些完全被抛之脑后,你现在需要考虑一个临时组件。你必须思考如何同时执行多个指令,以及这些指令会对你的数据结构、变量、算法及其他一切产生什么影响。"

同样,Intel 微处理器技术实验室首席工程师 Tim Mattson 也表示:"在并行开发中,有多个状态会同时发生和改变。依赖关系也会发生变化。你必须清楚地掌握这些情况。这一方面正是在理解并行程序的过程中你必须经历的改变的核心。"

这需要改变建模的模式,需要考虑的关键问题是数据访问,必须高度注意避免发生数据损坏的情况,并行执行和访问数据的时间没有确定的顺序。操作系统和仿真引擎负责对线程、进程进行分配,而它对于数据访问模式一无所知,并行程序中唯一的顺序是利用同步方法明确创建的。建立仿真模型时,只要是有自己独立的时钟,就应该有独立的数据访问权限。

5.2　完全并行机制

5.2.1　作战系统的并行性

作战系统的并行性是由作战的特点决定的。战争由一系列战斗组成,敌我双方参战力量众多,作战地域广阔,各种作战力量有不同的作战行为。敌我双方通过指挥控制,以不同的形式组织各种作战力量,实现双方的对抗,这些组织形式体现了作战系统的并行特征。

作战系统并行性的基本形式是各个作战实体间的并行,这些作战实体拥有局部时间描述功能。拥有并行特性的作战实体是各种级别的作战力量,其粒度由编成的最小单位决定,当编成最小单位到单装或单兵时,各装备、人员的作战行动具有并行性。

通过指挥控制,作战组织形式体现了作战系统拥有多个角度的并行特征,具体体现在如下方面:

(1) 战斗的并行性。作战行动包含着多个战斗,是诸战斗的全局,它既为战斗规定任务,提出完成任务的要求,在一定程度上决定着战斗的性质、目的、任务和行动,又直接运用战斗,为战斗的成败所影响。在作战行动中,同一时间进行的战斗之间存在并行性,先后进行的战斗之间如果没有影响,也存在并行性。

(2) 作战行为的并行性。作战系统中,有各种类型的作战实体,这些实体有不同的作战任务,会执行不同的作战行为,这些作战行为包括:指挥行为、通信行为、侦察行为、火力行为、作战保障行为、后勤保障行为以及装备保障行为等。在同一时间内,各种作战实体会并行地执行这些作战行为,这些作战行为之间是并行的。

(3)作战编成的并行性。作战力量的作战编成,是依据一定的任务和要求对军事力量参加作战的组织系统及其人员、武器装备的规定,其根本目的是将各类作战力量组成一个有机的整体。按照作战方案,各种作战编成力量同时执行不同的作战任务,因此不同的作战编成之间存在并行性,可以根据作战编成对作战力量的组织形式描述作战系统的并行特征。

(4)作战地域的并行性。作战地域是敌我双方在三维空间进行对抗活动的空间场所,它不仅包括陆地地域,还包括与其相关的空域、海域和电磁领域。一次战役有多个作战方向,在不同作战方向上的作战行动相互影响可能较小;一次作战行动可能有多个战斗,同一时间进行的战斗处在不同的作战地域上;根据作战方案,各种编成力量部署在不同的作战地域上,因此各个作战地域上不同的作战力量、不同的战斗行动以及不同的作战行为都是并行的。所以,可以根据作战地域描述作战中的并行性。

5.2.2 作战仿真系统的并行性

作战仿真系统的并行性由作战系统的并行性决定,具体形式是各个仿真任务的并行执行特性。作战系统的并行特征由作战实体决定,是客观存在的,而仿真试验的并行性受到仿真系统开发活动和仿真试验设计的影响,有多种形式组织仿真试验,也有多种形式对不同作战实体的作战行为进行串行处理,从而形成了多个方面的并行特征。

在作战仿真中,仿真试验设计决定了仿真系统的运行有多种并行方式,这种并行是仿真系统在运行上的并行,对任何仿真系统都能实现仿真运行上的并行。由仿真试验设计决定的仿真并行性包括如下内容:

(1)多个作战方案仿真的并行性。作战仿真中,需要对多个作战方案进行仿真,以验证不同作战方案下装备应用的规律,预测装备战损以及弹药消耗情况。多个作战方案的作战仿真任务相互之间没有关联,是完全可以并行执行的。可以以各个作战方案的作战仿真任务为基本任务单位,直接通过均匀的任务划分,实现多方案的并行仿真。

(2)多样本仿真的并行性。作战系统中大量的随机事件造成了作战行动的不确定性。为了体现这种不确定性,需要建立作战仿真系统中的随机事件模型,通过多次作战仿真,寻求装备应用的统计性规律。各次作战仿真任务是可以并行执行的,这就形成了作战仿真任务的多样本并行。

(3) 多个战斗仿真的并行性。多个战斗之间可能是并行进行的,这种并行的战斗,在仿真系统中的仿真任务也是并行的,可以同时执行。对于多个战斗来说,每一个战斗都有作战方案,所以多个战斗的并行仿真和多个作战方案的并行仿真可以采用同一种形式处理,以各个战斗的作战仿真任务为基本任务单元,直接通过均匀的任务划分,实现多个战斗的并行仿真。

上述并行是仿真系统运行上的并行,可以通过试验设计来实现,最根本的并行,是在现有作战仿真系统设计、开发的基础上,研究作战仿真任务的并行实现,所以只针对仿真系统的并行性研究作战并行仿真的方法,作战仿真系统有如下并行特性。

1. 功能模块的并行性

功能模块是指仿真人员根据作战系统的功能、结构所划分的作战仿真任务。

作战仿真系统的功能模块,是对作战系统中各种实体、行为、交互等的综合性描述,作战仿真系统包含多种功能模块,也习惯用功能结构图来描述一个系统。在作战仿真系统的需求定位、设计、开发、运行、维护等各个环节,都是按照仿真系统功能模块体系的特点组织实现的。在上述各个环节,各功能模块之间存在着天然的并行性。

2. 作战编成的并行性

作战仿真系统要对作战系统中的各种作战力量进行建模,并体现这些作战力量的组织结构及相关关系。仿真系统的运行也要反应敌我双方有组织的对抗活动,敌我双方的对抗,是双方指挥机构通过作战编成的组织形式指挥与控制各级编成力量实施战役作战行动的过程。作战仿真系统中,按照作战想定,通过仿真作业,实现仿真系统的作战编成,各种编成力量之间存在着并行性。作战仿真系统内,作战编成的并行性,是指按照作战编成,将不同的实体分割、合并,其仿真模型形成不同的仿真任务,这些依靠作战编成区分的仿真任务之间存在并行性。

3. 作战地域的并行性

根据作战想定,各种编成力量分别部署在不同的作战地域上,不同作战地域上的作战力量在同一时间有不同的作战行为,因此不同作战地域上的作战力量之间存在着并行性。作战仿真系统内,作战地域的并行性,是指将作战地域分割、合并成多个不同的区域,各个区域上的实体的仿真模型形成不同的仿真任务,这些按照不同作战区域组织的仿真任务之间存在并行性。

在作战仿真系统设计、开发、实现的各个环节中，以功能模块的设计、开发和实现为主线，建立各种类型作战行为的仿真模型，形成各种作战行为的功能模块。以功能模块的划分为基本组织形式，功能模块具有天然的并行性，这形成了系统初步的并行特征。

在仿真过程中，可以根据作战编成和作战地域进行作战仿真任务的初步划分。依据各种作战编成力量的部署情况，进行粗粒度的划分；再结合作战编成的特点，进行进一步的划分；如果任务划分的粒度还不能满足要求，可以结合作战编成和功能模块实现仿真任务较细粒度的划分。由此可见，3 种并行仿真任务划分的方法相互之间有交叉划分的范围，按照粒度粗到细的划分方式，依次应用作战地域、作战编成和功能模块的并行仿真任务划分方式，可以实现较为理想的并行仿真系统。

5.2.3 并行仿真程序的分割模式

并行仿真使用多进程、多线程来使得多个操作能够同时运行。并行仿真任务分割，主要包括仿真系统中的进程、线程设计，开发和部署以及进程、线程间相互协调和各自的操作。

不熟悉并行仿真建模的开发者通常对例如面向对象的传统的编程模式感到非常适应。在传统的编程模式下，程序以预先定义的起点开始运行，如 main 函数，然后接连地做完一系列任务。如果程序依赖用户交互，主要的工作代码通常封装在一个处理用户事件的循环里。

当设计这样的计算机模型时，开发者喜欢一个相对简单的编程模式，因为在任意一段给定的时间内只有一个事件发生。如果仿真任务必须按某种方式顺序运行，开发者必须在这些事件上特意安排顺序。在这个过程的任一时刻，程序运行一步接着下一步，最终基于预先确定的参数到达一个预见的结果。

从这种线性的模式到并行编程模式，开发者必须重新思考程序的过程流。相比顺序执行序列限制，开发者应该识别出那些能被并行化的行为。

要这样做，必须把程序看作一组相互间有依赖关系的任务。把仿真程序分解成一些独立的任务并识别这些任务间的依赖性，这就是并行仿真程序的分割。

5.2.4 问题及挑战

使用多进程、多线程通过允许两个或多个行为同时发生使得并行仿真能够显著改进性能,并更真实地描述仿真对象的并行性。然而,我们不能不认识到多进程、多线程增加了仿真系统的复杂性。

这种复杂度源于仿真程序中多个行为发生的性质,管理和同步这些行为以及它们可能的交互使我们面临下面4种问题:

(1)同步是两个或多个进程或线程协调的过程。例如,一个进程或线程在继续运行前等待另一个完成任务。

(2)交互代表与进程或线程间交换数据相关的带宽和延迟问题。

(3)负载均衡表示任务在多个进程、线程间的分配,因此它们都处理基本同样的工作量。

(4)可扩展性是当软件在更先进的系统上运行时高效利用许多进程以及线程的挑战。例如,如果一个程序被编写来充分利用四核处理器,当它在一个八核处理器上运行时它是否能适当地扩展。

上述每个问题都必须被仔细地处理来最大化程序的性能。

5.3 基于无向图的任务分割方法

在进行作战并行仿真任务分割时,需要有一种抽象的方法描述各种仿真任务、通信交互之间的关系,可以采用无向图来表示,因此对任务分割的研究工作转成对无向图分割的研究,即对图进行划分和分配,使得问题得到简化。

在一些研究文献中,虽然对计算任务的自动分割算法进行了详细的阐述,并提出了一些任务分割的依据,但是基于无向图分割的问题是一个 NP 完全问题,每次分割都要对整个无向图进行遍历,这无疑使得分割工作的复杂度加大。

为了描述简单和方便,对问题的条件进行如下假设。

5.3.1 假设条件

(1)无向图是带权值的平面图(图 5 – 1)。节点代表仿真任务(可能是单个实体,也可能是多个实体仿真任务的组合,还可能是实体的部分模型),边代表交互关系,权值代表节点间通信的代价。

(2)假定当仿真任务开始运行时,无向图的连接(交互)都已处于就绪状态,初始状态下,将各个节点视作单点集。

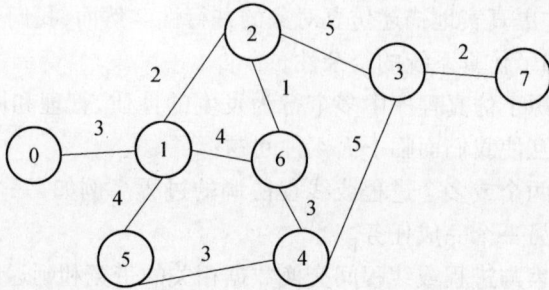

图 5 – 1 带权值的无向图

5.3.2 基于无向图的分割算法

对无向图的分割实际上就是要使得关键路径的长度最小。采用将节点合并的方法来获取最小的路径。一旦节点合并,它们的权值就默认为0,使得关键路径的长度减小。因而任务分割的关键在于选择恰当的节点进行合并。通常有3种策略:

策略1:关键路径上的多边合并。尽管多边合并的确可以最大化地减少关键路径的长度,但是很显然,当一边合并后,其他边不一定在新的关键路径上,也就是说不能真正地减少并行执行的时间。

策略2:合并权值最大的边。与多边合并不同,合并权值最大的边会使得原来的关键路径成为新的关键路径的子路径。这样的合并的确可以减少关键路径的长度,但是也增加了复杂度,未必能取得较优的结果。

策略3:低复杂度合并边。选择边进行合并,使得复杂度降低。

5.4 作战并行仿真任务描述方法

5.4.1 面向功能模块的并行性描述

5.4.1.1 面向功能模块的无向图模型

在现实世界中有许多事情可以用无向图来描述,在这种用点和点之间的连线构成的图形中,节点与节点间的关系正好可以表达我们关心的仿真系统各功能模块本身的特征和相互之间的联系特征。

在作战仿真功能模块划分的基础上,可以实现作战仿真任务的各逻辑进程,这是对作战仿真任务的原始分割。在功能模块之间的信息流图或逻辑进程之间的数据流图基础上,建立作战仿真功能模块的无向图模型,用图论中的各种图来表示各仿真子任务之间的关系,在无向图模型的基础上,研究作战仿真任务分割的方法。

根据对作战仿真系统中功能模块的描述,以红方为例,作战仿真系统的功能模块可以用图 5 - 2 所示的无向图描述。

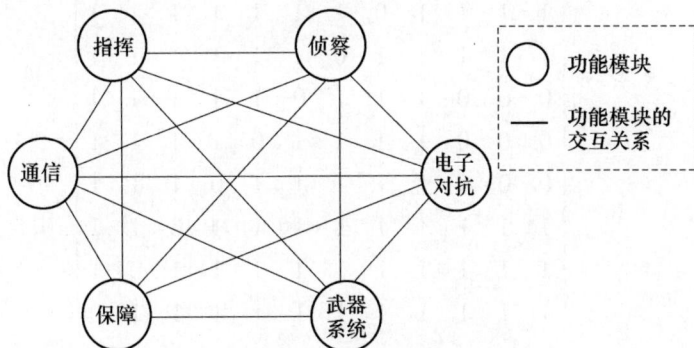

图 5 - 2 红方内部无向图

红蓝双方功能模块的无向图,如图 5 - 3 所示。

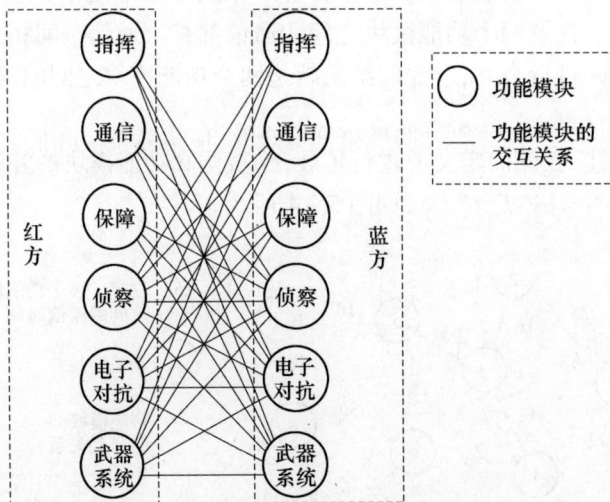

图 5 - 3 红蓝双方的无向图

根据红蓝双方的内部无向图和外部无向图,则红蓝双方作战仿真功能模块的邻接矩阵为

$$
\boldsymbol{D} = \begin{bmatrix}
0 & 1 & 1 & 1 & 1 & 1 & 0 & 0 & 0 & 1 & 1 & 1 \\
1 & 0 & 1 & 1 & 1 & 1 & 0 & 0 & 0 & 1 & 1 & 1 \\
1 & 1 & 0 & 1 & 1 & 1 & 0 & 0 & 0 & 1 & 1 & 1 \\
1 & 1 & 1 & 0 & 1 & 1 & 1 & 1 & 1 & 1 & 1 & 1 \\
1 & 1 & 1 & 1 & 0 & 1 & 1 & 1 & 1 & 1 & 1 & 1 \\
1 & 1 & 1 & 1 & 1 & 0 & 1 & 1 & 1 & 1 & 1 & 1 \\
0 & 0 & 0 & 1 & 1 & 1 & 0 & 1 & 1 & 1 & 1 & 1 \\
0 & 0 & 0 & 1 & 1 & 1 & 1 & 0 & 1 & 1 & 1 & 1 \\
0 & 0 & 0 & 1 & 1 & 1 & 1 & 1 & 0 & 1 & 1 & 1 \\
1 & 1 & 1 & 1 & 1 & 1 & 1 & 1 & 1 & 0 & 1 & 1 \\
1 & 1 & 1 & 1 & 1 & 1 & 1 & 1 & 1 & 1 & 0 & 1 \\
1 & 1 & 1 & 1 & 1 & 1 & 1 & 1 & 1 & 1 & 1 & 0
\end{bmatrix} \qquad (5-1)
$$

当确定完各个功能模块之间的通信时间之后,代替邻接矩阵中的1,便得到作战仿真功能模块的交互关系矩阵,可以根据交互关系矩阵和各个功能模块的计算量进行并行仿真任务划分。

按照 BSP 并行计算模型,在功能模块计算执行结束之后,进行各个功能模块之间的通信。任意两个功能模块之间的通信都是与通信时间相关的,所以,在这里将通信时间进行合并,合并的结果就是两个功能模块之间的通信需求,在无向图上表现为权重。

为方便描述,在图的定义上进行扩展,作战仿真功能模块的并行关系可以用一个图来表示 $G = (V, E, C, D)$,如图 5-4 所示。

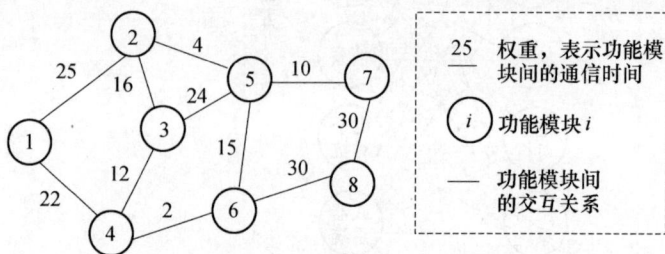

图 5-4 功能模块的并行示意图

$V = \{v_i\}$, $(i = 1, 2, \cdots, m)$, 是无向图中顶点的集合,用来表示各个仿真功能模块, v_i 表示第 i 个任务,在图中用 i 标识。

$E = \{e_{ij}\}$, $(v_i \in V, v_j \in V)$, 是无向图中边的集合, v_i 和 v_j 之间的连线表示功能模块 i 和 j 存在相关性,即两个仿真功能模块之间有通信需求。

$C = \{c_i\}$, $(i = 1, 2, \cdots, m)$, 表示功能模块的计算时间, c_i 表示任务 v_i 的计算时间。

$D = \{d_{ij}\}$, $(v_i \in V, v_j \in V)$, 表示功能模块之间通信的数据量的集合, d_{ij} 表示功能模块 v_i 和 v_j 之间的通信时间,当 $i = j$ 时,表示是同一个任务,通信时间为 0。

上述表示方式中, C 可以用数组表示, $\boldsymbol{D}$ 可以用邻接矩阵来表示,即

$$\boldsymbol{D} = \begin{bmatrix} 0 & 25 & 0 & 20 & 0 & 0 & 0 & 0 \\ 25 & 0 & 16 & 0 & 4 & 0 & 0 & 0 \\ 0 & 16 & 0 & 12 & 24 & 0 & 0 & 0 \\ 20 & 0 & 12 & 0 & 0 & 2 & 0 & 0 \\ 0 & 0 & 24 & 0 & 0 & 15 & 10 & 0 \\ 0 & 0 & 0 & 2 & 15 & 0 & 0 & 30 \\ 0 & 0 & 0 & 0 & 10 & 0 & 0 & 30 \\ 0 & 0 & 0 & 0 & 0 & 30 & 30 & 0 \end{bmatrix} \qquad (5-2)$$

邻接矩阵描述了图中各个节点之间连线的权重,实际上就是仿真系统中各个功能模块之间的通信量。

5.4.1.2 作战仿真功能模块的并行特性

在无向图模型描述功能模块之间并行关系的基础上,使用下面几个指标来刻画一个功能模块的并行特性。

功能模块均衡度 α:各个功能模块计算时间 c_i 的最大值与平均值的比值,可以描述功能模块计算时间分布的均衡程度。

$$\alpha = \frac{\max(c_i)}{\sum\limits_i c_i / n}, (i = 1, 2, \cdots, m) \qquad (5-3)$$

由式 $(5-3)$ 可见,功能模块均衡度是评估功能模块分割的依据。

连接强度 L:无向图中各个边的权重之和,直接用各个功能模块间的通信时间之和描述整个系统的内部联系。

$$L = \sum\limits_{i,j} d_{ij} \qquad (5-4)$$

定功能模块的连接强度 L_i：某一个功能模块与其他功能模块之间的通信时间之和，用以描述该功能模块与整个系统之间的联系。

$$L_i = \sum_j d_{ij} \qquad (5-5)$$

功能模块内部连接强度 $L(V')$：若 $V' \subseteq V$，V' 可视为一个子系统，可以用 $L(V')$ 描述该子系统内部的连接强度。

$$L(V') = \sum_{i,j} d_{ij}, (v_i \in V', v_j \in V') \qquad (5-6)$$

功能模块的计通比 γ：功能模块的仿真处理时间 c_i 与功能模块通信时间 L_i 的比值。

$$\gamma = \frac{c_i}{L_i} \qquad (5-7)$$

描述功能模块计算代价和通信代价之间的关系，如果比值很小，而通信代价 L_i 很大，可以考虑冗余处理，但事先要协调在各个模块中的使用，不能产生冲突。

5.4.2 面向作战编成的并行性描述

5.4.2.1 作战编成树及其对抗描述

作战编成的层次结构是一个树形结构，如图 5-5 所示为某方向作战群的编成。

作战编成正好可以用树来表示。

用树状图描述作战编成的层次结构，各个节点用来描述本级编成单位所有的编成力量，可以用两棵树及其相互的交互关系来表示敌我双方的对抗，如图 5-6 所示。采用编成树描述红蓝双方的编成力量及作战交互时，红蓝双方各编成力量的交互关系用叶子节点之间的交互来描述。

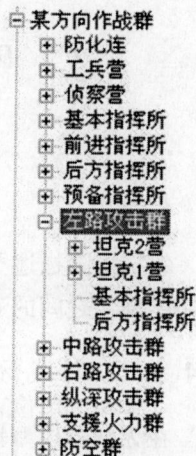

图 5-5 某方向作战群的编成树

图 5-6 中，红方左路攻击群和蓝方坦克 1 营之间的交互为下级作战单位之间的交互关系的总和。

编成树对抗图是由两棵树构成的，编成树对抗图中各编成力量之间的并行关系可用图形表示。

$$G = (V, V', E, E', C, C', D, D', D'')$$

$V = \{v_i\}, (i = 1, 2, \cdots, m)$，是红方编成树中顶点的集合，表示各个编成单位，$v_i$ 表示第 i 个顶点。

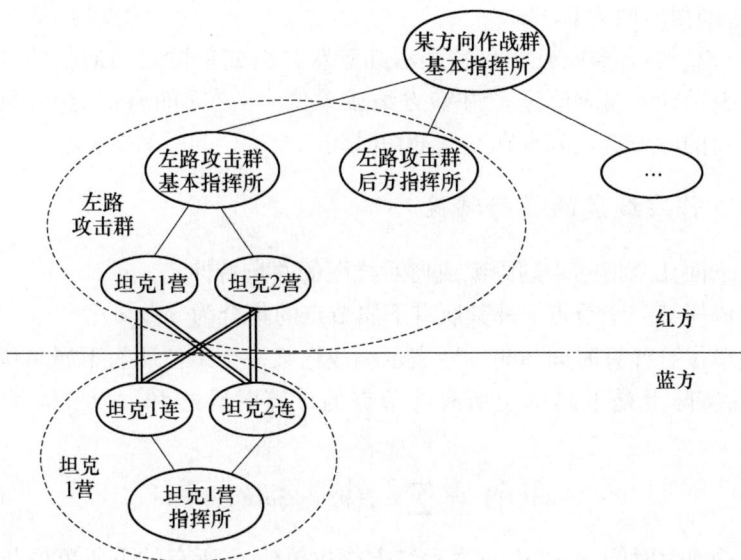

图 5 - 6　编成树对抗图

$E = \{e_{ij}\}$, $(v_i \in V, v_j \in V)$, 是红方编成树中树枝的集合, v_i 和 v_j 之间的连线表示编成单位 i 和 j 是上下级关系, e_{ij} 表示两个编成单位之间的通信时间。

$C = \{c_i\}$, $(i = 1, 2, \cdots, m)$, 表示仿真模型中红方编成单位的计算时间, c_i 表示编成单位 v_i 的计算时间。只有叶节点描述的作战编成在仿真模型中有计算时间。

$D = \{d_{ij}\}$, $(v_i \in V, v_j \in V)$, 表示红方编成单位之间通信的数据量的集合, d_{ij} 表示红方编成单位 v_i 和 v_j 之间的通信时间, 当 $i = j$ 时, 表示是同一个编成单位, 通信时间为 0。

$V' = \{v'_a\}$, $(a = 1, 2, \cdots, m')$, 是蓝方编成树中顶点的集合, 表示各个编成单位, v'_a 表示第 a 个顶点。

$E' = \{e'_{ab}\}$, $(v_a \in V', v'_b \in V')$, 是蓝方编成树中树枝的集合, v'_a 和 v'_b 之间的连线表示编成单位 a 和 b 是上下级关系, e'_{ab} 表示两个编成单位之间的通信时间。

$C' = \{c'_a\}$, $(a = 1, 2, \cdots, m')$, 表示仿真模型中蓝方编成单位的计算时间, c'_a 表示编成单位 v'_a 的计算时间。只有叶节点描述的作战编成在仿真模型中有计算时间。

$D' = \{d'_{ab}\}$, $(v'_a \in V', v'_b \in V')$, 表示蓝方编成单位之间通信的数据量的集合, d'_{ij} 表示蓝方编成单位 v'_a 和 v'_b 之间的通信时间, 当 $a = b$ 时, 表示是同一个

编成单位,通信时间为0。

$D'' = \{d''_{ia}\}$,$(v_i \in V, v'_a \in V')$,表示红蓝双方编成单位之间通信的数据量的集合,d''_{ia} 表示红方编成单位 v_i 和蓝方编成单位 v'_a 之间的通信时间,只有红蓝双方编成树的叶节点之间存在交互通信时间。

5.4.2.2 作战编成的并行特性

定义下面几个指标来刻画编成树对抗图的并行特性。

记编成树某一个节点 v 及其所有下属节点的集合为 $\mathrm{Sub}(v)$。

编成单位总计算时间 $\mathrm{Sum}(v)$:表示编成树某一个单位所有下属单位的仿真计算时间,实际上是下属单位所有叶节点的计算时间之和。以红方编成树为例,则

$$\mathrm{Sum}(v_i) = \sum_j c_j,(v_j \in \mathrm{Sub}(v_i)) \qquad (5-8)$$

交互总通信时间 $\mathrm{Sum}(d_{ij})$:表示红方作战单位 v_i 所有的下属单位与蓝方作战单位 v'_a 所有的下属单位交互总的通信时间。

$$\mathrm{Sum}(d_{ia}) = \sum_{j,b} d''_{jb},(v_j \in \mathrm{Sub}(v_i), v'_b \in \mathrm{Sub}(v'_a)) \qquad (5-9)$$

内部连接强度 e_{ij} 或 e'_{ab}:表示某一方内部编成单位之间的交互通信时间。

内部分割均匀度 α 或 α':某一编成单位在仿真模型中的处理时间与己方所有编成单位在仿真模型中的处理时间平均值的比值,以红方为例,则

$$\alpha = \frac{c_i}{\sum_i c_i / m},(i = 1,2,\cdots,m) \qquad (5-10)$$

外部交互强度 L_i:某一编成单位与敌方所有编成单位通信时间的总和,以红方为例,则

$$L_i = \sum_b d''_{ib},(v'_b \in V') \qquad (5-11)$$

外部分割计通比 γ:某一编成单位在仿真模型中的处理时间与外部交互强度的比值,以红方为例,则

$$\gamma = \frac{c_i}{L_i} \qquad (5-12)$$

5.4.3 面向作战地域并行仿真的问题描述

作战地域并行仿真,是根据作战地域的分割,组织装备作战并行仿真任务的

划分,主要问题是保证在任务划分时,各个仿真任务的计算时间和通信时间是均衡分布的。

根据作战地域进行并行仿真,可以对各个作战区域对应的仿真任务做如下描述:

(1) 作战区域 A_i。对作战地域进行分割后,可相互分隔的作战区域共 m 个,记为 $\{A_i\}(i=1,2,\cdots,m)$。

(2) 作战实体 E_{ij}。假设作战区域 A_i 中共有 k_i 个实体,用 $\{E_{ij}\}$ 表示第 j 个作战实体。

(3) 作战区域 A_i 对应的仿真任务计算时间 C_i,为作战区域 A_i 内所有实体仿真模型的计算时间的总和。

(4) 作战区域 A_i 对应的仿真任务通信时间 D_i,为作战区域 A_i 内所有实体仿真模型和其他作战区域实体仿真模型通信时间的总和。

(5) 作战区域 A_i 和作战区域 A_j 所对应的仿真任务间的通信时间 D_{ij},则有

$$D_i = \sum_j D_{ij} \qquad (5-13)$$

(6) 仿真任务合并后平均任务处理时间 $\overline{C}$。

仿真任务合并后,对应 p 个作战区域,平均任务计算时间为

$$\overline{C} = \frac{\sum_{i=1}^{p} C_i}{p}, (i=1,2,\cdots,p) \qquad (5-14)$$

(7) 任务合并后,作战区域仿真任务的计通比 γ 为

$$\gamma = \frac{C_i}{D_i}, (i=1,2,\cdots,p) \qquad (5-15)$$

根据作战地域进行并行仿真任务划分,就是为了实现各个作战区域上实体模型的计算时间和通信时间的均衡分布。因此,作战地域并行仿真在任务分割时,主要追求各个分割的仿真任务的大计通比,在合并时,主要追求计算时间的均衡。

作战地域并行仿真任务合并是对仿真任务粗粒度的合并,而且任务划分是静态的,应用作战地域并行仿真任务划分一般用于并行仿真任务的初步划分。本章研究作战地域并行仿真任务合并的条件和合并步骤,以实现作战地域并行仿真任务的粗粒度划分。

5.5 作战并行仿真任务分割原则

5.5.1 面向功能模块并行仿真实现的方法

5.5.1.1 面向功能模块并行仿真的可实现性分析

根据并行仿真实现的方法,可以进一步细化各个功能模块,实现功能模块的并行分割;明确各个功能模块之间的交互关系,量化交互带来的通信需求,实现功能模块的通信描述;根据仿真系统的硬件条件,对分割的功能模块进行合并,再将合并的功能模块分配到各个仿真处理器上,实现功能模块仿真任务的合并与映射。

功能模块并行仿真可以按照并行计算设计过程实现,主要体现在以下几个方面:

(1) 分割的仿真任务。仿真系统的设计、开发是一个并行工程,根据任务分工,在设计、实现仿真系统的过程中,各个功能模块是并行实现的。并行仿真实现方法的第一步是实现问题的分割,其目的是尽量增加仿真任务并行执行的机会。各个功能模块的实现则是任务分割的初步实现,如果有需要,可以在功能模块并行性分析的基础上,进行更细化的分割。

(2) 确定的通信需求。在各个功能模块实现的过程中,需要分析功能模块间存在的交互,并协调各个功能模块之间的接口等,这个过程实际上也确定了各个功能模块之间的通信需求。如果有细化的需要,在进一步分割功能模块的基础上,再根据各个新的功能模块之间的交互关系,确定分割后的通信需求。

(3) 多种任务合并与映射的方法。根据仿真系统的软硬件特点和功能模块的并行特性,分割成多个仿真任务并确定了各个任务之间的通信需求之后,可以对仿真任务进行合并、映射。当仿真任务的数量大于处理器数目时,可以对任务进行合并,根据任务数量,合并有两种形式:一是增加问题描述的粒度,尽可能地进行自然合并;二是增加冗余任务。对于一些频繁调用的功能模块,如随机数模块,可以在多个处理器上重复运行,只要其算法保证整体上的分布符合客观规律即可。在合并完成后,可以将这些仿真任务映射到各个处理器。

(4) 仿真系统的逻辑关系。在进行任务分割、合并的过程中,需要对仿真系统内一些串、并行事件进行特殊的处理,在第2章已经介绍了这些事件的处理方法,处理后不存在因果倒序的问题,仿真系统的逻辑关系就不会受到影响。

5.5.1.2 面向功能模块并行仿真任务划分的方法

进行功能模块并行仿真的基本思想:在整个作战仿真系统功能模块分割的基础上,根据各个功能模块的计算时间特征、通信特征,合并成处理时间和通信时间均匀的功能模块,然后将这些功能模块分配到不同的处理器上同时执行,从而减少总的仿真程序运行时间,提高仿真速度。如图5-7所示,假设有4个处理器,可以将红方的功能模块划分到4个处理器上运行,实现并行仿真。

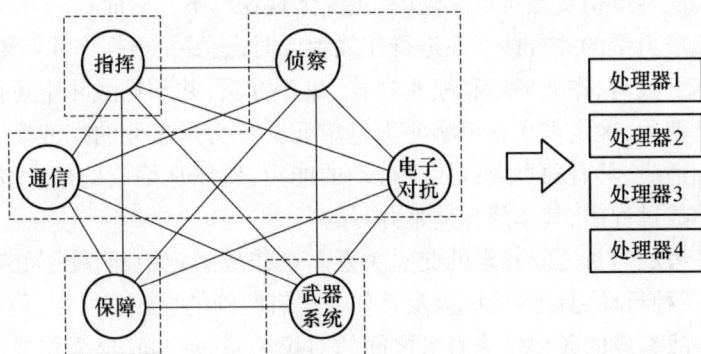

图5-7 功能模块并行仿真的基本思想

面向功能模块并行仿真时可以采用如下方法。

(1) 功能模块的冗余处理一些功能模块会和多个功能模块之间有交互关系,如随机数模块,在每一个功能模块中都可能被随时调用。对于这类功能模块,可以在其他功能模块所在的仿真任务中建立冗余的仿真模型,实际上是将一个功能模块“复制”成多个相同的功能模块。在不同的仿真任务中运行,通过相互协调,保证该功能模块逻辑关系上的一致性这种方式实际上是以存储空间和计算时间换取通信时间。

(2) 功能模块的通用性处理。功能模块实际上和计算机模型是对应的,在开发功能模块时,一旦功能模块的功能、性能、接口设计完毕,在开发功能模块时,应该充分考虑功能模块的通用性,即能满足一定范围内各种作战样式、作战规模的仿真,功能模块能描述各种层次、各种类型的装备、机构、人员,这种通用性可以使功能模块的分割和合并更加方便,不用做大的修改就能适应新的仿真任务。

5.5.2 面向作战编成并行仿真实现的方法

5.5.2.1 面向作战编成并行仿真的可实现性分析

在作战组织形式上,双方都是根据作战编成进行的,各个作战编成力量之间既有相互配合又有独立行动。根据作战编成进行并行仿真,是按照作战编成的结构特点,挖掘仿真系统的并行性,并根据各个仿真任务的计算时间和通信时间特征,进行任务合并以达到计算时间和通信时间的均衡分布,提高整个仿真系统的并行运行效率。

作战编成并行仿真是可以实现的,主要体现在以下几方面:

(1) 编成力量的并行性。在进行作战编成时,主要是根据作战需要,依据战斗任务、性质、敌情、作战环境和战斗样式、战斗方法,并预见战斗中可能出现的情况和力量使用,确定需要编组哪些力量单元。各力量单元的作战实力与其承担的任务相适应,具有独立遂行战斗行动的能力,所以从编成的角度看,各种编组力量在作战过程中,其作战行动是并行的。

(2) 各编成力量之间确定的交互关系。在作战想定中,明确了红蓝双方的初始编成,各种行动力量的构成以及其任务也有明确的描述。所以,仿真系统内红蓝双方作战编成的各种作战力量之间的对抗关系很明确,根据作战仿真系统各个模型之间的交互关系,可以确定仿真系统内各编成力量在仿真运行时的计算时间和各个编成力量之间的通信时间,通过这些定量化的描述可以实现并行仿真的任务分割和任务合并。

(3) 作战力量结构的相似性。根据作战编成对作战系统进行分割、合并的描述再现了指挥人员组织作战力量、运用作战力量的过程。在进行作战编成时,各级指挥人员是根据具体的作战任务和能运用的作战力量的作战特点进行编成的,在作战实施阶段,指挥人员根据作战编成的层次结构进行战役指挥。所以,根据仿真系统和作战系统在作战力量结构描述上的相似性,可以按照作战编成进行仿真任务分割、合并,实现并行仿真。

(4) 直观的作战编成并行仿真。因为战争是以作战编成为组织形式的作战力量之间的对抗,不管采用什么方式建立系统的模型,不管在概念模型上如何描述作战系统,都可以按照编成结构组织仿真模型,描述作战系统。按照作战编成的层次结构,实现并行仿真,会使整个仿真系统的结构更加直观。

(5) 多种实现作战编成并行仿真的方法。在作战仿真系统中,根据作战编成,先量化各个编成力量的仿真计算时间和编成力量之间的通信时间。在编成的某一方,交互主要是上下级之间的通信交互,双方的交互可以用最底层的作战实体之间的交互来描述。所以,根据并行仿真实现方法,在依据作战编成进行仿真任务分割时非常方便,根据作战编成的层次关系,可以将仿真任务分割至任意编成级别。作战编成是和具体的作战任务联系的,在进行仿真任务合并时,可以根据作战任务中具体的交互关系,实现多种合并,如单独对红蓝一方的编成进行合并,或者将某一次作战任务中涉及到的红蓝双方编成力量合并到一个仿真任务中去。

(6) 仿真任务分割可达到作战系统的最大并行度。作战系统的最大并行度是作战系统内的实体数量。细化到最小编成单位后,编成树可以描述各个作战实体构成的层次结构。随着技术的进步,当仿真系统的硬件条件具备,能够提供处理器数量时,通过作战编成并行仿真任务分割,可以使仿真系统和作战系统拥有最大的并行相似度。

5.5.2.2 面向作战编成并行仿真任务划分的方法

根据作战编成进行仿真任务并行是根据并行仿真设计方法,依据作战编成结构特点,进行编成力量的分割,再确定各个作战力量参与仿真的计算时间和通信时间,最后根据编成力量进行仿真任务合并,将合并完的任务分配到各个处理器上。根据作战编成的层次特性,可以实现逐层的分割,可以分割到最小的作战单位为止。而任务合并则是根据计算时间和通信时间共同确定的,因此,可以将仿真系统中红蓝双方的作战编成单位合并到一个仿真任务中,以减少通信时间。实现方法如图 5-8 所示。

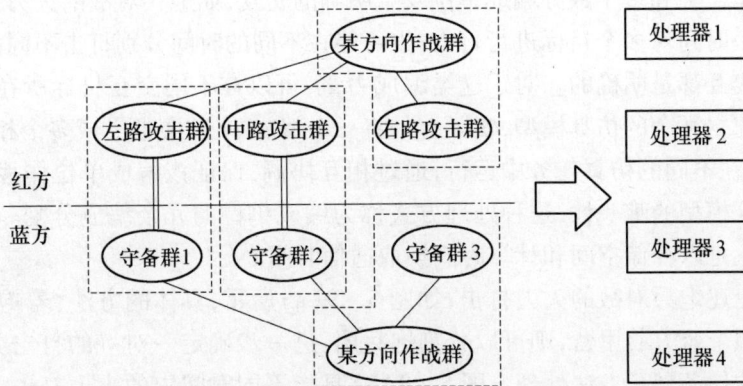

图 5-8 作战编成并行仿真的基本思想

在根据作战编成进行仿真任务并行时可以采用如下方法。

(1) 作战编成数据与仿真模型分离。作战编成数据,是根据具体的作战目标和作战任务,对己方的作战力量进行组合编配的结构及组成的描述,作战编成产生仿真所需的数据,而不是仿真模型。因此,作战编成数据和仿真模型分离,便于作战仿真模型的设计与实现,同时,便于仿真系统适应多种作战样式、作战方案的仿真。在进行并行仿真时,可以根据编成数据进行任务的分割和合并,分割与合并的结果是对编成结果数据的重新分配,即使编成结构发生动态变化,也不会影响仿真的并行运行效率,从而便于并行仿真的实现。

(2) 简化交互关系。基本假设是:在作战过程中,各级作战单位主要和上下级单位之间存在大量通信,与其他单位的通信很少;可能存在越级指挥的现象,但越级指挥的通信可以归并到上下级指挥的通信中。所以,可以简化作战编成中的单位在己方的内部交互关系,按照编成的结构,忽略作战单位和上下级之外作战单位间的通信。

(3) 分离出全局交互的作战单位。所谓全局交互,是指除了明确的交火关系外,某个作战单位可能会和对方其他所有的作战单位发生交互,这里称该作战单位为全局交互单位,如电磁干扰、空中支援力量等。对于这些全局交互单位,在建模时需要分离出来,单独建立模型。并在其他的实体模型中设计接口,能够通过临时消息激活等方式动态地和这些全局交互单位产生交互。当出现交互时,激活交互,和所有可能的交互对象产生交互关系;任务完成后,关闭模型的运行,与其他单位的交互也关闭,这样可以减少交互的通信时间。

(4) 作战编成的冗余处理。方法(3)针对交互关系不明确的作战单位,一些作战单位会和多个敌方编成单位发生明确的交互,如炮兵对敌的火力打击,可能在同一时间对多个目标进行打击,也可能在不同的时间分别打击不同的目标,但这些交互都是明确的。对于这类编成力量,可以在不同交互目标所在的仿真任务中建立冗余的仿真模型,实际上是将一个编成单位"复制"成多个相同的编成单位,在不同的仿真任务中运行,通过相互协调,保证该编成单位作战行为模型和交互模型的唯一性,这种处理方式称为编成单位的冗余编成分割。这种方式实际上是以存储空间和计算时间换取通信时间。

如上述炮兵对敌的火力打击,如图5-9(a)所示,具体的方法:若炮兵团同时打击两个蓝方装甲营,则可以分割炮兵团,进一步确定一对一的打击关系,按照一般的任务划分方法处理。图5-9(b)是指不同时间内的火力打击,依据蓝方装甲营编成结构实施任务分割,在各个任务中建立冗余的炮兵团仿真模型,各自和上级单位联系,协调这些冗余模型之间的协作关系,当一个炮兵团模型运行时,另外两个关闭。这种仿真模型的冗余处理可以减少通信时间,并没有增加仿真系统总的计算时间,实质是以存储空间换通信时间。

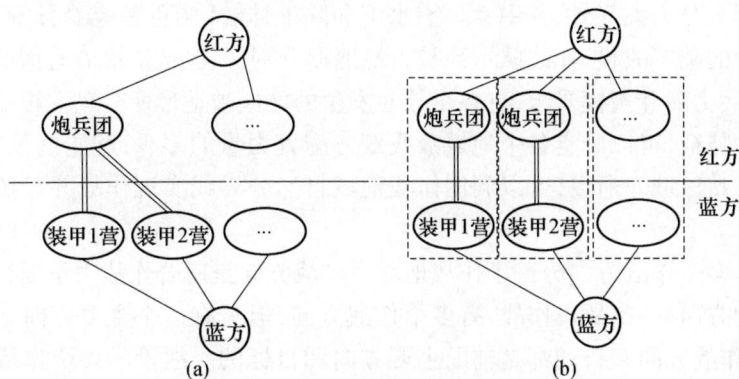

图 5 - 9   编成力量的冗余模型处理
(a) 一对多的交互关系;(b) 冗余的仿真模型。

5.5.3   面向作战地域并行仿真实现的方法

5.5.3.1   面向作战地域并行仿真的可实现性分析

各种实体在作战地域上是存在着空间的并行,作战地域中的位置是刻画各个作战实体局部性和独立性的另一个要素,作战实体的局部性和独立性使各个作战实体的作战行动是并行的。因此,在作战仿真中根据作战地域描述各个作战实体的行为、交互,可以实现对作战实体的并行仿真。

作战地域并行仿真的实现是可行的,主要体现在以下几个方面。

(1)各种作战力量是按照地域进行部署的。作战力量的部署,是对建制和配属的兵力所作的任务区分、兵力编组、行动序列和配置的规定。确定兵力部署,是指挥员组织战斗的一项重要内容,也是指挥员实现战斗决心的一项重要措施。兵力部署是否得当,对于充分发挥参战诸军兵种部队的战斗效能,达成进攻战斗的目的,具有重大的影响。作战指挥人员需要根据战场情况的变化,改变作战力量部署的方法和内容,使之适应作战的需要。

(2)在作战部署上,较大规模的作战编成力量之间有明显的分界线。信息化作战条件下的战场空间广阔,随着远距离攻击武器的发展和远程运输能力的提高,作战地域不断扩大。大型战役的作战地域可以分为不同的战区,小型战役的作战地域也可以根据不同类型作战力量的部署情况标出分界线。可以根据作战地域实现对编成力量的分割。

（3）战场存在着自然分界线。战场存在着自然分界线，除去电磁等维度，三维从高程上分为大气外、空中、海上、水下和陆上，陆战场更是容易分割，如在山地地形中的陆军战役，作战队形易被山地地形分割，只能被迫沿着有限的通道实施进攻，兵力展开规模受限，且各个战斗发生的区域被地形所分割。根据作战地域的地理特征，可以确定各个地域敌我双方配置力量的多少，配置的位置，发生战斗的大致区域。所以，可以利用作战地域自然分界线实现作战并行仿真任务分割。

（4）多个作战方向分割了作战地域。作战方向是联合作战力量遂行作战任务的行动方向，一次战役作战，有多作战方向，但只有一个主要方向和主要目标，其他作战方向和行动都是辅助主要方向和目标的。战役的多个作战方向决定了多个作战地域，在各个作战方向上，各个作战力量也分主攻方向和助攻方向、主要防御方向和非主要防御方向。这种在作战方向和作战任务上的逐层划分形成了作战地域逐层的划分。

5.5.3.2　面向作战地域并行仿真任务划分的方法

作战地域并行仿真方法，是根据并行仿真设计方法，根据作战地域的分布特点，首先将作战地域进行分割，得到各个分割的作战地域，再根据分割的作战地域进行仿真任务的划分，组织装备作战并行仿真，作战地域并行仿真任务划分的基本思想如图 5 - 10 所示。

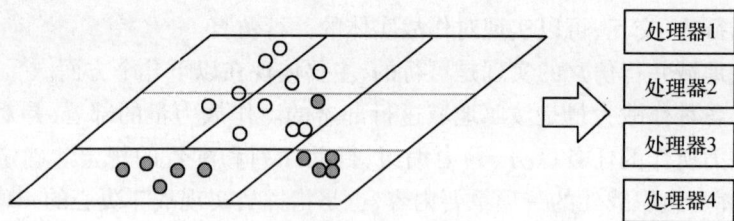

图 5 - 10　作战地域并行仿真的基本思想

作战地域是可以无限分割的，可以分割到某一个作战地域上只部署了最小的作战单位为止。在进行仿真任务合并时，通过各个分割的作战地域上作战实体之间的交互确定各个分割的仿真任务的计算时间和通信时间，再确定任务合并的方案。

根据作战地域进行装备作战并行仿真时，可以采用如下方法：

（1）各个仿真任务直接调用编成结构模型和各种功能模块。在每一块分割的作战地域上，可能会有各种类型的作战力量，以各种编成形式和其他作战地域上的作战力量进行交互。所以每个仿真任务应该包含各种类型的编成结构模型和各种功能模块，以描述作战地域上不同作战力量各种组织形式的作战行动。在仿真系统开发时，已经实现了各种仿真功能模块，同时，仿真系统也开发了编成结构的模型，以描述作战力量的组织形式，并用于指挥的仿真。所以，作战地域并行仿真任务划分时，可以在各个仿真任务中直接调用这些编成结构模型和各种功能模块。

（2）交互关系采用统一的描述。作战地域并行仿真任务所描述的作战实体有很大的不确定性和随机性，各种实体都可能在作战地域中出现，作战地域并行仿真任务可以采用统一的模型来描述，这样，各个作战地域仿真任务之间的交互关系也可以采用统一的描述，有利于统计各个仿真任务之间最大的通信量。

（3）分离出多个作战地域作战的实体。联合战役条件下的作战，陆军、海军、空军、第二炮兵等作战力量均参与作战，陆军作战力量也拥有数量众多的飞行器，包括陆航直升机、无人侦察机等。这些作战力量活动范围广，作战地域跨度大，可能会在多个分割的作战地域中出现，和敌我双方多种作战力量之间都可能有交互。对于这类作战实体，应该将其单独处理，分离出来后，建立其与各种可能交互的作战量之间的交互关系模型，有利于作战地域并行仿真的组织。

（4）作战地域并行仿真的任务冗余处理。作战地域并行仿真中，也可以采用任务冗余处理的方法用计算时间换通信时间。这种仿真任务的冗余处理主要是针对计算时间短、通信时间长的任务，对于这类任务，在仿真任务合并时，可以进行冗余处理，冗余任务与原任务之间需要协调，避免出现实体重复而造成的逻辑错误。

（5）开发专用模型描述实体的"越界"行为。根据作战地域上实体的分布，组织并行仿真会出现一个特殊的情况：实体会在不同的仿真任务间"迁移"，这是由于作战实体在作战地域中的"越界"行为造成的，需要开发专用的模型描述实体的"越界"行为。因为各个仿真任务拥有各种编成结构模型和功能模块，而实体的"越界"行为是以最小编成单位为组织形式进行的。所以，可以开发专用模型以一种新的交互关系，来描述仿真任务间实体的"越界"行为。通过对"越界"行为的处理，可以使仿真任务的动态变化，实现仿真任务和作战地域的动态对应。

5.6 作战并行仿真任务分割方法

5.6.1 功能模块分割方法

在实现功能模块时,设计与开发人员将各个更小的功能模块集成到一起,而功能模块的分割是这个过程的逆过程。对于已有的功能模块来说,对其进行功能分割会涉及到对串行事件的并行处理,其处理方法在第2章中已经分析过,在分割时需按照该原则进行处理,以避免出现逻辑错误。

当功能模块的分割不满足要求时,需要进行进一步的分割,如图5-11所示。在图形描述的基础上,功能模块8计算时间过大,需要做进一步的分割,经过功能层次的分析,分割成8、9、10这3个子功能模块,这3个模块分别与原来的1~7模块之间的通信需要重新确定,图5-11中虚线表示的连接关系。

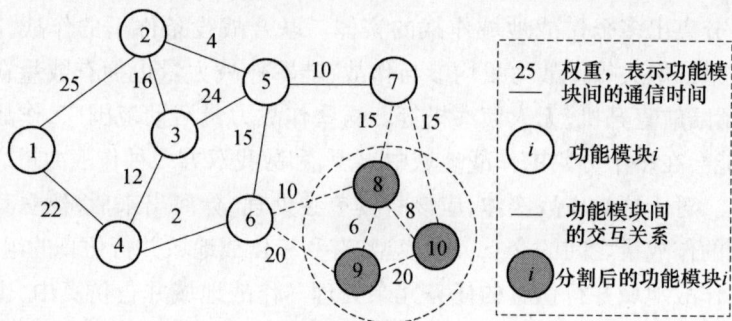

图5-11 功能模块任务分割的方法

5.6.1.1 分割的目标

对于一个系统来说,总是无限可分的。仿真系统功能模块的分割是为功能的合并服务的。只要能满足功能模块的合并需求,分割就算达到了目标。尽管并行仿真实现采取的是一个"分割—合并—分割"的循环过程,但还是希望能够尽快完成符合合并需求的分割,并减少过度分割给合并带来的麻烦。

为了提高仿真系统的并行度,每次分割都希望出现一个模块,其计算时间较大,而通信时间较小,这样的功能模块和其他的模块合并时,不会产生额外的通信需求。

对分割的目标进行量化,可以得到如下参考值。

（1）功能模块的数量 m。一般来说,功能模块的数量是处理器数量的两倍以上就可以了,功能模块过多,则描述功能模块的无向图过于复杂,其邻接矩阵过于庞大,不利于合并优化算法的实现。

（2）功能模块均衡度 $\alpha' = \dfrac{max(c_i)}{\sum_i c_i / q}$, $(i = 1, 2, \cdots, m)$、若 $\alpha' > 1$,意味着最大计算时间功能模块的计算需求已经超过了平均需求,必须进行分割。

当合并后发现现有的功能模块分割不能满足要求时,需要对功能模块进行重新分割,具体的分割目标则根据合并所遇到的问题制定。

5.6.1.2 功能模块分割的条件

功能模块分割的依据是各个实体的并行性。在进行功能模块设计、开发的过程中,按照功能层次的组织形式,将这些并行性都按照一定的先后顺序处理了。实现功能模块的分割就是重新体现一部分实体的并行性,并将这些并行的实体分布到不同的功能模块中,以提高仿真系统的并行度。

功能模块的分割实际上是为了提高仿真系统的最大并行度 DP_{smax}。但是在提高仿真系统最大并行度的同时,会增加仿真系统的通信开销,两者具有一定的矛盾性,可以按照以下条件指导功能分割。

1. 可分割条件

功能模块均衡度 α,当 $\alpha > 1$ 时,根据式（5-3）,说明某个功能模块的计算时间已经超过了平均值,可以对该功能模块进行进一步的分割。

功能模块内部连接强度 $L(V')$,对于任何 V',如果分析后发现内部各个功能子模块之间的连接强度较低,即 $L(V')$ 较小,那么这个功能模块可以进一步分割,而不会造成通信时间的增加。

功能模块的连接强度 L_i,该指标用来描述某一个功能模块与其他功能模块之间的连接紧密程度。对于任何 V',如果分析后发现内部有至少一个功能子模块与其他模块之间的连接强度较低,即 L_i 较小,那么这个功能模块可以进一步分割,分割的方法就是将这些连接强度较低的子模块分割出来。

计通比 γ,当某一个功能模块的 γ 很小,而 L_i 很大,可以考虑冗余处理,即将任务进行"复制处理",即复制一个该功能模块,处理好该模块与其他模块之间的协调关系,更要处理好该模块与"自身"模块的关系。所以,这种分割实际上是一种功能模块复制的分割,如图 5-12 所示,功能模块 8 与 6、7 的连接强度都很大,如果其计算时间较小,可以考虑"复制分割",复制后,需要分析 6、7 与两个新功能模块之间的连接关系,也需要分析两个新功能模块之间的连接关系(图5-12中虚线部分)。

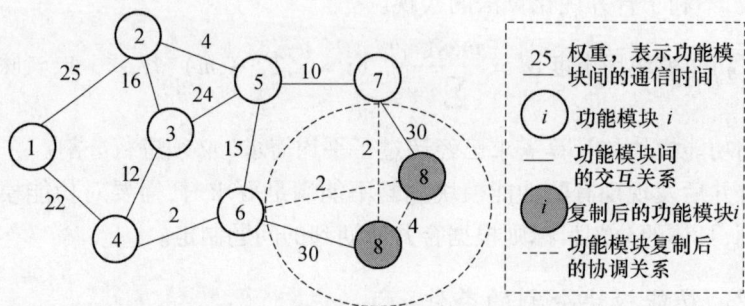

图 5 - 12   功能模块复制的分割示意图

2. 不可分割条件

在进行功能模块设计时,可能确实有一些功能模块不适合做进一步地分割,如果强行分割,会导致通信激增,反而得不偿失。这样的功能模块有如下特点。

功能模块内部连接强度 $L(V')$,对于任何功能模块 V' ,如果分析后发现内部各个功能子模块之间的连接强度很强,即 $L(V')$ 很大,且 V' 内部的功能模块的连接强度 L_i 都很大,那么这个功能模块不能在功能上做进一步分割。

由于分割的目标有多个,主要体现在整体的均衡性能上,而且,分割应该作为整个并行仿真实现的一环,而不是开始的一环,所以,上述条件不是绝对的。当合并之后,发现不能满足功能模块并行仿真均衡的需求,即达不到需要的仿真并行性,就需要对大的计算时间或长的通信时间所涉及到的功能模块进行分割处理。

5.6.2   面向作战编成并行仿真任务分割方法

5.6.2.1   分割的目标

对作战编成的分割主要是对树状图中的树枝进行分割,分割后作战编成的树状图变成一个森林,森林的各个分支对应着分割后的仿真任务。与功能模块的分割不同,进行编成树的分割时,分割的某个编成单位只会和上下级单位有交互,而不会产生新的交互。

在进行分割时,先分割靠近根节点的树枝。靠近根节点的编成单位级别较高,与这些单位内部的交互相比,编成单位之间的交互较少,分割后会产生较少的交互通信时间。

在进行编成分割时,将本级的指挥所和本级作战单位分割到一起。因为他们之间关系密切,交互量大。在用树状图描述作战编成时,各种指挥所和本级作战单位的节点表示是平级关系。

根据作战编成进行仿真任务分割的目标是:为任务合并提供足够多的仿真任务。因为任务合并有很多实现的方式和策略,各种合并情况会造成不同的计算时间和通信时间。所以无法对分割进行量化,只能在"分割—合并—分割"的循环过程中逐步接近这个目标。

5.6.2.2 编成树的分割条件

对双方编成树的分割,主要是实现上下级、平级作战单位的分割,在分割的过程中需要考虑各级作战单位在仿真模型中的计算时间和作战单位与敌方作战单位之间的交互通信时间。

对编成树分割时,主要根据计算时间量化分割条件,当某一编成单位在模型中的计算时间较大时,就按照其下级单位分割,直至计算时间满足要求为止,在进行一方编成树的分割时,需要详细地描述分割后的作战单位和敌方各个作战单位之间的交互,并量化交互造成的通信时间。

可以按照以下条件进行编成树的分割。以下给出的分割条件中,若只对一方的编成树进行分割,则以红方为例。

(1) 编成单位在仿真模型中的计算时间 c_i。

当编成单位在仿真模型中的计算时间大于最终合并任务的平均计算时间时,即满足下式时,必须对该编成单位进行分割。

$$c_i > \frac{\sum_i c_i + \sum_a c'_a}{p}, (v_i \in V, v'_a \in V') \qquad (5-16)$$

(2) 外部分割计通比 γ。

可以用外部分割计通比 γ 来判断编成单位的冗余编成分割。编成单位和己方其他编成单位之间的交互是确定的,所以实现冗余编成的依据是和敌方的交互通信时间。可以用外部分割计通比 γ 来量化,当 γ 很小而外部交互强度 L_i 很大时,应该对此任务进行冗余编成分割处理。

(3) 内部连接强度 e_{ij}。

当内部连接强度 e_{ij} 较小时,可以将 e_{ij} 所描述的树枝两边的编成单位分割。

5.6.3　面向作战地域并行仿真任务分割方法

5.6.3.1　仿真任务分割的目标

对作战地域进行分割以实现仿真任务的分割,分割后的作战地域变成一个个作战区域,各个作战区域对应着分割后的仿真任务。与功能模块的分割和作战编成的分割不同,作战地域分割产生新的交互是由该地域内的作战实体决定的。

在进行仿真任务分割时,根据各个仿真任务计算时间确定分割的对象,将需要分割的仿真任务所对应的作战区域进行新的分割,形成多个新的仿真任务,直至这些仿真任务满足作战地域并行仿真任务分割的目标。

根据作战地域进行仿真任务分割的目标:为任务合并提供足够多的仿真任务,使每个仿真任务的计算时间小于平均计算时间。所以,作战地域并行仿真任务分割主要有以下目标:

(1)仿真任务数量 m。

分割后的仿真任务数量应该为处理器数量的 2 倍~3 倍,这个数值不是一个固定值,若有需要,在并行仿真设计过程中,可以增加仿真任务分割的数量。

(2)仿真任务的计算时间 C_i。

仿真任务分割的目标之一是减少每个仿真任务的计算时间,每个分割后的仿真任务计算时间要小于合并后的平均任务计算时间 $\overline{C'}$。

$$C_i < \overline{C},(i = 1,2,\cdots,m) \tag{5 - 17}$$

5.6.3.2　仿真任务分割的条件

满足以下条件时,需要进行作战地域并行仿真任务分割:

(1)若作战区域 A_i 对应的仿真任务计算时间大于平均任务处理时间 $\overline{C}$,则需要进行分割。

$$C_i > \overline{C},(i = 1,2,\cdots,m) \tag{5 - 18}$$

(2)按照作战地域区分作战实体时,如果很难确定作战实体的仿真模型的计算时间和通信时间,可以用某一个作战区域上的作战实体数量代替实体模型的计算时间和通信时间。实体数量大于任务合并后的平均数量时,需要对该作战区域进行分割。

$$k_i > \frac{n}{p},(i = 1,2,\cdots,m) \tag{5 - 19}$$

（3）若作战区域上的作战实体在仿真模型中的计算时间远大于通信时间，且计算时间较大时，则可以进行分割。

$$C_i \gg D_i, (i = 1, 2, \cdots, m) \tag{5-20}$$

式中:符号"$\gg$"表示"远大于"。

5.6.3.3 作战地域的分割方法

作战地域并行仿真任务划分的依据是对作战地域进行分割,根据作战地域的地貌特征、作战力量的部署情况,有3种方法可以实现对作战地域的分割。

1. 规则分割

所谓规则分割,是指在经纬度方向上将作战地域分割成多块等大小的矩形区域,如图5-13所示。各个矩形区域可以按照经纬度来描述,作战力量分布在各个矩形区域中,采用规则分割可以很快获得各个实体的位置信息。规则分割的作战地域不考虑地貌对作战的影响,当作战地域分布在平原上时可以采取这种分割方式。

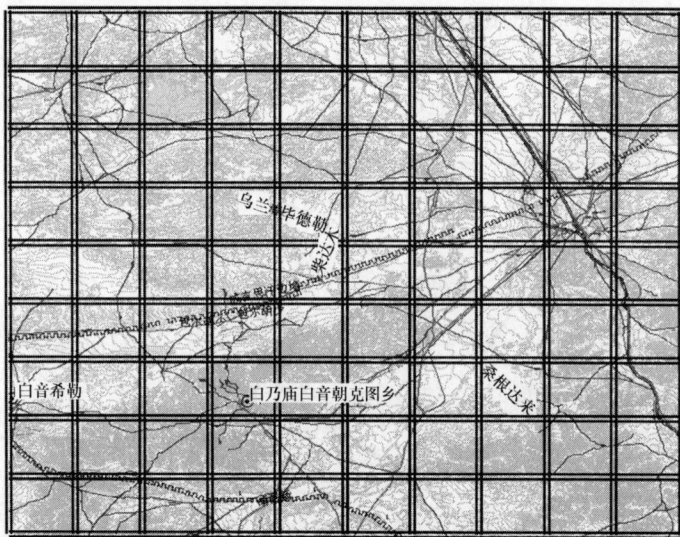

图5-13 作战地域的规则分割

2. 陆军地面武器可达区域的分割

在陆军战役级作战中,各种地面装备的作战都会受到地貌的影响,武器系统的观察、机动、火力等模型都与地貌有关。在进行作战地域分割时,重点考虑地面武器能到达的区域,可以简化整个作战地域的分割工作。如图5-14所示,考虑山地地形中陆军地面武器不可到达的区域,对图 5 − 13 作战地域进行分割,图 5 −14 中阴影部分表示陆军地面武器能到达的区域。因为陆军地面武器的机动、作战等都在这些区域之内进行,所以在依据作战地域进行仿真任务分割时,可以只考虑可达区域的分割。

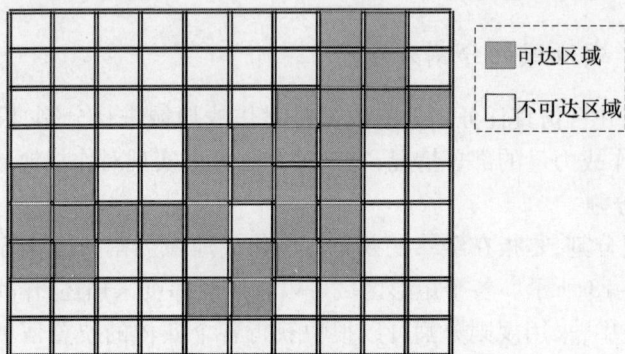

图 5 − 14　考虑自然分界线的作战地域分割

3. 不同作战方向的地域分割

　　按照作战方向进行作战地域分割,充分考虑了作战编成与部署的特点,能够更准确地描述作战系统在作战地域上的并行性,如图 5 − 15 所示。按照作战方

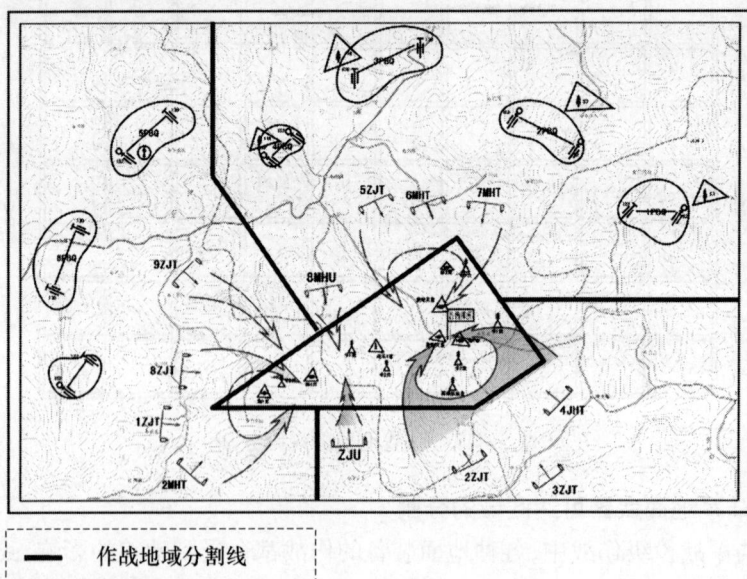

图 5 − 15　不同作战方向的地域分割

向进行作战地域的分割只能做比较粗的分割,作战地域分割后的区域数量很少,所以,当有多支作战力量部署在不同的作战地域时,可以根据作战方向进行作战仿真任务的初步分割。

参 考 文 献

[1] 周静,曾国荪. 基于 DAG 图的自适应代码划分优化算法[J]. 计算机工程,2007.

[2] 刘奥. 基于 HPC 的并行仿真支撑环境原型系统研究与实现[D]. 国防科学技术大学,2005.

[3] 李涛,柳林,吴小勇. 分布式集群并行仿真技术研究[J]. 微计算机信息(测控自动化),2010,26(9 - 1):162 - 163.

[4] ShiL. Nested partitions method for global optimization[J]. Operations Research, 2000, 48 (3) : 390 - 407.

[5] 江文毅,庞丽萍,高兰,等. 串行程序的并行划分算法研究[J]. 华中科技大学学报:自然科学版,2000,(12):30 - 32.

[6] 刘键,谢卫,朱晓梅,等. 一种关于 Do - loop 并行划分的新观点与新方法[J]. 计算机学报,1999,(7):520 - 530.

[7] 张宇亮,张立臣,李代平. 并行算法的任务粒度与映射方法的分析[J]. 计算机工程与应用,2005,(20):45 - 47.

[8] 李代平,罗寿文,张信一,等. 网格并行任务划分策略研究[J]. 计算机应用研究,2005:80 - 82.

[9] 邓彬,王宏力,邓方林. 基于复杂连续系统并行仿真的自动任务划分[J]. 计算机工程与设计,2000,04:13 - 17.

第 **6** 章

作战并行仿真任务分配方法

当并行仿真任务的数量大于仿真计算资源的数量时,我们就面临一个问题,如何将这些任务分配到各个计算资源上,才能保证作战并行仿真既快又好地运行。影响仿真速度的有两个因素,计算速度和通信速度,因此,任务分配的原则很简单:负载均衡、减少通信量。

在并行计算领域,任务和资源之间是通过分配程序,将多个进程、线程静态或动态地分配到各个处理单元,使之运行。考虑时间复杂性和空间复杂性,其一般形式和几种限制形式都是 NP 完全问题。

在作战仿真系统中存在大量的随机事件,这些随机事件会影响各种仿真模型的调用,导致仿真过程中各个 LP 的计算时间无法确定,如果采用动态分配的方法,模型计算时间的频繁波动会导致频繁分配,反而会影响仿真速度,因此,作战并行仿真系统并不推荐动态分配方法。

本章所介绍的作战并行仿真任务分配,实际上更偏向于静态分配方法,即在仿真一开始,就明确各个仿真任务和仿真资源之间的关系。由于与最小模型粒度时的仿真任务相比,仿真计算资源显得太少,同时仿真模型的计算时间是有波动的,因此在进行任务分配时,可以先进行任务合并,再进行较粗粒度的任务分配。

6.1　作战并行仿真任务分配的特点及方法分类

6.1.1　作战并行仿真任务分配的特点及分类

由于仿真任务通常由很多小的任务构成,有的任务间存在着时序关系,有的任务间存在着交互关系,必须采用科学的方法对仿真任务分配进行规划,以求在现有条件下找出一条最优的执行路径,达到提高效率的目的。并行仿真任务分配问题有如下特点:

(1)复杂性。任务分配通常在各种复杂的约束条件下进行的,需要分配的任务往往受到时序约束和资源约束,任务之间存在着复杂的依赖关系,这些因素构成了任务分配问题的复杂性。

(2)不确定性。任务分配是在其执行前进行规划的,在仿真系统运行过程中,出现的随机事件会与任务分配时的估计值有较大偏差,导致在任务分配时估计计算量和通信量时只能估计出大概的范围,这样形成的一个并行方案显然带有一定的随机性和不确定性。

(3)多目标性。任务分配往往具有多目标性,需要在各个目标之间进行组合,以达到综合效果最佳,这些目标通常包括:运行时间最短,资源均衡利用,最利于操作等,需要对多个指标进行分析,确定影响因子,从而达到项目效果最优。

6.1.2 作战并行仿真任务分配方法的分类

任务分配算法是仿真任务与计算单元对应时所采取的策略,在设计任务分配算法时要考虑的因素很多,通常应考虑系统设计目标、资源利用率、用户要求、优先级处理、抢占方式和非抢占方式等。对不同要求的系统应采取不同的算法,而各种算法的性能不同。

从不同的角度出发,任务分配问题有不同的分类方法,每种分类方法反映出设计任务分配算法时要考虑的主要因素。任务分配方法分类如图6-1所示。

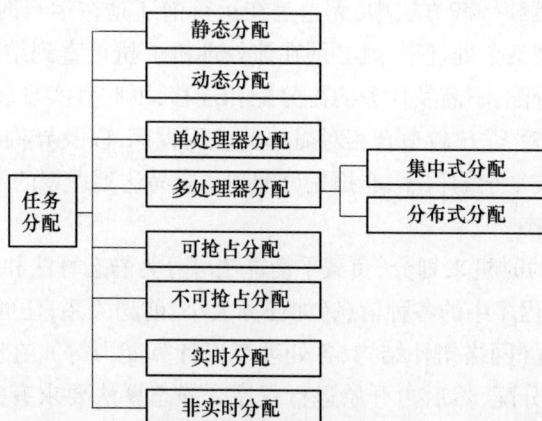

图6-1 任务分配方法分类

1. 实时与非实时

在实时系统中,任务分配的最主要目的是保证任务在限定时间内完成,其次才考虑性能问题,负载平衡算法必须服从实时性要求。时间限制有绝对和相对两种。绝对时间限制要求任务必须在一个特定的绝对时间点之前结束;相对时间限制则提出相对时间要求,如在任务就绪后一定时间内结束。实时系统中的负载平衡算法主要有基于时间分配、静态基于优先级分配、动态基于优先级分配和时间间隔受限分配。

在非实时系统中,分配的主要目的是提高性能,因此,负载平衡是重要的指标。这时,负载平衡方法又可以按抢先与非抢先,静态与动态来进一步划分。抢先与非抢先在并行程序运行过程中,允许一个已经分配的任务中断执行,并重新对其进行分配,从而达到负载平衡的方法被称为抢先方式;任务一旦被分配到某个处理机,就不再改变该分配决定,被称为非抢先方式。

2. 抢先与非抢先

抢先的负载平衡方法的优点:允许系统在出现负载不均衡时对已有的分配决定进行修正,这在程序行为不可预测的情况下或者运行环境动态变化时能够及时调整分配方案。然而,抢先方法在实现上有其复杂性:首先,任务被抢先分配后的进程迁移工作开销较大;其次,并行任务之间的同步与通信使得维护迁移之后程序的正确性变得困难而且效率低下;再次,在异构处理之间进行操作系统级的进程迁移是难以实现的。任务抢先分配除了在操作系统的进程和线程级实现之外,还可以在用户层次加以实现。这需要分配系统对并行任务的全面管理。这种用户层次的实现还用利于完成异构系统之间的任务迁移。

在非抢先的负载平衡方法中,无论是在运行前还是在运行时做出分配决策,任务一旦被分配到某个处理机,就必须在该处理机上执行直到结束。非抢先的方法只考虑任务的分配,不涉及任务的再分配和迁移,因此其实现较为简单,开销也较小,同时灵活性较大,比较适合相对简单的应用程序,以及异构的软硬件环境和多用户系统对于较复杂的程序,非抢先分配则不容易达到理想的性能指标。

3. 静态与动态

从分配决策的时机来划分,负载平衡算法可分为静态算法和动态算法。对静态算法来说,应用程序中的各种信息(如任务大小、前趋关系,任务间通信量等)以及并行系统的情况(网络拓扑结构、各处理节点计算能力等),在程序运行前就已得到,并做好任务分配,然后再开始运行程序。静态算法要求有完整的任务关系图,但在高度并行的多计算机领域,特别是在多用户方式下,各处理机上的负载是动态地到来的,不可能做出准确的预测。静态算法又分为求最优解和次优解两类。

最优解问题是 NP – Complete 问题,只有在一些特殊的情况下才存在复杂度为多项式的解法。求次优解又分为两类。近似法就是对系统模型施加一定的限制条件,从而降低算法的复杂度。启发式方法则利用一些启发函数进行试探求解。动态负载平衡通过分析系统的实时负载信息,动态地将任务在各处理机之间进行分配和调整,以适应实时多机系统中负载分布的不均匀性。由于各处理机上的任务是动态到达的,因此在程序执行期间,某个处理器上的负载就可能突发性地增加或减少。这时,重载的处理机及时地把多余的任务分配到轻载的处理机上去(或者轻载的处理机及时地向重载的处理机申请任务)。动态负载平衡的优点是算法简单,实时控制;缺点是增加了系统的分配开销。动态分配可分为集中式和非集中式。非集中式(分布式)分配由各节点分别进行,它又可分为合作型,即分配基于整个系统状况,以及非合作型,即分配基于局部信息两类。

6.2　作战并行仿真任务合并方法

6.2.1　功能模块合并方法

在功能并行实现的前两个阶段,分割了功能模块并量化了各个功能模块间的通信,所得到的功能模块仍然是抽象的,因为并未考虑这些功能模块在特定的高性能计算机上的仿真运行效率。

在合并阶段,将从抽象转到具体,根据在分割阶段所做的选择,力图得到一个在一定硬件条件下能有效执行的并行仿真功能模块划分。

合并的目的是通过合并小尺寸的任务来减少任务数,在合并时将任务数减少到恰好每个处理器上一个仿真任务,从而使仿真系统的并行率为 1,如图 6 – 2所示。

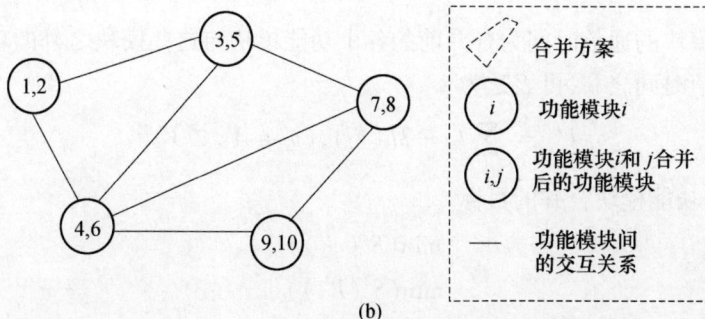

(b)

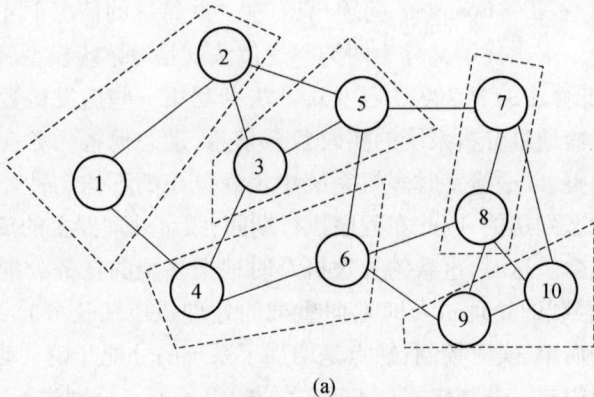

(a)

图 6 - 2　功能模块的合并

(a) 功能模块合并方案；(b) 合并后的功能模块无向图。

合并功能模块会涉及到并行事件的串行处理问题,合并时按照第 4 章的方法进行处理。

6.2.1.1　合并问题的描述

由 BSP 模型可知,各个仿真程序在并行执行的过程中,计算和通信需要分布均匀才能达到较好的并行性。通过合并完成后,功能模块数量等于参与仿真的处理器的数量,且计算时间和通信时间分布均匀,这样才能保证整个仿真系统的并行运行效率。合并完成后的功能模块应该满足如下要求:

假设分割完成后的功能模块无向图为 $G = (V,E,C,D)$,合并后的功能模块无向图为 $G' = (V',E',C',D')$。显然:假设 V 的子图 V_i 合并成 V' 中的 v'_i,则功能模块的计算时间为合并前的各个功能模块计算时间之和:

$$c'_i = \sum_j c_j , (v_j \in V_i \subset V) \tag{6 - 1}$$

功能模块的通信时间为合并前的各个功能模块与这些模块之外的功能模块之间的通信时间之和,可表达为

$$L'_i = \sum_j L_j - 2L(V_i) , (v_j \in V_i \subset V) \tag{6 - 2}$$

这样,功能模块合并的目标

$$\min(S^2(c'_i)) \tag{6 - 3}$$

$$\min(S^2(L'_i)) \tag{6 - 4}$$

式中:S^2 为方差表达式。

6.2.1.2   合并的条件

合并是将多个功能模块进行合并的过程,当分割完成后,可以合并的功能模块数量大于处理器数量时,需要进行功能模块的合并。然而,当合并完成后,达不到功能模块计算时间或通信时间均衡的目标时,需要考虑下一轮的分割—合并操作。

一般来说,当需要合并的功能模块足够多时,可以参考以下合并的条件。

(1)功能模块均衡度 α。当 $\alpha < 1$ 时,必须进行合并,最好使大部分的 $\dfrac{c_i}{\sum\limits_i c_i / n}$ 略大于 1,此时会出现小部分处理器计算时间稍小而等待大多数处理器的情况,这是比较理想的情况。

(2)功能模块的连接强度 d_{ij}。当某一个 d_{ij} 较大而 $\sum\limits_k d_{ik},(k \neq j)$ 较小时,且 $c_i + c_j < \sum\limits_i c_i / n$,可以考虑合并 v_i、v_j,因为这两个节点联系比较紧密。

由分割和合并的条件数量可知,合并的条件很少,有很多可行的方法,从而增加了最优合并的难度。尽管对并行仿真模型做了简化,上述优化问题仍然是一个 NP 完全问题。本节将针对几种特定的目标,设计功能模块无向图模型基础上的的合并算法,实现合并的优化。

6.2.1.3   合并的算法

用无向图描述功能模块的并行特征,在进行任务分割时,已经将各个功能模块分割成计算时间较小的模块,合并的算法主要围绕着这些功能模块的通信时间来实现最优化的合并。

第一类算法:根据 BSP 模型,可以将通信时间和计算时间合并,以简化问题。

算法基础:假设有 m 个功能模块需要合并,将通信时间折算到计算时间中,假设折算后的功能模块处理时间分别为 $c_i (i = 1, 2, \cdots, m)$,共有 p 个处理器,$m > p$,则需要将 m 个功能模块合并成 p 个功能模块。

算法 1.1   逐次有序合并

此算法的主要思想:现依据计算时间将功能模块排序,再每次取 $p + 1 \sim 2p$ 个仿真任务与前 p 个任务合并,直至合并完毕,合并的原则是前 p 个合并完的任务先进行排序,后 p 个任务中最小的与前 p 个任务中最大的合并。

算法描述：

输入：功能模块数 m，处理器数 p，通信时间邻接矩阵 $\boldsymbol{D}[m][m]$，功能模块处理时间数组 $C[m]$；

输出：合并记录 $M[p][i]$（$i=1,2,\cdots,m$）；

算法实现步骤：

（1）对 $C[m]$ 进行排序，依计算时间从大到小排序。

（2）计算合并的次数 tcmb $=\lceil m/p \rceil$。

（3）初始化计算时间临时数组。

（4）对计算时间临时数组进行排序，最小的与最大的合并，依次合并完本次所选的 p 个任务，记录 $M[p][i]$。

算法结束。

算法评价：算法 1.1 适合于分割后的各个功能模块的计算时间和通信时间都较均匀的情况，尤其处理代价大的功能模块的数量是处理器数量的整数倍时，合并后的并行性能较好。

算法 1.2　目标趋向合并

算法思想：先计算处理时间均值，再按照此目标进行合并，只要处理时间不超过此均值的 $p/(p-1)$ 倍，就和其他功能模块合并，合并的原则是，找能合并的最大处理时间的功能模块进行合并。

计算时间满足条件，指计算时间大于均值且小于均值的 $p/(p-1)$ 倍。

算法描述：

输入：功能模块数 m，处理器数 p，通信时间邻接矩阵 $\boldsymbol{D}[m][m]$，功能模块处理时间数组 $C[m]$；

输出：合并记录 $M[p][i]$（$i=1,2,\cdots,m$）；

（1）按照处理时间进行功能模块的排序。

（2）计算均值处理时间。

（3）若功能模块 1 的计算时间大于均值的 $p/(p-1)$ 倍，则提示重新分割该功能模块；若计算时间满足条件，则进入步骤（3）；若功能模块 1 计算时间小于均值，则合并最接近均值的任务。

（4）若功能模块 2 没有和功能模块 1 合并，则进行功能模块 2 的合并，依次合并所有的功能模块。

算法结束。

算法评价:算法1.2适合于分割后的各个功能模块的计算时间和通信时间不均匀的情况。

第二类算法:不将通信处理时间折合到计算处理时间中,直接利用合并策略进行合并,利用图论的割集理论实现合并算法。

算法2.1 按合并策略合并算法

算法思想:依次合并,先合并通信时间大的功能模块,每合并一次,判断一次,如果不满足合并条件,就进行下一个拥有最大通信时间的两个顶点的合并,直至合并的功能模块数量等于处理器数。如图6-3所示,根据通信时间依次合并了1和2、3和5功能模块,最后根据计算时间合并了4和6模块。

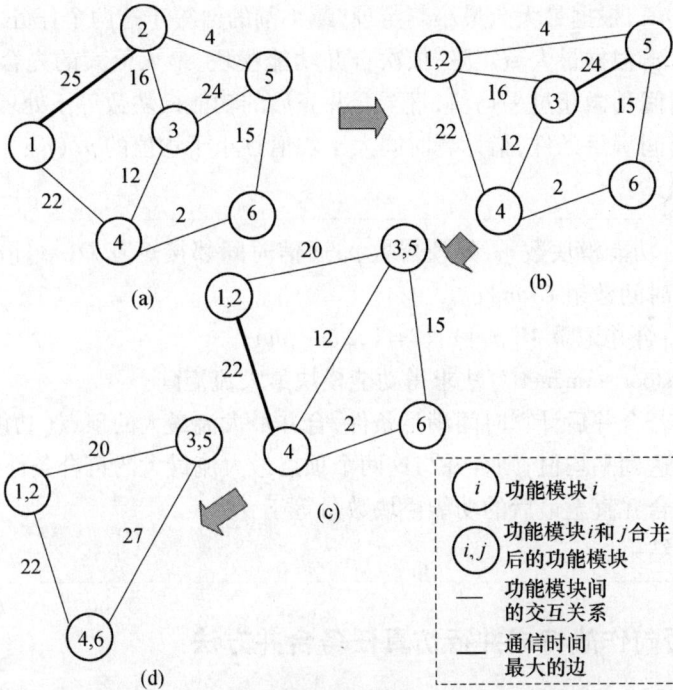

图6-3 功能模块的合并策略

计算时间满足条件,指计算时间大于均值且小于均值的 $p/(p-1)$ 倍。

算法描述:

输入:功能模块数 m,处理器数 p,通信时间邻接矩阵 $D[m][m]$,功能模块处理时间数组 $C[m]$;

输出:合并记录 $M[p][i](i=1,2,\cdots,m)$;

(1) 搜索 $\max(d_{ij})$,若计算时间满足条件,合并 v_i 和 v_j。

(2) 合并后获得新的邻接矩阵,重复步骤(1)。

(3) 合并直至最后的功能模块数量等于 p。

算法结束。

算法 2.2　基于最小割定理的算法

算法基础:最大流最小割定理、stoer - wagner 算法。

算法思想:根据 stoer - wagner 算法,寻找功能模块无向图中各个任务之间的最小割的值,根据最大流最小割定理,最小割的值等于这两个任务之间的最大通信时间。再根据最大流矩阵,依次合并功能模块,最大流大的先合并,合并之后的计算时间稍微超过平均值,直至合并完后的功能模块数等于处理器数量。

计算时间满足条件,指计算时间大于均值且小于均值的 $p/(p-1)$ 倍。

算法描述:

输入:功能模块数 m,处理器数 p,通信时间邻接矩阵 $\boldsymbol{D}[m][m]$,功能模块处理时间数组 $C[m]$;

输出:合并记录 $M[p][i](i=1,2,\cdots,m)$;

(1) stoer - wagner 算法求得功能模块最大流矩阵。

(2) 若合并后计算时间满足条件,合并最大流最大的顶点(功能模块),若还没有达到平均值,则合并与这两个顶点最大流最大的符合条件的顶点。

(3) 合并直至最后的功能模块数量等于 p。

算法结束。

6.2.2　面向作战编成并行仿真任务合并方法

6.2.2.1　合并问题的描述

通过合并完成后,编成森林的分支数量等于参与仿真的处理器的数量,且计算时间和通信时间分布均匀,这样才能保证整个仿真系统的并行运行效率。

和功能并行的无向图模型不同,作战编成的对抗树状图模型在分割时要考虑到作战双方的作战编成情况,有两种合并方式:一是和己方编成力量合并;二是和敌方编成力量合并,因此合并的依据也不同。

根据编成树的层次特性,编成树任务分割后的合并应该根据原编成树的结构特征,从最小的编成单位开始合并,在树状图上就是从远离根的节点开始合并的。合并的策略主要有3种:优先和己方合并、优先和敌方合并、根据通信时间进行合并,这3种合并策略的具体特点如下:

(1) 优先和己方合并策略。充分考虑各级作战单位和上下级编成单位之间的交互通信时间,这种策略适合各级指挥所和下级单位的合并。

(2) 优先和敌方合并策略。充分考虑了各级作战单位和敌方作战单位之间的交互通信时间,这种策略适合最底层的作战单位的合并。

(3) 根据通信时间进行合并策略。平等考虑分割完成后的编成分支和敌我双方编成力量之间的交互通信时间。采用这种策略进行合并可能能提高仿真系统的并行执行效率,但会导致整个仿真系统结构混乱,与真实作战系统无法在结构上对应。

6.2.2.2 合并条件

根据上述合并策略,可以通过以下指标对编成树分割后的分支进行合并,p为处理器数量,也是最终合并的任务数量。

1. 优先和己方合并条件

当某个编成单位及其下属单位的仿真计算时间之和小于平均计算时间,则可以合并,以红方为例。

$$\mathrm{Sum}(v_i) + c_j < (\sum_i c_i + \sum_a c'_a)/p, (v_i \in V, v'_a \in V', v_j 为 v_i 父节点)$$

$$(6-5)$$

2. 优先和敌方合并条件

当某个编成单位与敌方的某个编成单位满足合并条件,即

$$\mathrm{Sum}(v_i) + \mathrm{Sum}(v_a) < (\sum_i c_i + \sum_a c'_a)/p, (v_i \in V, v'_a \in V') \qquad (6-6)$$

合并后的任务与其他任务之间的通信时间为

$$\mathrm{Sum}(d'_{ia}) = \sum d''_{ib} + \sum d''_{ja} - \mathrm{Sum}(d_{ia}), (v_j \in \mathrm{Sub}(v_i), v'_b \in \mathrm{Sub}(v'_a))$$

$$(6-7)$$

3. 根据通信时间进行合并

当某一编成单位的交互总通信时间 $\mathrm{Sum}(d_{ij})$ 与该节点与父节点的通信时间相比较,可以判断该节点及其所有子孙节点和敌方编成力量合并还是与父节点合并。

$$\text{Sum}(d_{ia}) < e_{ij}, ((v_j \text{ 为 } v_i \text{ 的父节点}), \text{与父节点合并}) \quad (6-8)$$

$$\text{Sum}(d_{ia}) > e_{ij}, ((v_j \text{ 为 } v_i \text{ 的父节点}), \text{与敌方子树合并}) \quad (6-9)$$

6.2.2.3 合并算法

根据不同的合并策略,可以实现不同的合并算法。根据编成树的特点,在一方的作战编成树上,忽略与上下级编成单位之外的交互,不管采用哪种合并策略,合并总是和上级单位或兄弟单位进行的。

算法1 优先和己方合并

此算法的主要思想:根据编成树分割后各个分支的计算时间进行合并,从森林中最边缘、最底层的分支开始合并,直至合并完毕,如图6-4所示。

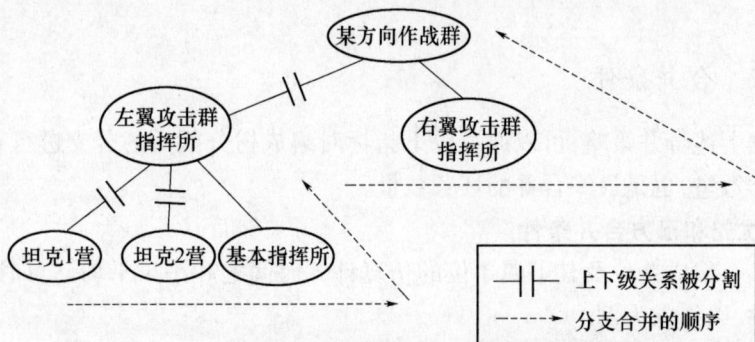

图6-4 优先和己方合并的算法思想

算法描述:

输入:分支数 m,处理器数 p,功能模块处理时间数组 $S[m]$;

输出:合并记录 $M[i][p](i=1,2,\cdots,m)$,其中 m 为合并次数;

(1)计算均值处理时间。

(2)选择树中最底层计算时间小于平均值 $p/(p-1)$ 倍的分支节点。

(3)若最底层计算时间小于平均值的 $p/(p-1)$ 倍,则开始合并与其同级别的分支节点,如果没有同级别的分支节点,则合并上级节点,直至合并后的值大于平均值的 $p/(p-1)$ 倍,取消合并。回到步骤(2)。

(4)直至树中末节点的所有节点计算时间大于平均值 $p/(p-1)$ 倍结束循环。

算法结束。

算法2　优先和敌方合并

此算法的主要思想是:根据编成树分割后各个分支与敌方的通信时间进行合并,从森林中最边缘、最底层的分支开始合并,直至合并完毕。

算法描述:

输入:分支数 m,处理器数 p,功能模块处理时间数组 $S[m]$;

输出:合并记录 $M[i][p](i=1,2,\cdots,m)$,其中 m 为合并次数;

(1) 计算均值处理时间。

(2) 选择树中最底层计算时间小于平均值 $p/(p-1)$ 倍的分支节点。

(3) 若最底层计算时间小于平均值的 $p/(p-1)$ 倍,则开始合并与其交互的敌方分支节点,如果敌方分支节点合并完毕,则合并上级节点,重复步骤(3)的操作,直至合并后的值大于平均值的 $p/(p-1)$ 倍,取消合并。回到步骤(2)。

(4) 直至树中末节点的所有节点计算时间大于平均值 $p/(p-1)$ 倍结束循环。

算法结束。

算法3　根据通信时间进行合并

此算法的主要思想:根据编成树分割后各个分支与敌我双方的通信时间进行合并,从森林中最边缘、最底层的分支开始合并,直至合并完毕。

算法描述:

输入:分支数 m,处理器数 p,功能模块处理时间数组 $S[m]$;

输出:合并记录 $M[i][p](i=1,2,\cdots,m)$,其中 m 为合并次数;

(1) 计算均值处理时间。

(2) 选择树中最底层计算时间小于平均值 $p/(p-1)$ 倍的分支节点。

(3) 若最底层计算时间小于平均值的 $p/(p-1)$ 倍,则开始合并与其交互时间最大的分支节点,重复步骤(3)的操作,直至合并后的值大于平均值的 $p/(p-1)$ 倍,取消合并。回到步骤(2)。

(4) 直至树中末节点的所有节点计算时间大于平均值 $p/(p-1)$ 倍结束循环。

算法结束。

6.2.3　面向作战地域并行仿真任务合并方法

6.2.3.1　合并条件

作战地域并行仿真任务的合并,实际上是将多个分割的作战区域对应的仿真任务合并成 p 个仿真任务。合并的依据是各个作战地域上部署的实体数量或实体的仿真模型的计算时间和通信时间。

在依据作战地域合并仿真任务时,作战区域的合并只有两种方式:和相邻区域合并、和任意区域合并。在进行仿真任务合并时,可以根据不同的合并条件采用不同的合并方式。

1. 相邻区域合并

相邻区域的合并可以形成一个连通的区域,当作战实体在区域间移动时,实体模型仍然在仿真任务内部运行,实体在不同的仿真任务间的"迁移"不会带来额外的处理时间。当两个作战役方向所在的作战地域没有作战行动时,可以合并这两个作战方向所占的区域。

按照规则的方式分割后,每一块区域最多只有 4 个相邻区域,合并一次后,最多有 6 个相邻区域。假设作战区域 A_i 的相邻区域有 a 个,为 $\{A_{il}\}$ ($l = 1$, $2, \cdots, a$),对应的仿真任务的计算时间为 $\{C_{il}\}$ ($l = 1, 2, \cdots, a$),则合并条件为相邻区域合并后,对应的仿真任务的计算时间小于仿真任务合并后平均任务处理时间 $\overline{C}$,即

$$C_i + C_{il} < \overline{C} \qquad\qquad (6-10)$$

2. 任意区域合并

任意区域合并方式主要考虑仿真任务之间的交互通信时间,当满足合并条件时,这种合并方法优先合并通信时间长的两个仿真任务。

作战区域 A_i 与 A_j 合并的条件为

$$\begin{cases} C_i + C_j < \overline{C} \\ \max D_{ij} \end{cases}, (i = 1, 2, \cdots, m; j = 1, 2, \cdots, m; i \neq j) \qquad (6-11)$$

6.2.3.2　合并算法

对于上述两种合并方式:和相邻区域合并、和任意区域合并,可以按照以下合并算法进行合并。

1. 相邻区域合并

假设作战区域 A_i 的相邻区域 $\{A_{il}\}$ $(l=1,2,\cdots,a)$，对应的仿真任务的计算时间为 $\{C_{il}\}$，$(l=1,2,\cdots,a)$，A_i 与这些相邻区域对应的仿真任务之间的通信时间为 $\{D_{iil}\}$，$(l=1,2,\cdots a)$，合并条件 $C_i+C_{il}<\overline{C}$。

相邻区域合并可以通过以下步骤实现：

步骤1　将通信时间 D_{iil} 排序，取最大通信时间对应的区域 $A(\max D_{iil})$。

步骤2　若 A_i 和 $A(\max D_{iil})$ 满足合并条件，则合并，得合并后的任务 A_i，进入步骤3，若不满足合并条件，排除 $A(\max D_{iil})$，若所有区域都被排除，进入下一个待合并的区域，否则，则进入步骤1。

步骤3　获取合并后的任务的相邻区域，判断通信时间，进入步骤1。

2. 任意区域合并

假设作战区域 A_i 与 A_j 合并。

任意区域合并可以通过以下步骤实现：

步骤1　将通信时间 D_{ij} 排序，去最大的通信时间对应的区域 $A(\max D_{ij})$。

步骤2　若 A_i 和 $A(\max D_{ij})$ 满足合并条件，则合并，得合并后的任务 A_i，进入步骤3，若不满足合并条件，排除 $A(\max D_{ij})$，若所有区域都被排除，进入下一个待合并的区域，否则，进入步骤1。

步骤3　合并后的任务与其他区域的通信时间为合并前两个区域的通信时间之和，进入步骤1。

当所有合并完成后，如果区域数量大于处理器数量，则需要对各个作战区域进行重新分割，进入下一个并行设计过程的循环。

6.3　作战并行仿真任务分配算法

根据任务分配方法的要求，将较小粒度的仿真任务合并成较大的任务之后，需要设计合适的算法，将作战并行仿真任务分配至各个处理单元，即与多个计算节点、CPU 和核对应。这个分配，需要通过负载平衡算法来实现。

要实现一个好的负载平衡通常有两种方案，一种是静态负载平衡，另外一种是动态负载平衡。

6.3.1　基本的负载平衡算法

负载平衡技术是提高作战并行仿真系统整体性能和吞吐量的有效方法。平衡策略设计的好坏直接决定了仿真系统在负载均衡上的表现,设计不好的算法会导致系统的负载失衡。

一般的平衡算法的主要任务是决定如何选择下一个处理节点,然后将新的仿真任务分配给它。有些简单平衡方法可以独立使用,有些必须和其他简单或高级方法组合使用。而一个好的负载均衡算法也并不是万能的,它一般只在某些特殊的应用环境下才能发挥最大效用。因此,在考虑负载均衡算法的同时,也要注意算法本身的适用面,并在采取处理节点部署的时候根据处理自身的特点进行综合考虑,把不同的算法和技术结合起来使用。

1. 轮询法

在一个任务队列节点中,每个成员都具有相同的地位,轮询法简单地在这组成员中顺序轮转选择。在负载平衡环境中,均衡器将新的请求轮流发给节点队列中的下一个处理节点,如此连续,周而复始,每个处理节点都在相等的地位下被轮流选择。轮询法是所有分配算法中最简单也是最容易实现的一种方法。这个算法在 DNS 域名轮询中广泛使用。

轮询法的活动是可预知的,每个节点被选择的机会是 $1/N$(假设有 N 个节点),因此很容易计算出节点的负载分布。轮询法典型地应用于系统中所有节点的处理能力和性能均相同的情况,在实际应用中,一般将它与其他简单方法联合使用比较有效。

2. 散列法

散列法(HASH 法),通过单射不可逆的 Hash 函数,按照某种规则将网络请求发往处理节点。散列法在其他几类平衡算法不是很有效时会显示出特别的威力。例如,在 UDP 会话的情况下,由于轮询法和其他几类基于连接信息的算法,无法识别出会话的起止标记,会引起应用混乱。而采用基于数据包源地址的散列映射可以在一定程度上解决这个问题:将具有相同源地址的数据包发给同一处理节点,这使得基于高层会话的事务可以以适当的方式运行。相对称的是,基于目的地址的哈希分配算法可以用在 Web Cache 机群中,指向同一个目标站点的访问请求都被负载平衡器发送到同一个 Cache 服务节点上,以避免页面缺失而带来的更新 Cache 问题。

3. 最少连接法

在最少连接法中,平衡器记录目前所有活跃连接,把下一个新的请求发给当前含有最少连接数的节点。这种算法针对 TCP 连接进行,但由于不同应用对系统资源的消耗可能差异很大,而连接数无法反映出真实的应用负载,即该算法没有考虑服务器性能及请求强度,因此在使用重型 Web 服务器作为分布节点服务时(如 Apache 服务器),该算法在平衡负载的效果上要打个折扣。为了减少这个不利的影响,可以对每个节点设置最大的连接数上限(通过阈值设定体现)。

4. 最快响应法

平衡器记录自身到每一个系统节点的网络响应时间,并将下一个到达的连接请求分配给响应时间最短的节点,这种方法要求使用 ICMP 包或基于 UDP 包的专用技术来主动探测各节点。该算法虽然考虑了服务器的性能,但没考虑到请求的强度。

在大多数基于 LAN 的系统中,最快响应算法工作得并不是很好,因为 LAN 中的 ICMP 包基本上都在 10 ms 内完成回应,体现不出节点之间的差异;如果在 WAN 上进行平衡的话,响应时间对于用户就近选择处理节点而言还是具有现实意义的;而且系统的拓扑越分散这种方法越能体现出效果来。这种方法是高级平衡基于拓扑结构重定向用到的主要方法。

5. 加权法

加权方法只能与其他方法合用,是它们的一个很好的补充。加权算法根据节点的优先级或当前的负载状况(权值)来构成负载平衡的多优先级队列,队列中的每个等待处理的连接都具有相同处理等级。这样在同一个队列里可以按照前面的轮转法或者最少连接法进行均衡,而队列之间按照优先级的先后顺序进行均衡处理。在这里权值是基于各节点能力的一个估计值。

6.3.2 静态负载平衡算法

静态负载平衡中,需要人工将程序分割成多个可并行执行的部分,并且要保证分割成的各个部分能够均衡地分布到各个 CPU 上运行,也就是说工作量要在多个任务间进行均匀的分配,使得达到高的加速系数。

静态负载平衡问题从数学上来说是一个 NP 完全性问题,Richard M. Karp、Jeffrey D. Ullman、Christos H. Papadimitriou、M. Garey、D. Johnson 等人相继在 1972 年—1983 年间证明了静态负载问题在几种不同约束条件下的 NP 完全性。

虽然 NP 完全性问题在数学上是难题,但是这并不是标题中所说的难题,因为 NP 完全性问题一般都可以找到很有效的近似算法来解决。可以采用很多算法来求得 NP 问题的次优解,典型的静态负载平衡算法有启发式算法和遗传算法。

6.3.2.1 静态启发式算法

这类方法可以快速、有效地得到次优分配。针对预先知道的信息(包括任务粒度,任务间通信量,任务执行偏序关系以及系统限制),采用非解析的、近似的、逐步逼近的试探方法寻找近似最优解,是此类方法的共同特点。Wu 和 Sweeting 提出的静态启发式任务分配算法,比较有代表性,适用于大粒度并行任务和基于消息传递的系统。该算法中信息表示如下:

(1) 任务开销矩阵。

$$c = (c_{ij})_{M*M},(i = 1,2,\cdots,M) \qquad (6-12)$$

式中:c_{ij} 表示当任务 i 和任务 j 不在同一台处理机上时 i 向 j 发送数据的通信时间$(i \neq j)$;M 为任务总数。

(2) 已分配任务集。

$$P_j = \{i \mid 任务 i 被分配到处理单元 j\},(j = 1,2,\cdots,N) \qquad (6-13)$$

式中:N 为处理单元数。

(3) 处理机负载(包括通信开销)。

$$PL_j = \sum_{k \in P_j} c_{kk} + \sum_{k \in P_j} ec_k + \sum_{k \in P_j, k \in P_j} ck_l + c_{lk},(j = 1,2,\cdots,N)$$

$$(6-14)$$

式中:ec_k 表示任务 k 与相关外设的通信时间。

(4) 负载平衡函数。

$$PL_{\min \max} = \min_{1 \leqslant j \leqslant n}\{\max PL_j\} \qquad (6-15)$$

分配算法就是要找到一个 M 个任务对 N 台处理机的映象 A,使得既达到负载均衡,且总负载最小。

负载平衡的任务分配算法分为两步:

第一步称为任务簇算法(TCA),可描述为:

(1) 取 N 个任务,分别分配到 N 个处理机。

(2) 找到负载最轻的处理机 K。

(3) 从未分配的任务中,找出使处理机 K 的负载增加量最少任务 S。

(4) 将 S 分配给处理机 K,修改 K 的负载值 PLK。

(5) 如果任务分配完毕,转第二步;否则转(2)。

第二步称为任务分配算法,它是为了调整 TCA 之后仍然存在负载不均问题,可描述如下:

(1) 对 N 个处理机按负载排序,使 $PL_1 \leqslant PL_2 \leqslant PL_N$。

(2) 找出这样的任务 $S \in PN$ 和处理单元 V,满足当 s 重分配到 V 上之后 N 和 V 的负载最小。

（3）若 s 的重分配使得负载情况比重分配之前还重,则算法结束。

否则,将 S 重分配到 V,进入步骤(1)。

需要注意的是,最初 N 个任务的选择将影响最终结果的好坏,因此该算法要求最先选取的 N 个任务必须是开销最大的 N 个任务。从上述算法可以看到,启发式方法可以在限定时间内求次优解,但它受初始值的影响比较大,因此有可能找不到较好的解。

6.3.2.2 静态遗传算法

遗传算法的基本过程是:

（1）初始化:将问题的解定义为基因串,随机产生第一代基因。

（2）计算适应函数值。

（3）遗传操作:根据适应函数值使用遗传算子产生下一代基因。

（4）重复步骤(2)和步骤(3)直到算法收敛。

总的来看,虽然静态分配算法没有考虑系统的不可确定因素,但由于在编译时可以完成分配,对于大型应用程序的性能提高起着重要作用。在实际应用中,如果能与动态算法结合使用,则可能取得更好的效果。

6.3.3 动态负载平衡算法

一个负载均衡算法通常由 3 个部分组成:

（1）信息策略:指定任务放置策略的制定者使用的负载和任务量,以及信息分配方式。

（2）传送策略:基于任务和计算机负载,判断是否要把一个任务传送到其他计算机上处理。为了简单起见,在选用传送策略时,多选用阈值策略。例如,常用的方法是判断是否要在本地处理一个任务时,无须交换计算机之间的状态信息,一旦服务队列或等待服务队列的长度大于阈值时,就传送这个任务,而且传送的是刚刚接受的任务。

（3）放置策略:对于适合传送到其他计算机处理的任务,选择将被传送的目的计算机。常用的放置策略主要有以下几种:全局策略、局部策略、分布策略、集中策略、随机策略、阈值策略、最短时间策略等。

通常的负载均衡算法,一般是先采用某种策略计算出各节点的当前负载值,然后依据阈值策略,判断节点是否重载,如果重载,则采用一定的放置策略,将任务传给其他节点。由于该类算法采用是节点的当前负载值,其滞后性降低了系统的性能。在负载均衡控制过程中,我们利用模糊神经网络预测下一时刻本地节点的负载量,借以判断在下一时刻是否会出现重载(超过一定的阈值)。一旦预测重载将要发生,则将启动相应的负载分配模块,进行任务或进程迁移。

参 考 文 献

[1] 徐永红,杨云,张琨,等. FNN 在分布式环境中的负载均衡研究[J]. 小型微型计算机系统,2002.

[2] 陈华平,安虹,黄刘生,等. 分布式任务调度算法的仿真环境研究[J]. 中国科学技术大学学报,1999.

[3] 章军. 分布式内存多处理机上并行任务静态调度[D]. 中国科学院计算技术研究所,1999.

[4] 王君,李肯立,李仁发. 一种改进的可分割任务调度算法 LBMR[J]. 计算机科学,2007.

[5] 王友良,叶柏龙. 分布式系统中动态负载平衡的研究[J]. 科学技术与工程,2005.

[6] 李俊红,解建军. 并行离散事件模拟测试模型研究[J]. 计算机技术与发展,2007.

[7] Solihin Y, GuoF, Kim S. Predicting cache space contention in utility computingservers//Proc ofthe19thIEEEInt. Parallel and Distributed Processing Symposium (IPDPS ' 05). Piscataway, NJ: IEEE,2005.

[8] Kim S. Fair cache sharing and partitioning in a chip multiprocessorarchirtecture //Proc ofthe13thInt. Conf. on Parallel Architecture and Compilation Techniques (PACT'04). Piscataway, NJ:IEEE,2004.

第 **7** 章

作战并行仿真系统体系结构

体系结构(Architecture)一词在英语中最早用于建筑业,表示建筑学、建筑式样、建筑物等。后来,人们借鉴建筑学中的许多思想,将 Architecture 一词广泛应用到计算机硬件、系统工程等领域,提出了计算机体系结构、系统体系结构等概念。

经过并行仿真模型设计,仿真模型可以反映作战系统的并行性,并且能够在支持并行处理的计算机系统上运行,则构成了作战并行仿真系统,可以支持适当规模下的作战并行仿真任务分割、仿真任务分配之后的并行仿真运行,满足作战仿真的实际需求。

本章将分析作战并行仿真系统的功能组成、性能特点、相互关系以及支撑技术,研究作战并行仿真系统体系整体的内涵、外延、层次和关系。

7.1 作战并行仿真系统体系结构的构建原则

仿真体系结构的确立对仿真试验意义重大,是一个复杂的系统工程。系统体系结构应独立于系统的具体实现技术,主要考虑的是有关系统总体结构的顶层问题,其重点放在系统的组成结构、相互关系、系统建模与设计思想上,从总体上把握系统的整体功能、需要解决的问题,采取的技术路线,且必须与当前技术发展水平相适应,充分考虑技术体系结构对系统设计与实现的约束与限制,以保证系统体系结构的可行性与可操作性,保证系统能够遵循有关的标准。

7.1.1 相关概念

作战并行仿真系统的设计与实现过程中,涉及到作战体系结构、系统体系结构、技术体系结构、软件体系结构,需要考虑这些体系结构的具体内涵、外延以及相互关系。

1. 作战体系结构

C^4ISR 体系结构框架定义:作战体系结构是对作战实体、作战任务和作战行动,以及完成作战所需要的信息流的一种描述。

其作用是确定作战领域和范围,明确该作战领域的作战使用需求,即作战任务和过程、动作方式、动作交互和所需要的信息交换以及背景条件等。

在作战仿真系统的设计与开发过程中,作战体系结构就是军事概念模型中关于作战系统的基本组成,包括作战系统的作战实体组成、作战实体之间的关系(静态的编制关系、动态的编成关系、动态的交互关系)以及作战实体与作战环境间的关系。

根据国防大学的研究成果,作战仿真系统中武器装备的体系结构可以划分为组件级、单元级、平台级、系统级和体系级五级。

(1)武器功能组件:是构成单件武器、能够完成一定功能,但不具备独立作战能力的机构、子系统;例如火炮中的随动子系统,轻武器中的拨壳机构都属于武器功能组件的范畴。具有不同特定功能的武器功能组件,按照设计的武器结构关系组成单件武器。

(2)武器作战单元:是由具有不同特定功能的武器功能组件,按一定武器结构关系组成,具备独立作战能力的单件武器;例如轻武器,坦克上的火炮、飞机上的航炮等都属于武器作战单元的范畴,具有不同作战能力的武器作战单元,根据作战任务联接成某一武器作战平台。

(3)武器作战平台:是由具有不同作战能力的武器作战单元与搭载工具,为完成作战任务联接而成的武器平台;例如坦克、飞机和舰艇等都属于武器作战平台的范畴。能够完成不同作战任务的武器作战平台,根据一定构成关系构成武器作战实体。

(4)武器作战实体:是由能够完成不同作战任务的武器作战平台、根据武器作战编制关系构成的武器系统;例如成建制的连、营或团所属的所有武器系统,海军的舰艇编队,空军的作战集群(根据模拟的粒度决定)等都属于武器作战实体的范畴。能够完成不同作战任务的武器作战实体,根据一定作战协同关系耦合成武器装备体系。

（5）武器装备体系：是在联合作战背景下为完成一定联合作战任务，由功能上互相联系、互相作用的各军兵种所属不同武器作战实体，在统一联合指挥控制和联合保障下耦合而成的大系统。如为完成"反空袭联合作战任务"的各种武器作战实体就组成了"反空袭武器装备体系"。

2. 系统体系结构

系统体系结构是为实现作战系统的仿真功能要求，对作战仿真系统的组成结构、各组成部分间的相互关系以及接口进行描述，并明确对系统的性能和技术要求。

3. 技术体系结构

C^4ISR 体系结构框架定义：技术体系结构是为保证系统之间的互操作和相关体系结构之间的兼容性，为系统的具体实现而确定的必须遵守的最低限度的一组规则。它的主要目的是明确为支配系统实现和运行所必须遵循的最低限度的一组技术规则和标准，通过建立一种机制，使之能统一地融合各种作战仿真系统采用的信息技术，以控制各种技术组成部分的配置，确保其能同与之综合集成的其他系统的互操作。其内容包括：

（1）系统部件或组件成元素的安排标准与规范。

（2）各组成部件相互间的关系与接口标准与规范。

4. 软件体系结构

作战并行仿真系统最终形式是一种仿真软件，Shaw 和 Carlan 在 1996 年定义了软件体系结构，包含了创建软件系统所需的组成单元描述、组成单元间交互、指导组合的模式以及对这些模式的约束。

软件体系结构是一个程序或软件系统构建的组织结构，它们之间的关联关系以及支配系统设计和演变的原则和方针。

软件体系结构涉及到可预制和可重构的软件框架结构，包括构件、连接件、约束等基本元素以及引导组织基本元素的软件体系结构风格。其中，构件是指具有一定功能、可明确辨识的软件单元；连接件是用来建立构件间的交互以及支配这些交互规则的体系结构构造模块，是构件交互的实现，它把不同的构件连接起来，形成体系结构的一部分；体系结构风格是反复出现的组织模式和习惯用法，是对一系列体系结构设计的抽象，其本质是一些特定的元素按照特定的方式，组织一个有利于上下文环境里的特定问题解决结构。

7.1.2 设计原则

作战并行仿真系统的仿真对象是作战系统,构建时会受到技术体系结构的制约,形成系统时是典型的软件体系,设计的目标很简单:支持作战并行仿真。

随着计算机处理能力的飞速发展,计算能力的剧增应该能够带动仿真系统能力的增加;更好地解决系统之间的互联、互通及互操作问题,以保证不同的系统可以为系统的总目标协同工作;系统体系结构在设计上还应保证各组成部分可以通过重用、重组等方式来适应不同目标和领域的模拟需求,以提高系统的利用效率,减低系统的开发成本。

具体来说,有以下原则必须遵守:

(1)要适合于作战概念与理论的论证研究,通过仿真能够回答作战相关问题。

(2)要符合作战特点,利于综合集成,能够保证作战仿真系统具有系统与系统之间的互联、互通及互操作性功能要求。

(3)系统构建能适应不同规模的集中与分布式作战仿真。

(4)框架要适合于系统的开放性、灵活性和可扩展性,满足系统的未来发展。

(5)仿真系统和底层仿真引擎要能够分离,用户可以方便地更换底层支撑平台。

(6)仿真系统运行的核心功能和辅助功能分离,用户可以在功能和性能之间自主平衡选择。

7.2 作战并行仿真任务体系

作战仿真系统主要描述战场上各仿真实体的作战行动以及这些行动之间的交互关系造成的相互影响。按照武器装备的类型,可以依据兵种分类,分为坦克、机步、摩步、炮兵、防空、陆航、指控、通信、电抗、侦察、工程、防化、后勤、装备保障、气象、测绘等多种作战实体。

当然,这些装备的模型在功能、结构以及接口上有很多重复,一般来说,按照作战编程、作战地域、仿真功能模块来组织作战仿真,以下分别从这3个方面来描述作战并行仿真的任务体系。

7.2.1 作战编成

作战编成,是作战力量的战时结构,是战时为达成特定的战役目的,根据具体作战对象、战场环境等,从各种武装力量中抽调所需要的成分,组建成隶属于统一的作战指挥机构指挥的力量集团,以便遂行一系列相互关联的战斗和作战行动,赢得战争胜利。作战编成是进行作战仿真的参战单位的组织依据,也是各仿真实体的组织结构体现,由作战力量编制临时组建而成。下面以陆军战役级作战力量为例,分析其作战并行仿真任务。

7.2.1.1 陆军战役作战力量

陆军战役力量基本上由以下力量构成:陆军野战军团、加强的军兵种部队、地方部队、民兵等。

陆军野战军团,是遂行陆上战役任务的诸兵种合成作战集团,在战役中起主导和骨干作用,是完成陆军战役任务的基本力量。它以步兵(摩托化步兵、机械化步兵)和装甲兵为主体,由炮兵、防空兵、陆军航空兵、特种兵、通信兵、电子对抗兵、工程兵、防化兵等诸兵种、专业部(分)队组成。

加强的军兵种部队,是陆军战役军团的重要组成部分,在作战中起着重要的支援配合作用。高技术条件的陆军战役是驻军兵种协同进行的作战,陆军在遂行陆上战役任务时,通常得到空军、第二炮兵、海军部队的支援和配合。空降部队平时属于空军编成内单位,战时可转归陆军战役军团指挥,作为陆军战役力量使用。

地方部队,是陆军战役力量的重要辅助部分。地方部队,包括省军区、独立师(团)和武装警察部队。

在作战仿真中,陆军战役力量由作战想定确定参战力量。在作业系统中对想定涉及到的部队进行初始化设置,形成作战仿真的参战部队编制。

7.2.1.2 陆军战役力量的编成

陆军战役力量的编成,是依据一定的任务和要求对陆军战役军团参加作战的组织系统及其人员、武器装备的规定。其根本目的是将各陆军战役力量组成一个有机的整体。由于陆军战役军团每次的作战任务、作战条件、参战力量各不相同,因此,陆军战役军团的编成一般不固定。通常是在平时建制的基础上,由统帅部或上级战役指挥机关根据作战的实际需要和参战力量的作战特点进行临时编组,由陆军战役军团最高指挥机构具体落实。

战役编成的形式主要有以下 3 种。

1. 基本式

基本式是按作战力量规模进行的战役编成形式,是陆军战役军团最常用的编成形式。根据战役规模的大小,可以组成集团军群战役和集团军战役的编成。

集团军群战役编成,通常由两个以上的基本战役军团——陆军集团军(或省军区)和加强的兵力组成。其编成的基本方法是围绕着主要任务、主要作战方向和重要的作战集团编配作战力量。

集团军战役编成,通常由建制和加强的兵力组成。其编成的主要方法是围绕着主要任务和主战兵力集团统一编配作战力量。

省军区战役编成,相当于集团军战役编成的规模,其编成方法通常围绕主要作战任务,统一编组作战力量,并在获得加大的加强后形成战役作战能力。

2. 任务式

任务式是按战役任务类型进行的战役编成形式。陆军战役军团可按照不同类型战役任务的需要,组成进攻战役军团或防御战役军团。

进攻战役军团的编成,通常由攻击力较强的兵种为主体组成,并围绕进攻作战的需要,结合战役规模,合理编配其他作战兵力。

防御战役军团的编成,通常由防守能力较强的部队为主体组成,并围绕防御作战的需要,结合战役规模,合理编配其他作战兵力。

3. 综合式

综合式是将力量规模与战役样式相结合的编成形式,是未来陆军战役力量的重要编成形式。在编成时,首先要考虑战役力量的规模,而后再考虑战役样式和任务的需要。

在作战仿真中,通过作业系统,根据作战想定,实施具体的编成方案。

7.2.1.3 作战编成的并行特性

作战编成的并行特性是指按照作战编成的组织形式,各级、各类作战力量在作战中的行为是并行的。在作战仿真系统中,按照作战编成结构的特点组织仿真,将整个作战编成力量分布在不同的仿真任务中,可以实现并行仿真。

由战役力量和战役编成的特征可见,不管采用哪一种编成形式,作战编成之间存在着大量的并行特性,主要体现在如下几个方面。

(1)各类作战力量的作战行动是并行的,联合作战条件下的陆军战役需要各军兵种之间相互协同,导致作战系统的实际并行度 $DP_s\mathrm{rel}(t)$ 很大。

(2)编成力量中,上下级别的编成力量在作战行动上是并行的,指挥所的指挥行为与作战力量的作战行为是并行的,在整个战役期间,各级指挥所都一直按照循环执行着掌握情况、分析判断、定下决心和组织指挥4个螺旋式的指挥活动;各作战力量在不断地执行指挥命令、上报情况等行为。

(3) 编成力量中,同级别的编成力量之间是并行的,不同军兵种作战力量的作战行动是并行的,原部队和加强的作战力量的作战行动是并行的,编成力量和支援力量的作战行动也是并行的,这些编成力量在作战过程中会相互协调、配合,在同一时间会执行不同的作战任务。

(4) 编成力量中,拥有并行特性的作战力量的粒度由编成的最小单位决定,当编成最小单位到单装或单兵时,各装备、人员的作战行动具有并行性。

(5) 如有多个作战方向,不同作战方向上会有不同的编成单位作战,如主攻方向与副攻方向上的编成单位内的指挥机构、信息作战单位、不同类型的武器装备、保障单位等都存在着并行性,这些单位之间的影响可能很少。

所以,按照作战编成的结构,将各种编成力量分布到各个仿真任务,分别建立这些编成力量的仿真模型,这些模型的运行是可以并行运行的,其实际并行度由编成力量分布在各个仿真任务中的具体情况决定,构建并行仿真系统要最大限度地提高仿真系统的实际并行度,以提高作战仿真系统和作战系统之间的并行相似度。

7.2.1.4 面向作战编成并行仿真的特点

(1) 作战编成之间存在相似性。作战编成中存在相似性,主要表现在整个作战编成的结构和作战编成的部分结构是相似的,局部作战编成之间也存在相似性,如方向集群之间的编成结构是相似的,集群内部的指挥关系、作战实施、组织、管理等方式都是一样的。由于作战编成中存在着相似性,从而可以用一致的模型来描述作战编成的结构。按照作战编成进行作战并行仿真任务分割时,各个分割的编成可以采用相同的功能模型来描述,从而,整个仿真系统之间也存在相似性。

(2) 作战编成的并行仿真可以实现基于数据并行的仿真。因为各分割的仿真任务之间存在相似性,基于作战编成实现并行仿真,实现了数据分割的并行,在较高的粒度上,模型是一样的,只是初始化数据不同,这种并行实际上是数据分割的并行。即采用相同的程序,运行不同的数据,这种并行仿真将极大地提高作战仿真系统的并行仿真效率。

(3) 作战编成并行仿真最终的并行实际上是实体的并行。作战编成是对作战力量的重新组合,编成最底层的单位是各作战实体,对作战编成进行任务分割、合并形成的并行仿真系统中,各个任务并行运行时,实际上是实体模型的并行运行。

(4) 交互关系会有转移。在实际作战过程中,交火关系会发生变更,作战编成的隶属关系也会发生变更,所以,根据作战编成实现作战并行仿真会出现交互关系的转移。如图 7-1 所示,在 t_1 时刻,红方 1 师和蓝方 1 团、红方 2 师和蓝方 2 团发生交火;随着战役的发展,在 t_2 时刻,交火关系发生了变化,红方 3 师接替红方 2 师与蓝方 2 团发生交火。

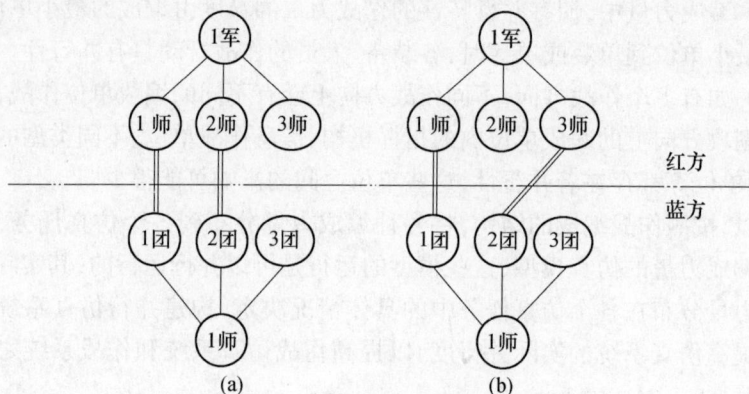

图 7-1 交互关系的转移[①]

(a) t_1 时刻的交互关系;(b) t_2 时刻的交互关系。

(5) 作战编成的并行仿真体现了两个编成体系之间的对抗。作战双方为了战役目的都进行了作战力量的编成,因此,按照作战编成进行作战并行仿真,必须按照两个编成的结构特点进行并行仿真的任务划分,需要对两个编成体系进行任务分割与合并,主要特点就是红蓝双方的对抗,在形式上体现为两个编成之间的对抗。

7.2.2 作战地域

7.2.2.1 陆军作战地域的特点

空战场中的实体较少,且运动速度极快,进行二维或三维意义上的空域划分意义不大,海战场中的实体更少,且在海域中的分布极不均匀,不适合按照海域划分,作战地域最复杂的是陆战场了。

[①] 图中单线条表示一方的上下级关系,双线条表示双方之间的交互关系,以下图中均同此例。

陆军作战以陆地为主要战场,联合作战条件下的陆战场,不仅包括陆地地域,还包括与其相关的空域、海域和电磁领域。陆军战役的作战地域,是指陆军战役战场在地球表面上的二维分布。作战地域的大小,是区别战争、战役和战斗的重要标志之一。

根据战役目标和战役任务,各种作战力量进行了战役编成,根据指挥人员的作战意图,将各种编成力量按照各自的特点部署在各个作战地域,以执行各种不同的作战任务。所以各种作战力量在不同的作战地域上的作战行为是并行的。所以,作战地域的并行实际上是不同作战地域中的作战力量之间的并行性。

陆军作战中,各种作战单位、装备分布在一部分作战地域上,如果对作战地域划分成多个区域,在不同区域上的作战力量之间存在着并行性,这种并行性是典型的空间并行。如图7-2所示。

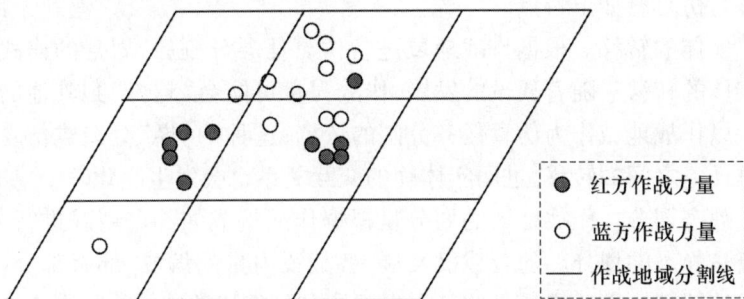

图7-2 仿真任务的空间并行特性示意图

可以将作战地域分割成不同的区域,按照分割的区域组织作战并行仿真,将每一个区域上的作战力量的仿真模型分配到该区域相对应的仿真任务中,可以实现基于作战地域并行特性的并行仿真。

按照作战地域的并行特性,按照对作战地域的划分建立各个区域的仿真模型,当某一个仿真实体由某一区域进入到另一区域时,会发生两个仿真任务之间的实体转移,会相继引发其他关系的变化。

7.2.2.2 面向作战地域并行仿真的特点

作战地域并行仿真,实际上是根据主要作战方向和次要作战方向之间的并行性,可以根据主要方向和次要方向作战力量的部署情况,对作战地域进行分割。

在作战部署上,各作战力量分散配置在不同的作战地域,实施作战时,不同的作战力量相互协调、集中实现共同的作战目标。联合作战条件下的陆军战役,无论是进攻战役还是防御战役,都强调建立有重点、大纵深、立体的战役部署,以利于集中力量于主要方向和关键时节,便于适时集中与分散。根据我军以往陆军战役的经验,为适应未来高技术局部战争的需要,战役部署通常可分为集团部署和梯队部署两种。陆军进攻战役集团部署,一般编组攻击集团、牵制集团、阻援集团、战役预备队、火力突击集团等。陆军防御战役集团部署,一般编组防守集团、机动集团等。梯队部署通常按投入交战的先后为序,将攻防兵力编组为第一梯队、第二梯队、预备队等,根据需要,有时还编组第三、第四梯队。所以,作战地域并行仿真的任务划分是根据敌我双方作战力量的战役部署特点,将作战地域划分多个作战区域,用分割后的作战区域描述作战任务、作战实体的分割与合并,仿真任务的并行运行实现的是各个划分区域的作战实体的并行性仿真。作战地域并行仿真有如下特点。

(1)实体的转移。根据作战地域进行仿真任务分割后,划分的作战地域之间存在实体的转移。随着战役的发展,作战力量可能会"越界"到其他的作战区域。如果以作战地域作为仿真任务分割的依据,这种"越界"会造成仿真实体在各个仿真任务之间的转移,进而实体间的交互关系也会发生变化。

(2)静态划分。作战地域的划分是根据作战编成的部署情况进行分割的,这种划分是静态的划分。随着战役发展,各战役力量的编成、部署都会改变,静态的作战地域划分不适应战役的动态发展,因此,作战地域并行仿真应该作为辅助的并行方法,和其他并行仿真方法相结合,以适应战役力量在各个作战地域上的位置变迁,实现陆军战役级装备作战的并行仿真。

(3)实现简单。根据作战地域进行仿真任务分割的实现方式简单,可分性强。根据作战力量的编成、部署情况,可以实现作战地域的分割,这种分割和战役的组织形式是对应的,战役的组织是有层次的,所以对作战地域的分割可以根据作战编成的层次特征,依据各作战编成力量的部署情况,实现作战地域的层次分割。

(4)地面划分为主。作战地域包含多维空间,且多维空间联系紧密。以往陆军战役多为陆军独立行动,战场空间范围主要局限于地面,具有较大的独立性。高技术条件下陆军战役通常是联合战役的组成部分,陆战场与海、空、太空、电磁各战场的联系更加紧密。陆战场的作战行动离不开太空战场的情报侦察预警,离不开电磁战场作战夺取制电磁权,在登陆和濒海地区作战还离不开海战场作战的支援配合;而陆战场也是海战场、空战场、太空战场的基地,只有发挥各战场作战的整体威力,才能夺取战役的胜利。随着军队武器装备信息化程度的不断提高,陆、海、空、天、电协同作战将逐渐被陆、海、空、天、电一体化作战所取代。根据作战地域进行并行仿真,是以地面分割为主,其他的空间可以合并在一个任务之内。

(5) 方便非编成目标的模型描述。非编成目标,就是在作战编成中无法列入的一些目标,如敌我双方的关键性民用设施等。面向作战地域的并行仿真便于划分不同作战地域中的非编成作战目标。战役级作战仿真中,有大量的非编成目标,利用作战地域来划分这些作战目标非常适合对作战交互的描述。

7.2.3　功能模块

所谓功能模块,是指模型的功能模块:一是受开发任务分工的限制;二是结合具体的装备、作战行动的模型,在仿真模型的功能实现上,有比较明确的划分。

根据作战仿真的目标,可以按照作战功能可将作战系统分为 7 个主要的功能模块,分别是指挥、通信、电子对抗、侦察情报、武器系统、作战保障和装备保障,另外,还需要战场环境功能模块提供地理信息以及初步的地形分析、随机数功能模块提供符合分布规律的随机变量。为方便描述,以陆军战役级作战仿真为例,分析作战仿真系统的功能模块。

7.2.3.1　作战指挥仿真功能模块

作战指挥是指挥员及其指挥机关对作战行动所进行的组织领导活动,其核心是定下决心和实现决心。在决定作战胜负的诸因素中,作战指挥的正确与否,直接影响到作战的成败,具有极为重要的地位和作用。

陆军作战指挥的基本任务:根据上级意图,统一筹划与组织作战并指导战役实施,正确使用诸兵种和其他战役力量,灵活运用各种战法和作战手段,充分发挥主观能动性,最大限度地发挥参战力量的整体威力,将作战导向胜利。

作战指挥仿真是作战仿真中最重要的内容,以战役级作战仿真为例,陆军战役级作战的指挥仿真,具体包括如下功能子模块:战役指挥系统的组织结构、战役筹划与组织、战役指挥。

1. 战役指挥系统的组织结构子模块

作战指挥仿真主要依据陆军战役指挥系统的结构展开,指挥系统按照一定的指挥关系所构成,是陆军战役指挥的组织基础。战役指挥机构的编成,是将陆军战役指挥力量按照履行不同作战指挥职能的需要组成有机的整体。通常建立基本指挥所、预备指挥所和后方指挥所。需要时,建立前进指挥所、方向指挥所等。指挥所的编组是将各指挥机构内的人员和指挥装备等按照一定的要求进行临时性的组合。各种指挥所、中心的具体组成结构和任务如下。

基本指挥所：是战役的基本指挥机构，是供战役指挥员和指挥机关基本成员使用的主要场所，是实施战役指挥的中心。通常由主官或上级指派的战役指挥员、参谋长和司令部的主要成员，政治、后勤、装备机关和参战的各军兵种有关人员及通信系统、指挥自动化系统组成。通常由指挥中心、情报中心、通信中心、信息战中心、火力中心等组成。其中，指挥中心是基本指挥所的核心，由陆军战役军团指挥员、加强军种指挥员和作战、机要及其他有关部门人员组成，并配备功能齐全的指挥自动化系统和通信系统，主要负责进行战役决策，制定战役总体计划和有关计划，下达作战命令和指示，掌握作战动态，协调控制作战行动，指导协调整个指挥所的计划组织工作；情报中心负责情报侦察工作，实时统一计划与协调，并统一处理各方面的情报；通信中心负责统一计划和协调通信保障和组织指挥自动化系统的运用；信息战中心统一计划与协调战役军团各种信息战力量的使用和作战行动；火力中心由炮兵、防空兵、陆航部门及支援作战的军种作战小组有关人员组成，主要负责统一计划与协调对地火力支援和对空作战行动，监督作战地区空域的使用。

预备指挥所：是为准备接替基本指挥所的指挥而建立的预备指挥机构。通常由副职首长和必要的参谋和政工、后勤、装备技术人员及必要的指挥自动化系统、通信系统组成，并配备必要的勤务保障分队。预备指挥所同基本指挥所有密切的联系，并接收情况通报，随时了解并掌握战役的发展情况，一旦基本指挥所遭到破坏或不能对战役行动实施指挥时，立即接替指挥，以确保战役指挥的不间断。

后方指挥所：是为统一组织与实施后方指挥而建立的预备指挥机构。通常由一名战役副指挥员兼任指挥员，由参战各军种后勤、装备部门以及地方支前机构的有关人员组成，配备必要的指挥自动化系统、通信系统和警卫等保障力量。主要负责部队的部署、后勤和装备技术保障的实施，后勤和装备技术各单位的协同、通信联络、后方防卫的组织指挥，随时准备在必要时担负指挥后方的防空、防核生化武器和阻止敌地面部队袭击，以及后方反空降作战等战役后方工作。可编组后方指挥中心、后勤保障中心、装备保障中心和后方防卫中心。

前进（方向）指挥所：是为了加强战役主要方向的指挥而建立的辅助指挥机构。通常由副职首长、少数参谋人员和通信分队组成，并配备必要的勤务保障力量。前进（方向）指挥所主要是辅助基本指挥所实施指挥，开设的位置比基本指挥所靠前，有时可利用下一级的基本指挥所。可视情编组指挥中心、火力协调中心和保障中心等。

战役级指挥系统的组成结构仿真模型在组成结构上和指挥所的结构是一一对应的,可描述基本指挥所、前进指挥所、后方指挥所、预备指挥所等不同的指挥所,以及不同级别(军、师、旅、群、营)的指挥所。图 7 – 3 是某级基本指挥所组织结构模型示意图。

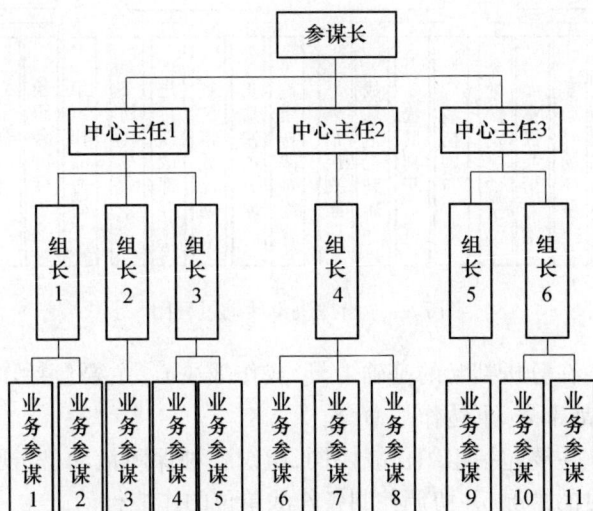

图 7 – 3   某级基本指挥所组织结构模型示意图

对作战指挥的仿真可以依托指挥所实体,建立各级指挥所的仿真模型,根据战役指挥系统的组成结构,基本指挥所的结构按照"中心制"组织,中心下设业务编组,业务编组中包括各业务参谋。

2. 指挥流程仿真子模块

指挥流程的仿真是作战指挥仿真的核心,指挥流程功能子模块能够对指挥系统的整个指挥流程进行逐一描述。在每一个仿真步长内,模型按照指挥流程中的掌握情况、分析判断、定下决心和组织指挥 4 个螺旋式循环的活动构成,如图 7 – 4 所示。

掌握情况。主要包括:领会上级意图,主要是领会上级作战任务和目的;明确作战任务,就是弄清本级作战单位的作战任务和作战任务在战役中的地位;掌握敌情、我情、友邻情况以及战场环境,是通过上级通报的情报、友邻提供的情报和下属侦察力量上报的情报,生成综合态势的过程。

分析判断。在掌握情况的基础上,对当前态势进行分析判断,主要是敌情、我情、战场情况的预测与判断,最后形成总体的情况判断结论,为定下战役决心提供依据。

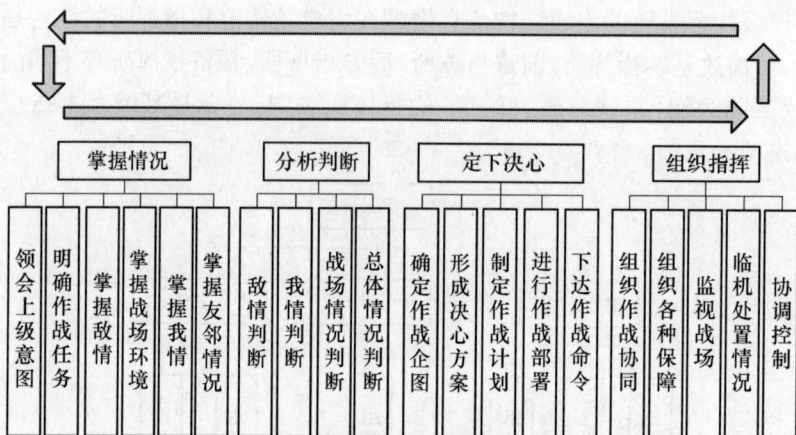

图 7-4　指挥决策活动过程图

定下决心。在分析判断的基础上,形成作战决心,主要包括作战企图、作战计划,并进行作战部署,下达作战命令。

组织指挥。主要包括组织作战协同,组织各种保障活动,监视战场情况,临机处置各种临时的情况,并协调控制各作战单位的作战行动。

3. 指挥席位决策仿真子模块

指挥流程中的每项指挥工作由指挥席位完成,每个指挥席位的指挥工作含有大量的智能行为,在需要决策时,调用决策仿真模型。

7.2.3.2　信息作战仿真功能模块

高技术条件下的陆军战役中,信息作战成为影响战役结果至关重要的作战行动。信息作战仿真的主要内容是对地面、空中、远程火力和电子战等各种力量构成的信息系统之间的通信、电子对抗和侦察等活动进行仿真。主要包括通信仿真、侦察仿真和电子对抗仿真功能子模块。

1. 通信仿真功能子模块

安全、稳定的通信是各级作战单位之间有效联系的保障,是命令、情况上传下达的根本。通信分系统是指挥命令、敌我态势、请示报告的传输渠道。在进行作战仿真时,通信分系统的仿真成为作战仿真的一个重要组成部份。通过对通信分系统的仿真,研究作战过程中通信的关键环节、网络条件下的关键节点、战场上的信息流向、信息流与火力流的关系。实现对通信网络运转过程的仿真,具体描述各个通信网络、通信车辆,完成通信网络的初始化、通信请求处理、通信回复发布、战损处理、流量统计等功能,包括网络初始化、干线网络通信仿真、指挥所网络通信仿真、流量统计、战损处理、车辆机动等内容。

一个仿真节点需要仿真一个编成单位内多个仿真实体的指挥、控制、侦察、通信、武器作战等,计算量比较大。因此,对通信系统的仿真粒度不能太细,不可能按照通信机理,对通信系统的 7 层协议全部进行仿真。

比较可行的办法是采用二次仿真方法,先用比较精确的商用通信仿真软件进行通信链路的仿真,对应不同的电台、地形、气象、车辆速度、通信距离、电磁环境和通信量的组合,计算通信延迟和误码率。计算结果通过表的形式或拟合函数的形式存储到计算机中。仿真时,根据需要通信的两个电台之间的实际参数,通过查表或使用拟合函数计算通信延迟和误码率。

通信链路上的通信延迟和误码率计算出来后,还需要对网络层进行仿真,主要是路由的仿真,冲突、避让过程的仿真。通信系统仿真最终输出结果为通信延迟(或不通)和通信误码率。由于有误码,接收到的数据有可能是错误的数据,此过程的仿真和实际系统的处理方法相同。

2. 侦察情报仿真功能子模块

侦察活动的目的是获得敌方作战活动的有关情报,为指挥所正确的指挥决策或作战命令的调整提供情报支持。侦察情报仿真主要内容有:侦察任务处理和侦察任务规划、机动命令处理和侦察任务的机动规划、侦察平台的机动仿真、侦察设备的侦察仿真、侦察结果处理仿真、情报发送仿真。

3. 电子对抗仿真功能子模块

电子对抗,就是敌对双方利用电子设备或器材进行的电磁斗争。电子对抗的目的:一是采取电子侦察,运用电子干扰、压制和摧毁等手段破坏敌方电子设备的正常工作,使其指挥、控制和通信失灵;二是采取反电子侦察、反电子干扰、反压制和摧毁等电子防御措施,保障己方电子设备效能的正常发挥。

战役级作战仿真系统对电子对抗的仿真,需要根据作战想定确定电子对抗采用的武器平台、电子对抗的方式,在仿真中对相关电子对抗单位的活动进行仿真,电子对抗仿真和相关的信息化装备之间产生交互关系,校正装备在电子对抗条件下的作战效能。电子对抗模块包括通信干扰、雷达干扰、光电干扰等模型。

7.2.3.3　武器系统仿真功能模块

武器系统模型涉及陆军主要的作战装备:轻武器、压制武器、反坦克武器、装甲武器、防空武器、陆航武器等。武器系统仿真主要实现的功能是实现上级的命令接收与解读、武器机动、火力行为及毁伤的仿真。各类武器按照自身的特点,实现各自的仿真。

武器系统模型需要描述各分队依据上级下达的作战命令,进行战场观察、机动、交火等各种作战行为,产生武器装备的位置、弹药消耗、装备战损等作战结果。按照装备分类特点,武器系统仿真功能模块主要包括以下六类模型。

(1)装甲武器模型。装甲武器模型涉及装甲输送车、步战车和坦克等装甲装备。主要包括机动模型、射击模型、命中模型、毁伤效果模型等。

(2)轻武器模型。轻武器模型包括各种枪械、榴弹发射器、单兵火箭筒的射击、命中、毁伤效果模型等。

(3)压制武器模型。压制武器一般不单独使用,以连为单位建立相应的射击与毁伤模型。主要包括射击模型、各种弹药的毁伤效果模型。

(4)反坦克武器模型。反坦克武器包括反坦克炮及反坦克导弹,主要包括命中概率模型和毁伤模型。

(5)防空武器模型。防空武器模型主要是对牵引高炮连,自行高炮连,防空导弹发射车连,便携式防空导弹发射组等各种防空武器进行仿真。防空武器模型主要包括机动模型、绕行模型、命中模型等。

(6)陆航武器模型。陆航武器模型描述了陆航任务的执行时序,主要包括机务准备模型、出航航线飞行模型、侦察模型、带队机任务规划模型、调整航线模型、单机攻击模型、单机攻击效能模型、返航模型等。

7.2.3.4 保障仿真功能模块

保障仿真包括作战保障仿真、后勤保障仿真和装备保障仿真。

1. 作战保障仿真

战役作战保障,是为保障战役军团安全和顺利遂行战役任务,由战役指挥机关统一计划组织的各种保障措施的总称。

战役作战保障的内容主要包括:侦察情报保障,通信保障,工程保障,伪装,交通保障,对核、化学、生物武器及其他特殊杀伤破坏性武器的防护,气象、水文保障,测绘保障和战场管制等。在装备作战仿真中,将侦察情报、通信作为作战行动,建立了相应的模型,因此战役作战保障仿真主要实现工程保障、伪装、交通保障、核生化防护、气象水文保障、测绘保障和战场管制的仿真。

2. 后勤保障仿真

陆军战役后勤保障,是陆军战役军团筹划和运用财力、人力、物力,为战役准备与实施所进行的保障活动。内容包括物资保障、卫勤保障、运输保障、财务保障、野营保障等。在装备作战仿真中,主要实现对上述 5 个后勤保障主要内容的仿真。

3. 装备保障仿真

陆军战役装备保障,是陆军战役军团组织和运用装备管理及技术保障力量,为战役准备与实施所进行的保障活动。内容包括:装备补充、器材保障、维修保障、弹药保障、装备使用管理等。

装备维修保障和弹药保障是装备保障的主要工作,装备维修保障的主要任务是组织实施武器装备的维护、改装、抢救、抢修和损坏装备的后送修理,提高战损装备的战场再生力。主要特点是武器装备的技术含量增大,保障的技术性强,作业量大,时效性要求高;保障力量受敌威胁大,常常在交战中实施保障。弹药保障的主要任务是对战役所需的弹药进行筹措、储备、补给和管理。

装备保障模型描述各级装备保障指挥、机动、毁伤装备侦察、抢修、抢救、后送、器材和弹药补充的过程,获得各保障机构在保障过程中的行动状态数据及装备修复、器材消耗、器材补给、弹药补给等保障结果数据。

7.2.3.5 面向功能模块并行仿真的特点

作战仿真系统中各个功能模块的并行仿真有如下特点:

(1)功能模块并行是最基础的并行仿真。作战仿真系统在开发的过程中,首先实现的是仿真系统的功能模块,各个功能模块的具体实现具有各自的独立特性,功能模块之间的交互已经在开发过程中确定并优化,同时功能模块之间的协调关系也都进行过了推理,功能模块并行仿真实现只需要在现有系统上进行并行改造即可。同时,功能模块是仿真系统最基本的组织形式,所以功能模块并行仿真是最基本的并行仿真形式。

(2)功能模块之间的通信关系固定。各个功能模块描述的是某一类作战行为或某一类武器装备,各功能模块之间可以用固定的接口描述其交互关系。功能模块的并行仿真中,随着仿真时间的推进,红蓝双方的作战力量结构会发生变化,但各个功能模块之间的接口不变,改变的只是传递的数据,相互之间的通信关系是固定的。

(3)红蓝双方可以实现功能模块的部分重用。功能模块的设计与开发是与具体的作战力量分离的,这种分离的特征可以实现红蓝双方对功能模块的重用。而各个功能模块可以是一样的,对于红蓝双方来说,都有作战指挥、信息作战、武器系统、保障等仿真的功能模块,当红蓝双方功能模块原理相同,仅作战仿真模型采用的参数不同时,可以实现功能模块的重用。

7.3　作战并行仿真系统功能设计

作战并行仿真系统,主要用来实现作战并行仿真,它包含在多计算机节点、节点内多内核上的并行仿真任务分配、并行仿真软件的生成、运行及通信、控制与管理等功能。

7.3.1　并行仿真集成功能

通过并行仿真集成功能,与每个核相对应,生成较大的串行结构,与每个仿真节点对应,生成多个较大串行结构的并行结构,与多个仿真节点对应,形成分布式的并行结构。

1. 较大串行结构构建功能

最小粒度的串行任务由模型决定,根据模型描述的粒度,最小粒度的串行任务可以到大型装备的单平台,也可以到单个部组件,指挥仿真的粒度可以到指挥所,也可以到席位。

统计支持并行仿真的硬件条件,根据所有的核的计算能力,平均分配最小粒度的串行任务,并将这些任务组合成较大串行的任务,当然,也可以不组合,可以采用多线程的方式让计算机操作系统自动分配。

2. 多串行结构形成仿真节点内的并行结构

在一个仿真节点内部,根据任务分配结果,由并行仿真程序调用多个并行的仿真任务,实现节点内仿真任务的运行控制与管理,实现节点内部的并行仿真。

3. 多仿真节点分布式并行结构

仿真系统在多节点上是一个分布式的并行结构,根据任务分配结果,各个仿真节点上应该启动的任务已经确定,由仿真程序分别调用多个并行的仿真任务,并实现分布式的仿真任务的交互。

7.3.2　并行仿真通信功能

并行仿真通信,实现仿真节点内多个串行结构的仿真任务的通信,同时在仿真节点间实现分布式的通信,与其他分系统如二维态势、三维态势等通过分布式通信实现交互。

(1)仿真节点内多串行结构的通信。在一个仿真节点内部,有多个并行的仿真任务,这些仿真任务之间有交互,由仿真程序创建共享内存区,为节点内仿真任务的交互提供通信环境。同时,这些任务和其他仿真节点上的仿真任务之间也有交互,仿真程序创建并访问共享内存区,为节点间仿真任务的交互提供通信环境,并对仿真节点内和仿真节点间的通信进行管理。

（2）仿真节点间分布式通信。多个仿真节点上的仿真任务需要进行交互,仿真并行集成环境通过仿真程序实现仿真节点间的通信,仿真程序通过 RTI 连接,在仿真节点内部通过共享内存区读取或者写入交互数据,通过 RTI 进行仿真节点间的通信。

7.3.3 并行仿真管理功能

通过并行仿真管理功能,实现时间管理,包括不同步长的管理、变步长管理、与其他仿真系统同步控制等功能;实现运行初始化管理,对初始化的方式进行管理,实现两次初始化,一次是武器装备、指挥所的生成初始化,一次是根据作战编成、IP 分配等操作,进行初始化;实现运行结果管理,是实现对各分布的仿真节点上多个并行的任务生成的仿真结果进行统一的统计和处理;实现运行中的监控和管理,主要用于错误定位,便于修改和调试程序。

1. 运行时间管理

在不同的仿真时段内,并行仿真系统的步长是可调整的,在模型的层次,将步长作为参数,便于随时调整。对运行时间的管理,通过各个模型在适用范围中对最大步长和最小步长的描述,限定步长调整的范围。

在相同的仿真时段内,并行仿真系统中各个任务的步长是不一致的,如陆航与防空导弹可能为 100ms 交互一次,其他为 1s 交互一次,作战并行仿真系统提供运行时间管理功能,实现不同仿真时段内步长的管理和同一时段内不同步长的管理。

2. 运行初始化管理

各个仿真任务的初始化数据来源于数据库,初始化数据的种类繁多,包括装备的基础性能数据、编制、编成等相关数据。初始化的时机不同,有的在调用模型时初始化,有的依靠最小串行链进行初始化,有的依托较大的串行结构进行初始化。运行初始化管理功能在进程框架中实现,按照统一的数据库访问接口实现,通过仿真程序调用,给各个并行任务传送初始化数据所在的位置。

3. 运行结果管理

运行结果存放在本地,和运行的仿真任务一样,是并行产生的,在不同的结果文件中,分布于不同的仿真节点中。而且,每次并行仿真任务之后,每个任务所在的位置也会改变。

运行结果管理功能在各个仿真程序中实现,根据仿真程序调用的多个最小串行链的信息,管理各个结果文件,并实现仿真节点内的数据文件的统计和上报。

4. 运行中的监控、管理、排错

运行中,可以对各个任务进行监控,通过分控程序监控本仿真节点上的各个仿真任务的运行情况,包括同步情况、数据收发等情况。

运行中的排错,主要在集成阶段使用,当某个任务出错后,可以跟踪其大致的错误类型,在联试阶段,方便调试,在运行时,依托状态恢复功能,重新启动该任务,并恢复该任务的运行。

7.3.4 并行仿真任务分配功能

1. 仿真任务计算与通信时间分析

初次运行,按照模型分类以及任务平均数,分配各个仿真节点上运行的任务。多次运行后,统计各类任务在计算高峰时段的平均计算时间,以此作为各任务的计算时间。

集成时,每个任务都会提交传输给其他任务的通信包,通过对通信包大小进行测试统计,可以获得各个任务之间的通信量大小。

2. 任务分配

按照各任务的计算时间和任务间通信包的大小,分配任务。首先,按照作战编成和任务平均数据,进行初步的分配;然后,按照计算时间总计结果,调整部分通信量小的任务到其他仿真节点上。初步规则,每个仿真节点上总的计算时间不超过平均计算时间的 ±10%。

在任务分配界面上,根据具体的想定、试验或训练方案定制相应的仿真任务并行分配方案。运行后,若不满足实时性要求,根据计算时间统计结果,在任务分配界面上,再进行调整。

3. 配置文件生成

根据任务分配结果,形成各个仿真节点上应启动的仿真任务列表和应开设的共享内存列表,共各个仿真进程使用。

作战并行仿真系统的功能组成如图7-5所示。

作战并行仿真系统

并行仿真集成功能
- 较大串行结构构建 — 进程框架 / 仿真任务组合模块
- 节点内并行结构构建 — 仿真任务调用模块 / 共享内存开设模块
- 节点间分布式结构构建 — 仿真任务分配模块 / 分布式通信模块

并行仿真通信功能
- 节点内多串行结构的通信 — 共享内存访问模块 / 数据交互区分配模块
- 节点间分布式通信 — 分布式通信模块 / 与其他系统的通信接口

并行仿真管理功能
- 运行时间管理 — 与其他系统同步模块 / 各仿真任务同步模块 / 各仿真任务步长配置模块
- 运行初始化管理 — 数据库访问统一接口 / 初始化控制模块
- 运行结果管理 — 运行结果文件生成配置模块 / 运行结果统计处理模块
- 运行中的监控及管理 — 状态监控模块 / 错误定位模块

仿真任务分配功能
- 计算与通信时间分析 — 仿真时间性能统计分析模块 / 通信包统计分析模块
- 任务分配 — 任务分配模块 / 手工分配操作模块
- 配置文件生成

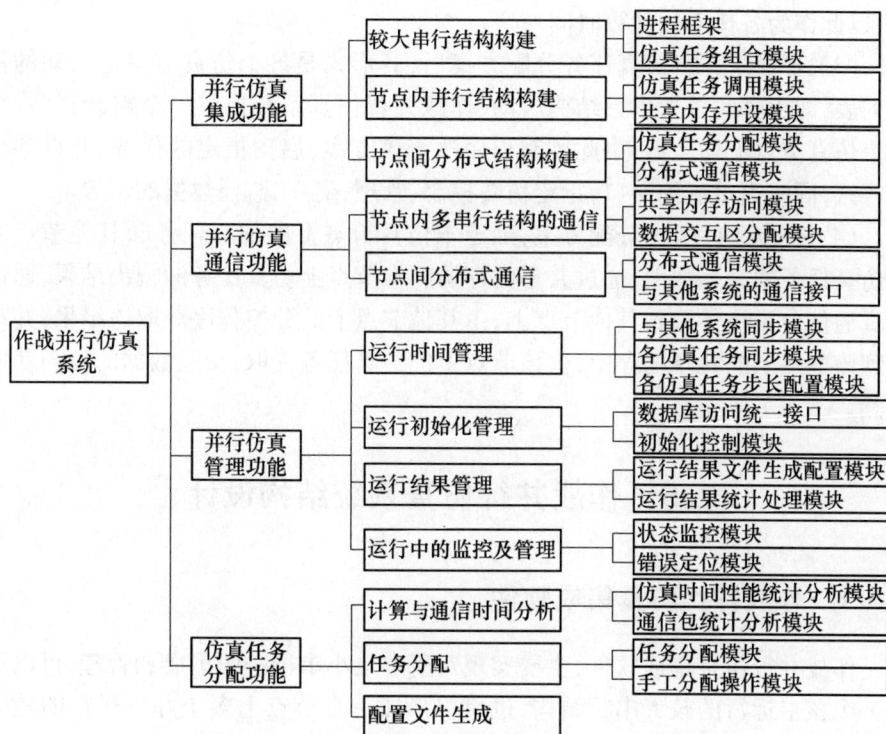

图 7 – 5   作战并行仿真系统的功能组成结构图

7.4   作战并行仿真系统的使用流程

作战并行仿真系统按照先集成,后运行的使用流程,进行并行仿真系统的集成运行。

（1）由各个模型开发者提供最小串行链的模型,将最小串行链装入到进程框架中,形成最小串行链构成的多线程并行仿真程序,可由此并行仿真程序生成可执行的仿真程序。进程框架提供最小串行链的调用接口,供集成环境在运行时根据任务分配结果进行调用;调用接口包括该最小串行链的步长设置、初始化数据位置设置、运行结果文件设置、运行状态信息设置等内容,在作战并行仿真系统调用该最小串行链时传递给该任务。

（2）形成了可执行的多线程并行仿真程序后,由并行仿真任务分配软件提供任务分配方案,在初次运行时,按照兵种分类以及任务平均数,分配各个仿真节点上运行的任务。多次运行后,统计各类任务在计算高峰时段的平均计算时间,以此作为各任务的计算时间。

（3）形成了并行仿真任务分配方案后,其形式是各个仿真节点上启动的任务列表,即由哪些较大串行结构启动,作战并行仿真系统提供一个控制程序,在各个仿真节点上均运行,由此控制程序执行该方案,启动指定的任务,开设共享内存区,同时通过调用接口,指定仿真控制、管理、交互、监控数据的位置。

（4）控制程序通过分配方案,确定本仿真节点上的仿真任务和其他节点上的仿真任务的交互数据,通过共享内存访问本节点上仿真任务的输出结果,通过仿真通信分系统传输到其他节点上,由其他节点上的分控程序获取该结果,并写入到该节点上的共享内存中,供该节点上的仿真任务读取,交互数据的反向获取亦然。

7.5 作战并行仿真系统结构设计

7.5.1 作战并行仿真集成软件

作战并行仿真集成软件,主要实现对所有最小串行链的集成和管理,可以形成一个核上运行的较大串行结构,也可以形成一个节点上多个并行运行的较大的串行结构,在多个仿真节点上,可以形成各个仿真节点上多个并行运行的较大的串行结构。

并行仿真集成软件由多个部分组成,主要包含以下模块。

1. 进程框架

进程框架支持对多个线程的集成,一个线程对应一个最小粒度串行任务。线程的运行是并行的,每个任务内部的运行是串行的,分为初始化、读交互数据、仿真帧运行、写交互数据 4 个步骤。在发出仿真初始化指令的时候,运行仿真初始化,在仿真运行过程中,循环运行读交互数据、仿真帧运行、写交互数据 3 个部分。

进程框架为控制程序留有调用接口和控制、管理、交互数据接口,供控制程序按照任务分配结果进行调用和传递各种参数。

2. 控制程序

控制程序既是并行仿真集成的一部分,又是仿真运行的一部分。进程框架实现了对各个最小串行链的集成,并形成可执行程序,而控制程序是产生最终运行时的较大串行结构、各个节点内的多串行结构的主要工具。

控制程序在每个仿真节点上都有安装,是一个值守程序,根据并行仿真任务分配的结果,调用进程框架生成的可执行程序,并为调用的各个任务生成共享内存区,供节点内的仿真任务进行通信,也供控制程序对本节点上的仿真任务进行控制与管理。

7.5.2 并行仿真运行与管理软件

1. 控制程序

在一个仿真节点内部的通信是通过共享内存进行的,共享内存由控制程序开设,按照任务分配方案,开设各个任务进行仿真通信所需的共享内存区。

控制程序同时是网络通信的一端,如果采用 RTI 作为仿真通信中间件,可以将控制程序作为一个联邦成员,通过 RTI 相互连接,实现节点间的通信。同时,控制程序也通过节点内的共享内存和节点间的 Socket 通信,实现对各个仿真任务的控制与管理。如果采用 MPI 作为仿真通信中间件,控制程序可以作为进程间通信的一端,配以 Socket 通信,实现对各个仿真进程、线程层次式的控制与管理。

2. 总控程序

总控程序实现对所有节点上分布式运行的仿真任务的控制与管理,在启动仿真系统时,由总控程序将并行仿真任务结果发送到各个节点上,控制程序接收后作为本次并行的方案。总控程序发布加载仿真任务的命令后,由控制程序加载各个节点上的仿真任务。

在仿真运行时,通过控制程序控制、监控、管理各个节点上的仿真任务。同时,由总控程序接收来自脚本自动执行或人工操作的控制命令,并传递给各个控制程序,支持对整个作战并行仿真系统的控制。

7.5.3 并行仿真任务分配软件

1. 仿真任务计算与通信时间分析

初次运行,按照兵种分类以及任务平均数,分配各个仿真节点上运行的任务。多次运行后,统计各类任务在计算高峰时段的平均计算时间,以此作为各任务的计算时间。

集成时,每个任务都会提交传输给其他任务的通信包,通过对通信包大小进行测试统计,可以获得各个任务之间的通信量大小。

2. 仿真任务分配模块

提供一个手工操作的任务分配界面,在任务分配界面上,根据具体的想定、仿真方案定制相应的仿真任务并行分配方案。运行后,若不满足实时性要求,根据计算时间统计结果,在任务分配界面上,再进行调整。

7.6 作战并行仿真系统实现方法

在软件组织形式上,由并行仿真集成生成的可执行的仿真软件、仿真运行管理与控制软件和并行仿真任务分配软件组成。

可执行的仿真软件是各个最小串行链放入并行仿真进程框架中实现的,进程框架集成了所有装备、指挥、战场环境等仿真的最小串行链,是一个要素上的全集,根据仿真任务分配的结果,进行调用,生成多个仿真任务。

仿真任务可以按照初始化、读交互数据、仿真运行、写交互数据4个步骤设计,后3个步骤是一个任务在仿真步长内完整的功能,按照最小串行链组成一个并行仿真任务。在运行时一个核上应运行多个任务,当某一个串行链运行完毕后,控制其挂起,其他任务运行,实现较大的串行结构运行,在一个仿真节点内部,多个较大的串行结构并行运行。

各个仿真任务之间的交互通过读、写功能实现,仿真节点内部通过共享内存实现。仿真节点间通过"共享内存—仿真通信中间件—共享内存"的数据传输方式实现。与其他系统之间的通信,则通过共享内存、通信中间件的方式实现。

仿真任务分配软件为仿真运行管理与控制软件提供各仿真节点内部并行结构配置文件,主要内容形式是各个节点上应启动的任务配置列表,配置列表包括·该任务的编号、任务步长、任务的结果文件名称及存放文件夹位置等信息。控制程序在启动该任务时,将这些信息传入到这些任务。在进行仿真任务分配时,仿真运行管理软件为任务分配软件提供各个仿真任务在高峰时期的计算时间,供任务分配参考。

仿真运行管理与控制软件根据任务配置列表开设共享内存区、启动可执行的仿真软件中的多个任务,并对各个仿真节点上的仿真任务运行进行同步控制、启停控制,实现并行仿真。同时,控制程序和并行仿真进程框架通过共享内存区的通信,实现对仿真运行时间的管理、初始化的管理、仿真结果的管理以及运行监控与管理。

3个软件及各个功能之间的关系如图7-6所示。

各个软件的实现方法如下。

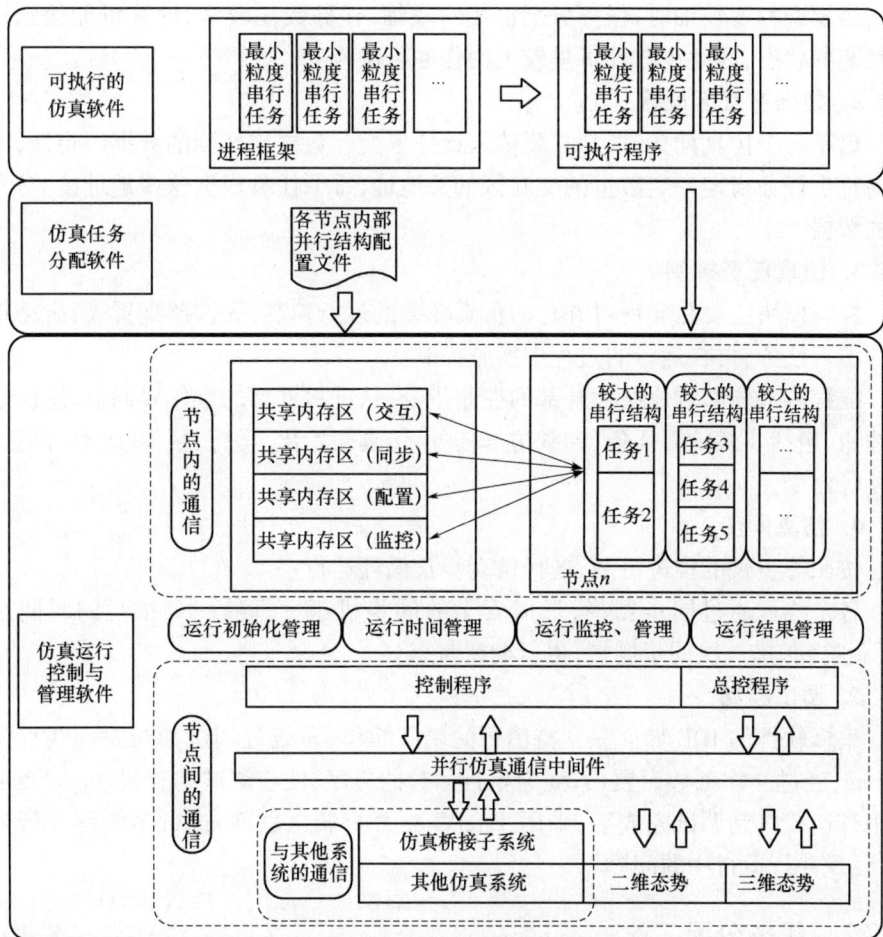

图 7-6 作战并行仿真系统功能关系图

7.6.1 进程框架

1. 集成方法

最小粒度串行任务对应一个线程,按照模型开发者提供的最小粒度串行任务进行集成,一次运行后,统计此任务计算高峰时段的平均计算时间,如果超过所有任务平均的帧计算时间 10 倍以上,则此最小粒度需要再进行分割。一是继续从模型上分割;二是针对大代码段的循环,加入 OpenMP 指令,分割各个循环块所涉及到的数据区,实现 OpenMP 控制的多线程并行。

当模型粒度较细时,任务分割也相对较细,任务数比较多,计算量能达到比较均衡的状态,因此少数计算量较大的任务可以接受。

2. 数据交互区设置

启动每个仿真任务时,都需要传入该任务交互数据涉及到的数据区指针,可以为每个任务指定一定数量的交互区的头地址,每个任务根据这些地址读、写交互的数据。

3. 仿真任务控制

控制模块主要是实现对并行的仿真任务的运行控制,先按照配置表,启动指定的仿真任务,再在运行的过程中实施控制。

线程内部能够响应线程外部的控制指令,从进程框架的操作界面上,提供命令按钮,包括装载仿真任务、卸载仿真任务、仿真初始化、运行、暂停/继续、停止、恢复等命令。

4. 仿真同步

按照等步长的推进机制,进行仿真步长循环运行。

各个线程通过同步栅栏,形成安全的同步机制。每隔一个很短的时间段(可调整)扫描一次同步栅栏,更新栅栏状态。

5. 调试控制

编译软件的 IDE 界面只支持串行的调试操作,多线程调试很难发现线程中的 Bug,经过一次参数设置后,变为串行运行的程序,便于调试中查找 Bug。当采用串行运行机制调试完成后,采用 TotalView 并行调试软件,进行多线程并行调试,发现并行运行中的问题。

7.6.2 任务分配

1. 任务自动分配

先提供一个简单的算法,按照编成的树结构和任务总数,将仿真任务平均地分配到各个仿真节点。

2. 手工分配

自动分配后,在任务分配界面上,提供手工分配操作功能,通过拖拽、属性设置等方式,改变任务运行的节点位置。

3. 配置表的生成

配置表分为任务启动列表和共享内存生成列表。先生成任务启动列表,在一个仿真节点上启动一个进程,需要一个任务启动列表,该列表包含要启动的任务;在一个仿真节点上要开设多个共享内存区,供数据交互,共享内存生成列表,包括数据类型、数据区大小等信息。

7.6.3　管理控制

1. 仿真节点内的管理与控制

在仿真节点内部,控制程序先按照配置表开设共享内存,再启动仿真任务,并将交互数据区的头地址、数据区大小发送到各个需要交互数据的仿真任务。仿真任务启动时,按照传入的参数,读取交互数据区的地址,在仿真中进行读、写操作。

(1) 交互数据区开设。根据总控发布的共享内存生成列表,开设供数据交互的共享内存区,将这些共享内存数据区的首地址存放到指定的位置。

(2) 仿真任务启动。根据总控发布的任务启动配置表,启动各个仿真任务,并将开设的数据区头地址传递给各个仿真任务。

2. 仿真节点间的管理与控制

管理控制软件共分为三级:总控程序、控制程序、仿真任务。

仿真节点间的管理与控制由总控程序执行,控制程序是一个值守程序,当总控发布命令后,如果采用 RTI 作为仿真通信中间件时(以下均按此例),生成联邦成员加入联邦,同时根据总控发布的任务生成列表和共享内存开设列表,开设共享内存区、启动各个任务(图 7 - 7)。

1) 总控程序

总控程序只对控制程序进行控制,其控制方式是采用 socket 通信。

通过总控界面,实现对仿真运行的管理和控制,具体包括初始化设置、运行控制、结果处理。

(1) 初始化设置。①设置数据库访问接口;②分发各个仿真节点上应该加载的仿真任务。

(2) 运行控制。主要实现仿真系统的启动、暂停与恢复、结束、结果数据处理、评估、备份等的控制,独立运行时,在控制界面上操作。

(3) 结果处理。仿真的结果文件分布在各个仿真节点上,按照结果处理的要求,进行统一的拷贝。

2) 控制程序

控制程序在各个仿真节点上随操作系统启动而加载,作为值守程序,主要功能是,接受总控程序的命令,调用本仿真节点上的仿真进程,传达仿真结束的消息,并提供本仿真节点上软硬件的信息给总控程序。

接受总控的命令包括:仿真运行控制,包括初始化、开始、暂停、结束命令,强

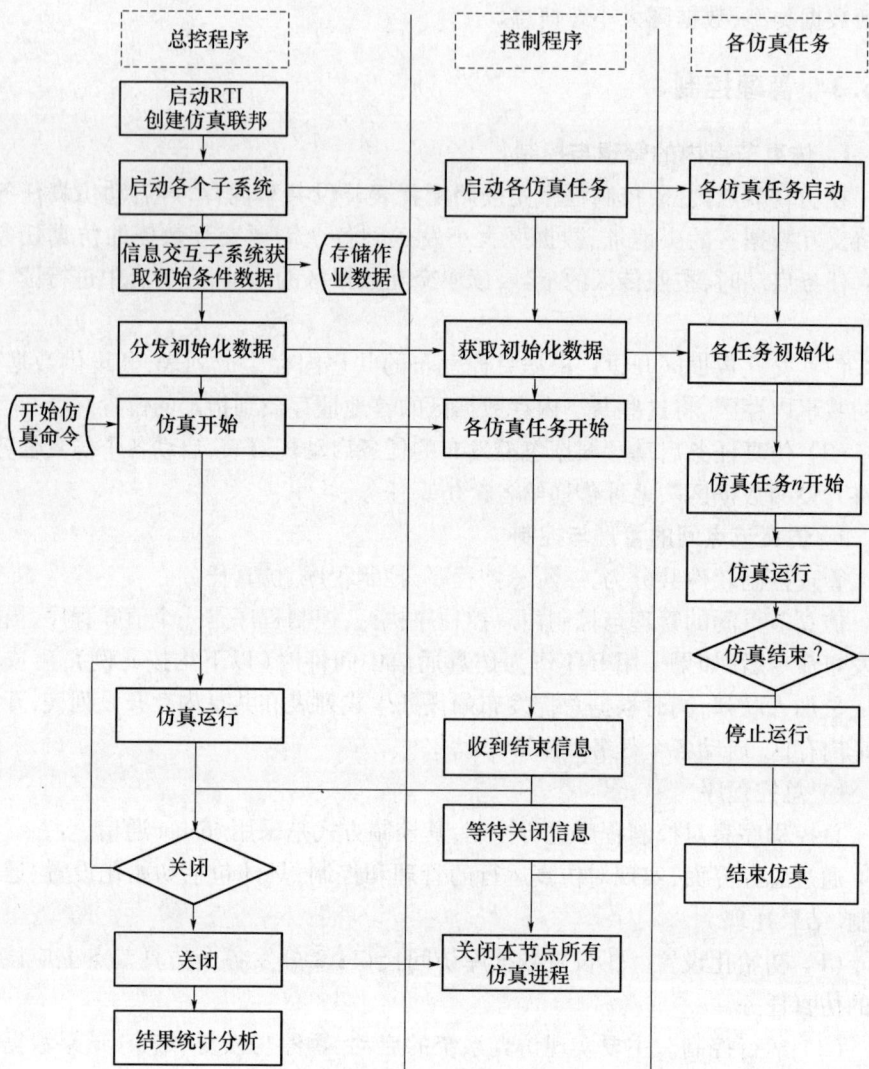

图 7-7 数据支持分系统管理控制运行流程

制关闭所有仿真进程和 RTI 进程命令,态势加载命令,仿真结果数据采集命令,进程加载信息。

当总控程序发出"启动任务"命令时,控制程序加载仿真进程,待启动仿真所需的所有的进程加载完毕,控制程序向各仿真进程发送加入联邦的命令,待所有仿真进程加入联邦后,本仿真节点上的控制程序发送加入完毕,待所有的控制程序发送加入完毕的信息后,总控程序上提示可以开始。

当总控程序发出"开始"、"暂停"、"结束"命令时,各个控制程序接收后,再发送到仿真进程上。

当某一个仿真任务认为可以结束时,发送结束的消息到分控程序,控制程序再发送到总控程序,由总控程序发送结束命令,所有控制程序再向本仿真节点上的仿真进程发送结束命令,所有仿真进程关闭,一次仿真结束。

当接收到强制关闭所有仿真进程和 RTI 进程的消息时,强制关闭所有仿真进程和 RTI 进程,清理仿真环境,为下一次仿真做准备。

3) 仿真任务

仿真任务对应各个最小粒度串行任务,在运行上受控制程序控制。

3. 数据交互实现

在仿真节点之间,由控制程序采用 RTI 传输交互数据,当某个任务提交完交互数据后,RTI 将此数据发布至其他订购此数据的仿真节点,该仿真节点上的控制程序得到该数据后,写至共享内存区,通知订购此数据的任务读该数据。

初始化的数据直接通过访问数据获取,每个进程框架提供统一的对数据库访问的接口函数,调用此接口,实现数据库访问。

控制程序发布数据如图 7 - 8 所示。

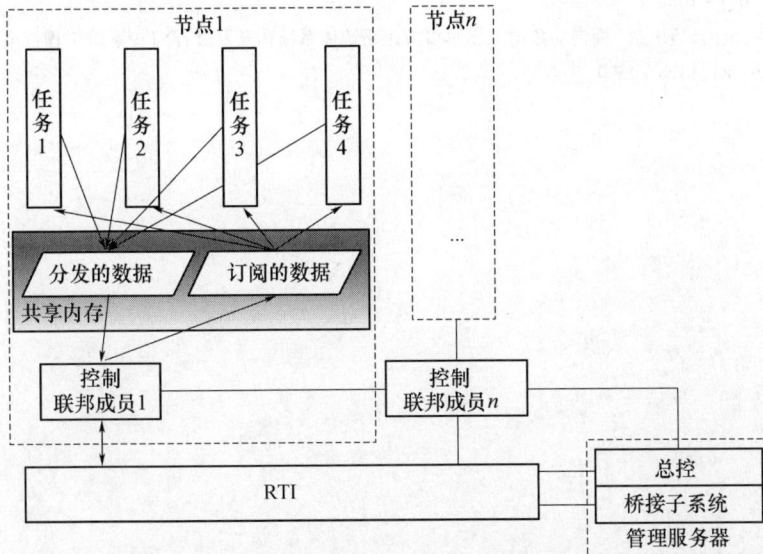

图 7 - 8　控制程序通过 RTI 进行数据分发原理图

4. 状态监测模块

与各个控制程序、进程框架配合,监测任务运行状态。

主要监测各个并行仿真任务的运行状况,向管理人员显示实时监测信息,某个仿真任务的运行出现异常时,提示管理人员进行技术处理,包括如下内容:

(1) 仿真任务加载状态。

(2) 运行/停止状态。

(3) 计算、同步、通信状态。

(4) 欠实时监视,如果某任务为欠实时运行,则报警。

参 考 文 献

[1] 马亚平,李柯,崔同生,等. 联合作战模拟中武器装备体系结构研究[J]. 计算机仿真,2004,03:7-9.

[2] 李文伟. 陆军数字化旅指挥控制仿真系统[J]. 四川兵工学报,2008,10:87-89.

[3] 马亚平,李柯. 联合作战模拟系统中军事模型体系结构[J]. 计算机仿真,2005,01:24-26.

[4] 金同杰,茅坪,叶宙英. 高级体系结构仿真系统建模研究[J]. 航空电子技术,2004,06:46-50.

[5] 倪枫,王明哲,郭法滨,等. 基于面向对象思想的 SoS 体系结构设计方法[J]. 系统工程与电子技术,2010.

[6] 姜志平,刘俊先,黄力,等. C^4ISR 休系结构研究现状与问题[J]. 系统工程与电子技术,2007,29(10):1677-1682.

[7] 饶德虎,余滨,马永刚. 面向对象的卫星军事应用系统体系结构开发过程[J]. 系统工程与电子技术,2008,30(8):1498-1500.

第**8**章

作战并行仿真应用

作战并行仿真所针对的问题规模各异,硬件、软件等基础环境各不相同,因此,作战并行仿真的解决方案各不相同。本章基于前面有关章节中的理论、方法与技术,选择了 3 个典型的例子,介绍作战并行仿真系统的设计与开发。

其中,第一个实例是用于并行性能试验的,规模较小,案例简单,属于入门级的实例;第二个实例是按照串行思想设计、按照并行方式运行的仿真系统,兼有串行仿真、分布式仿真、并行仿真的技术特点,属于过渡性的案例;第三个案例是按照并行仿真的思想,进行设计和开发的系统,具有较强的平台无关性和扩展性,属于典型的并行仿真系统。

8.1 基于 OpenMP 的坦克连排对抗仿真

本应用实例主要用于验证 OpenMP 对多线程并行仿真的支持,测试其并行性能。由于主要目标是实现基于 OpenMP 的多线程并行仿真,对仿真模型进行了简化,首先建立了对抗模型,然后利用 VisualStudio 自带的 OpenMP 库,编写了基于 OpenMP 的对抗仿真程序,并利用仿真系统,分析了并行仿真的性能。

8.1.1 坦克连排对抗仿真模型

8.1.1.1 坦克连排战术

坦克连排为进行战斗展开所形成的队形的基本样式为一字队形、三角队形和梯形队形,如图 8 - 1 所示。

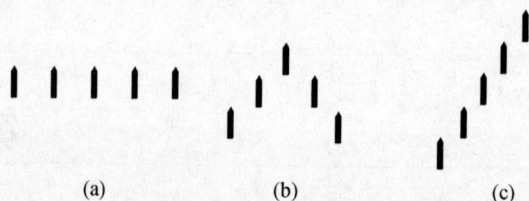

图 8 - 1　坦克战斗队形示意图
(a) 一字队形；(b) 三角队形；(c) 梯形队形。

坦克战斗队形在战斗中依据敌情、地形、任务和战斗编成,灵活地运用和变换。其运用的基本要求:有利于发扬火力,便于利用地形实施机动,便于指挥和保持不间断的协同,能减少敌火的毁伤。坦克队形的特点和采用时机如下:

(1) 一字队形有利于向正面发扬火力,不便于相互掩护和向翼侧机动。通常在得到强有力的火力支援,敌抵抗较弱,地形平坦开阔时采用。

(2) 三角队形利于机动兵力和翼侧保障,但发扬火力受到一定限制。前三角队形通常在上级支援火力有限、两翼威胁较大时采用。后三角队形通常在对敌实施包围或中央地形不利时采用。

(3) 梯形队形有利于向一侧发扬火力,但正面突击力较弱。通常在一翼敌情威胁大、向敌支撑点迂回包围时采用。

坦克连排有组织有计划地使用火力是坦克分队战术的重要内容。火力运用的基本要求:及时发现目标,先敌开火,力求达成突然性;首发命中,摧毁威胁最大的目标;正确选用武器和弹药,集中火力,急促猛烈突击;发扬火力与利用地形相结合,火力与运动相结合,并适时实施火力机动。

8.1.1.2　对抗仿真模型

根据坦克的战术运用原则做了一些简化和基本假设,在此基础上建立了坦克对抗的仿真模型。其基本模型如下:

坦克连排对抗过程为在 5km × 5km 的平坦地形上,坦克连排均采用选定的队形,从预设地点坐标开始沿直线进行相向机动。在机动过程中首先观察、搜索、发现和识别目标;然后进行上报请示和下达命令,完成瞄准射击;最后确定是否命中及毁伤效果。仿真对抗以一方全歼另一方为结束条件。

1. 坦克机动模型

坦克机动模型为给定起始点坐标的直线机动,红蓝双方坦克与坦克间距保持不变,相向进行机动,机动速度为恒定值 25km/h。

2. 发现与识别模型

由于是平坦地形,通视概率为1;发现概率为与距离相关的近似一次函数,从相距2500m开始发现,距离小于1000m发现概率为1。

识别概率为1,发现即识别。

3. 指挥模型

红方坦克连有简单的指挥模型,连长接受其他坦克上报的信息,并综合情报下达命令。其基本命令为3辆坦克打击敌一辆坦克。如果指挥车阵亡则进入非指挥模式,在非指挥模式下不存在目标发现的共享、集中火力和命令的上传下达。

蓝方坦克排在也存在类似的指挥模型。排长车存活情况下由排长指挥3辆坦克集中火力打击敌一辆坦克,否则各自为战。

4. 瞄准射击模型

由于一般坦克的装弹时间和瞄准击发时间为8s,所以每一辆坦克在8个仿真步长中只能进行一次射击。

5. 命中毁伤模型

单车命中采用蒙特卡罗法进行模拟,也就是确定命中毁伤概率后用随机数来确定命中情况和毁伤情况。

8.1.1.3 坦克类的设计

在大型的坦克对抗仿真模型和坦克模拟器中坦克类的设计比较复杂,这样才能比较真实有效地反应坦克的战术性能指标和工作原理。由于该程序只是为了研究 OpenMP 在作战并行仿真中的应用,不需要对坦克内部的原理做详细的了解,故简化了坦克类的设计。根据上述基本假设、结合程序的需要,坦克类的设计具体如下:

```
class CTank
{
    int m_num;//编号
    int m_State;//状态:0 为正常,1 为被发现,2 为被击毁
    int m_Side;//阵营:1 为红方,2 为蓝方
    int m_Commander;//级别:0 为普通车,1 为连长,2 为排长
    int m_Speed;//机动速度
public:
    Point m_point;
    CTank( int num,int state = 0);//构造函数
```

```
    void Init();//装备性能初始化
    int State();//状态
    void Move();//机动
    void Command();//命令
    void Discover();//发现识别
    void Hit();//瞄准射击
    void Destroy();//命中毁伤
};
```

坦克类的属性有编号、阵营、状态、级别、机动速度等。坦克阵营分为红蓝双方,其中红方坦克编号为 101~110,101、104、107 为排长车,110 为连长车;蓝方坦克编号为 201~203,201 为排长车。坦克的初始状态为 0,表示存活,1 表示被击毁。

坦克类的行为有性能初始化、机动、侦察、下达或接收命令、射击和毁伤判断。性能初始化函数为坦克初始化其性能,将与坦克有关的变量如位置、状态等信息改为其初始值;机动函数使坦克沿既定路线进行机动,根据步长移动坦克的位置坐标;侦察函数使坦克在机动过程中进行侦察,根据距离远近设置不同的发现概率,进行侦察判断。命令函数对于指挥车来说是在所有坦克都进行完侦察后综合敌情进行指挥;对于非指挥坦克来说是读取指挥命令。射击函数是对敌坦克进行射击。射击完成后用毁伤函数进行毁伤判断。

8.1.1.4 对抗仿真流程图

坦克连排对抗仿真的流程图如图 8-2 所示。

8.1.2 基于 OpenMP 的程序设计与实现

8.1.2.1 基于 OpenMP 的程序配置方法

在 Visual Studio 2008 中项目的属性对话框中,左边框里的"配置属性"下的"C/C++"下的"语言"页里,将 OpenMP 支持改为"是(/OpenMP)"就可以支持OpenMP。如图 8-3 所示。

8.1.2.2 基于 OpenMP 的共享内存区的开设

坦克连排对抗仿真程序使用的交互机制是基于 OpenMP 的共享存储机制。在对抗开始前定义相关全局变量作为共享内存区。

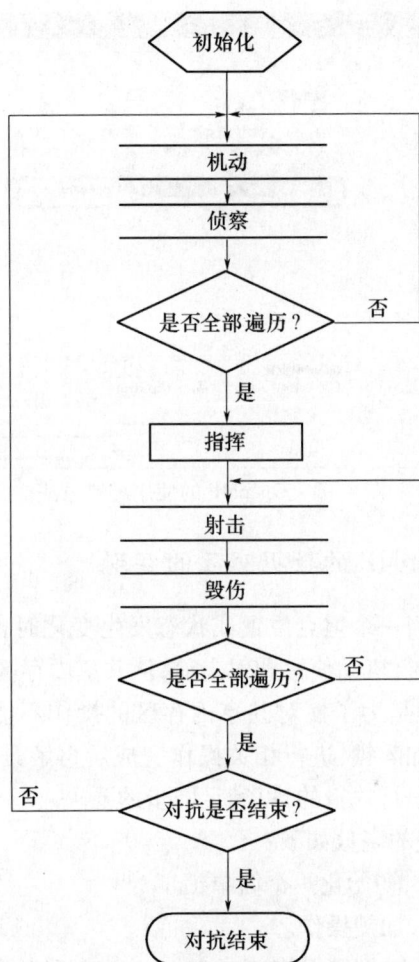

图 8-2　坦克连排对抗流程图

主要的全局变量有:

(1)记录13辆坦克的信息所用的包含13个数据的一维数组变量:坦克信息数据、命令数据、位置数据、打击次数数据等。

(2)记录坦克对抗过程使用的全局变量:仿真步长、仿真帧数、仿真试验重复进行次数等。

开设上述全局变量后,在程序中所有线程都可以在规定下访问共享内存区读取或者修改相应的状态信息值。

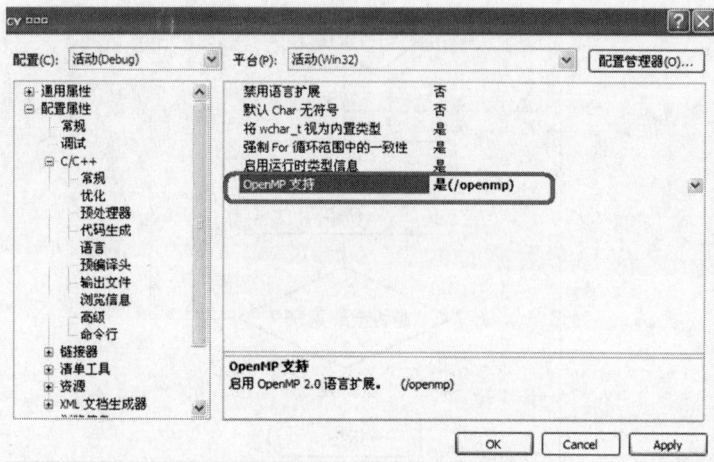

图 8 – 3　OpenMP 的使用配置方法

8.1.2.3　基于 OpenMP 的数据交互的实现

数据交互模块为当一个坦克位置或状态发生变化时,将自己的信息数据更新至共享内存区;在进行机动侦察和射击前,从共享内存区读取自己的状态和位置数据。OpenMP 的锁是为了使对共享内存区的操作不能同时进行读和写,在坦克读完自己状态后加入锁,进行相关操作完成后再解开锁。这样每个线程对于共享内存区的操作串行执行的,以满足同步的要求。

OpenMP 与锁相关的函数如下:

(1) omp_init_lock,初始化一个简单锁。

(2) omp_set_lock,加锁操作。

(3) omp_unset_lock,解锁操作,和 omp_set_lock 函数配对使用。

(4) omp_destroy_lock,销毁一个锁,和 omp_destroy_lock 函数配对使用。

开锁和解锁指令的运行示意图如图 8 – 4 所示。

8.1.2.4　OpenMP 中 for 指令的运用

for 指令则是用来将一个 for 循环分配到多个线程中执行。for 指令一般可以和 parallel 指令合起来形成 parallel for 指令使用,也可以单独用在 parallel 语句的并行块中。其使用格式为:

```
#pragma omp[parallel] for [子句]
    for 循环语句
```

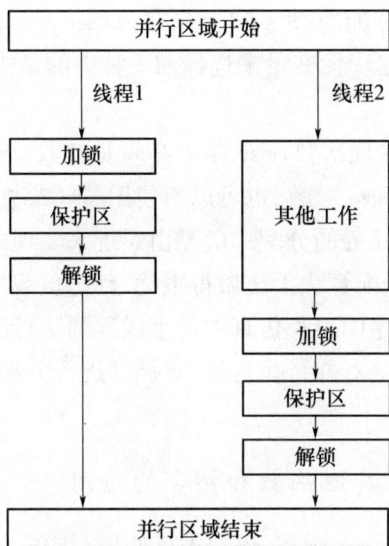

图 8 - 4　开锁与解锁指令运行示意图

　　在该程序中,由于在机动和侦察时是 13 辆坦克共同并行执行,所以用 paral-
lel for 指令加在 for 循环语句的前面用于指导循环并行执行,同样在射击和毁伤
模块也使用 parallel for 指令指导循环模块并行执行。

　　由于在进行指挥前要读取己方坦克的侦察结果和敌方坦克的位置信息,所
以指挥时 13 辆坦克需都完成上一步长的仿真,指挥完成后方可进行射击以及毁
伤判断。这样将程序分为两个部分,两个部分都在 parallel for 指令的指导下并
行执行,这样在坦克对抗过程中共进行两次 fork/join 操作。

8.1.2.5　OpenMP 动态分配与 schedule 子句的运用

　　OpenMP 中任务分配主要用于并行的 for 循环中,当循环中每次迭代的计算
量不相等时,如果简单地给各个线程分配相同次数的迭代的话,会造成各个线程
计算负载不均衡。这会使得有些线程先执行完,有些线程后执行完,造成某些
CPU 核空闲,影响程序性能。在 OpenMP 中,对 for 循环并行化的任务分配使用
schedule 子句来实现, schedule 子句的详细用法如下。其使用格式为
```
schedule(type,[size])
```
　　schedule 有两个参数:type 和 size,size 参数是可选的。

1. type 参数

表示分配类型,有 4 种分配类型: dynamic 分配、guided 分配、runtime 分配

和 static 分配。这 4 种分配类型实际上只有 static、dynamic、guided 3 种分配方式，runtime 实际上是根据环境变量来选择前 3 种中的某中类型。

2. size 参数

size 参数表示循环迭代次数，size 参数必须是整数。static、dynamic、guided 3 种分配方式都可以使用 size 参数，也可以不使用 size 参数。

动态负载平衡中对任务的分配一般是由系统来实现的。如果实际任务中存在很多的不确定因素，分配算法无法做得很优，动态负载平衡可能达不到既定的负载平衡要求。但该程序中坦克仿真中每个线程的运行的计算量大致相当。故采用动态任务分配的方法对并行执行的 for 循环进行分配，可以满足负载平衡的需要。

8.1.2.6 OpenMP 中其他函数和指令的运用

（1）omp_get_num_procs 函数，得到多核处理器中的核数。程序可能运行在不同的机器环境里，有些机器是双核，有些机器是四核，而且未来硬件存在升级的可能，CPU 核数会变得越来越多。通过得到 CPU 核数的函数就可以实现自动设置合适的线程数量，这样硬件升级后程序就不用进行修改。

（2）omp_set_num_threads 函数，设置并行执行代码时的线程个数。在设置主要考虑一下两个方面的问题：一是当循环次数比较少时，如果分成过多数量的线程来执行，可能会使得总运行时间高于较少线程或一个线程执行的情况，并且会增加能耗；二是如果设置的线程数量远大于 CPU 核数的话，那么存在着大量的任务切换和分配等开销，也会降低整体效率。综合考虑仿真计算机的配置和程序的复杂程度，该程序采用 4 线程执行。

（3）omp_get_thread_num 函数，返回线程号。在程序中想要知道每辆坦克是哪个线程驱动的，调用该函数可以非常方便地得到线程号。

8.1.3 仿真系统模块设计与实现

1. 初始化模块的设计

在坦克连排对抗初始化界面中需要选择 3 项内容：第一项为仿真运行的次数；第二项是选择仿真运行的方式；第三项是选择红蓝双方的坦克队形。其中队形可以分别选择一字队形、前三角、后三角、左梯形和右梯形队形。

初始化完成后进入坦克对抗界面，绘图函数绘制出红蓝双方坦克。它们分别位于屏幕的两侧，按照输入的队形进行展开。

2. 对抗结束模块的设计

坦克在进行完机动、侦察、射击和毁伤判断后，如果有一方全部阵亡则达到一次仿真对抗结束的条件。仿真次数达到初始化时输入的次数时仿真结束。坦克在对抗过程中绘图函数不断刷新完成动画效果，对抗结束时保留坦克的状态和位置信息，并弹出对抗结束对话框。

3. 仿真结果记录模块的实现

数据记录模块采用文件记录的形式，创建一个输入流对象后，按照打开文本文件，进行输入，关闭文本文件的顺序进行记录。

对抗结果数据主要记录了坦克对抗过程中坦克情报、坦克位置、坦克状态、射击命令和坦克运行的线程号等相关数据。时间记录文件记录了坦克对抗运行的时间，包括单次时间、总时间和平均时间。

仿真结果计入文本文件后，当点击结果输入菜单时，弹出坦克连排对抗仿真数据对话框，在对话框中用列表控件列出了坦克对抗的详细过程。

4. 仿真时间对比分析模块的实现

仿真时间对比分析中将文本中记录100次的并行仿真时间和串行仿真时间对比显示出来，并计算出并行运行平均时间和串行运行平均时间，如图8－5所示。

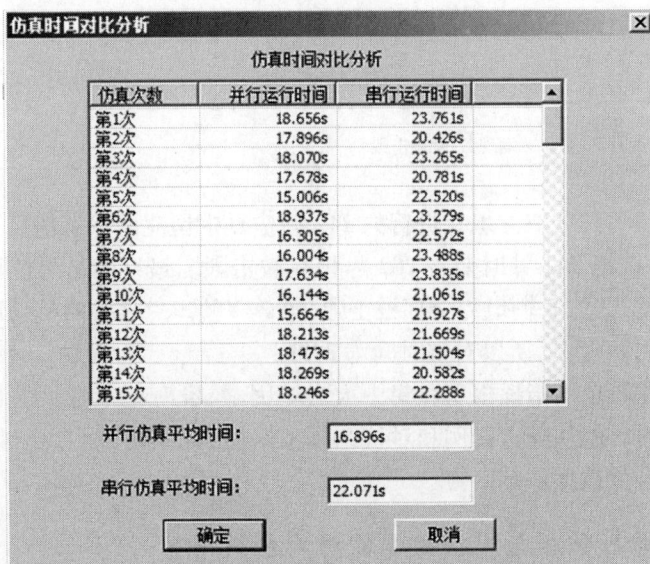

图8－5　坦克连排对抗仿真程序仿真时间对比分析对话框

8.1.4 仿真结果分析

8.1.4.1 仿真运行结果分析

仿真数据的记录主要包括仿真过程中的坦克位置、坦克情报、坦克状态、射击命令和坦克运行的所在线程号等相关数据。把某一次仿真中坦克状态信息的数据数据记录见表8-1。

表8-1 坦克连排对抗仿真数据记录表

坦克 帧数	101	102	103	104	105	106	107	108	109	110	201	202	203
1	0	0	0	0	0	0	0	0	0	0	0	0	0
2	0	0	0	0	0	0	0	0	0	0	0	0	0
3	0	0	0	0	0	0	0	0	0	0	0	0	0
⋮	⋮	⋮	⋮	⋮	⋮	⋮	⋮	⋮	⋮	⋮	⋮	⋮	⋮
237	0	1	1	2	0	1	0	2	1	0	2	2	1
238	0	1	1	2	0	1	0	2	1	0	2	2	1
239	0	1	1	2	0	1	0	2	1	0	2	2	1
240	0	1	1	2	0	1	0	2	1	0	2	2	1
241	0	1	1	2	0	1	0	2	1	0	2	2	1
242	0	1	1	2	0	1	0	2	1	0	2	2	2

注:坦克状态0为存活,1为被发现,2为被击毁

该表记录了红蓝双方坦克进行的242帧仿真中坦克的状态信息。根据表中的数据记录,在第242帧时蓝方203号坦克被击毁。最终的结果统计为红方两辆坦克被击毁,蓝方3辆坦克全部被击毁,第242帧坦克连排对抗仿真结束。其中仿真的帧周期为1s,所以对抗时间为242s。

由于存在简单的指挥模型和集中火力等因素,没有记录阵亡的坦克是被哪辆坦克击毁的。但从阵亡比例和对抗结果上来看,此次仿真中运行结果符合逻辑性和军事经验数据。

8.1.4.2 并行仿真与串行仿真的对比分析

随着计算机硬件发展水平的提高,进入多核时代后,使用多线程编写程序能让各个CPU核得到充分利用,并行仿真在利用多核CPU的同时,也提高了仿真

速度,特别是对于大型的仿真或者需要进行多次仿真的程序有较大的意义。

在完成 100 次的仿真试验后,利用仿真记录模块分别记录了 100 次基于 OpenMP 的并行仿真运行时间和去掉 OpenMP 编译制导语句后的串行仿真运行时间,见表 8 - 2。

表 8 - 2 仿真时间对比分析

仿真次数	并行仿真运行时间/s	串行仿真运行时间/s	仿真次数	并行仿真运行时间/s	串行仿真运行时间/s
1	18.656	23.760	9	17.634	23.834
2	17.896	20.426	10	16.144	21.061
3	18.070	23.265	11	16.116	21.926
4	17.678	20.780	12	16.960	21.669
5	15.005	22.519	⋮	⋮	⋮
6	18.936	23.278	98	17.991	21.542
7	16.304	22.571	99	17.293	23.413
8	16.004	23.488	100	17.752	21.235

将表中前 20 次试验的运行时间在 Excel 中绘制出带直线和数据标记的散点图,如图 8 - 6 所示。

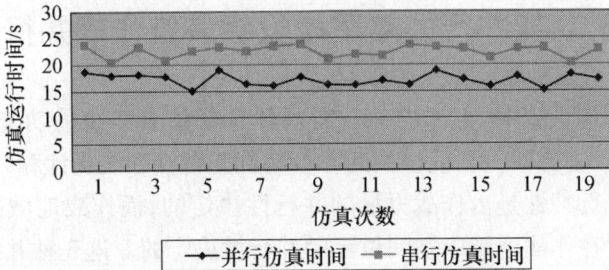

图 8 - 6 仿真运行时间对比分析散点图

并行仿真平均时间:16.896s。

串行仿真平均时间:22.071s。

并行仿真提供的加速比:30.63%。

仿真试验所用计算机的配置为 Intel Core i5 双核处理器、Intel HM55 芯片组、2GB DDR3 内存。由上述时间对比分析得出基于 OpenMP 的作战并行仿真可以提高仿真速度,减少仿真时间。

进行仿真试验时还分别记录了并行仿真的 CPU 使用率和串行仿真的 CPU 使用率。使用 OpenMP 时的 CPU 的使用率高达 98%，而不使用 OpenMP 时的 CPU 使用率为 30% ~ 40%，没有发挥出多核的优势。如图 8 - 7 和图 8 - 8 所示。

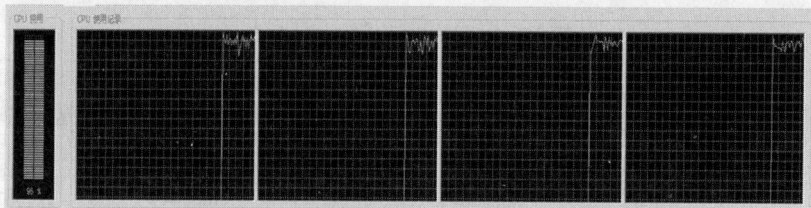

图 8 - 7　使用 OpenMP 时的 CPU 使用率

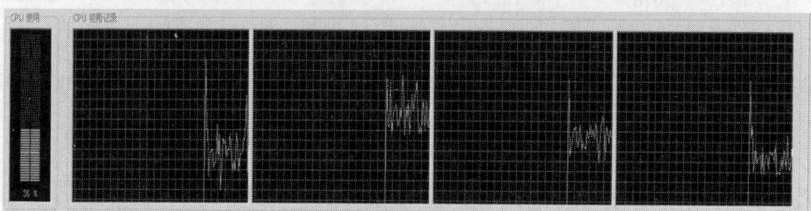

图 8 - 8　不使用 OpenMP 时的 CPU 使用率

8.2　基于功能并行的陆军战役级装备作战并行仿真系统

在作战仿真系统中，实体的并行特征体现在仿真系统的功能模块、作战编成、作战地域 3 个方面。功能模块的并行特性是仿真系统设计和开发时决定的，作战编成的并行特性是由作战力量的并行性决定的，而作战地域的并行特性是由于作战力量在作战地域中空间位置的并行性决定的。这 3 种并行特性相互之间是有联系的，功能模块需要按照编成的结构特点描述各种作战力量的作战行为，如作战指挥功能模块依托指挥所的编成结构实现作战指挥仿真；作战编成将各种作战力量进行组合配置，以完成特定的作战任务，需要多种仿真功能模型才能实现对作战任务的仿真；同时，作战编成是和作战部署一一对应的，作战部署决定了作战编成力量在作战地域上的分布。

本节在并行仿真理论的基础上，综合运用 3 种并行实现方法，对某战役级作战仿真系统进行了并行仿真设计。同时，根据系统运行的特征验证了系统的并行仿真性能。

8.2.1 某陆军战役级装备作战仿真系统的组成

某陆军战役级作战仿真系统的研制是为了验证装备体系在不同作战样式、不同作战对象、不同作战方案和保障方案中的应用。可为装备体系的作战运用和保障运用研究提供试验环境,研究如何实现装备体系的正确运用,并实现整体作战效能的最大发挥,及早发现装备体系的缺陷,并全面地研讨作战中指挥员、战斗员、陆军武器装备体系和作战任务的复杂关系,探索装备的运用规律,尤其是信息化条件下的装备运用规律。

8.2.1.1 作战仿真系统的功能模块

作战仿真模型的建立以功能需求为主线,仿真系统主要包括如下功能模块。

1. 指挥模块

指挥模块主要实现指挥机构对所属部队作战行动和其他行动进行指挥控制的仿真。指挥模型描述了指挥机构在一定作战条件或作战环境下的作战指挥活动,如情报、请求、报告、命令、指示等信息的流动和交换。通过指挥仿真,研究指挥机构对装备、人员使用的方法所必然产生的过程和结果。指挥模块中使用了以下模型。

指挥所结构仿真模型,能够对指挥所的结构进行仿真,可描述不同级别(军、师、旅、团、营),不同类型(基本指挥所、前进指挥所、后方指挥所、预备指挥所)的指挥所。

指挥流程模型,能够对指挥系统的整个指挥流程进行逐一描述。在每一个仿真步长中,模型描述了指挥流程中的掌握情况、分析判断、定下决心、组织指挥4个螺旋式循环的指挥流程。

指挥席位智能模型,指挥流程中的每项指挥工作由指挥席位完成,各席位的智能模型采用了智能决策的方法。

2. 通信模块

通信模块描述各级通信网络的通信行为,按照作战编成,自动形成作战仿真中的各级通信网络,包括野战地域通信网、战术互联网及各种专网。作战仿真过程中,完成通信请求的发送、路由、传输,计算传输延时、传输误码率,统计各实体在作战过程中产生的通信流量。主要包括网络拓扑结构模型、通信最短路径计算模型、电台模型以及通信量计算模型。

3. 电子对抗模块

按照电子对抗的分类方式,包括通信干扰、雷达干扰、光电干扰3种模型。按照作战编成,自动形成作战仿真中的电子对抗部队的各个实体,包括通信对抗部队、雷达对抗部队、光电对抗部队。作战仿真过程中,电子对抗部队接收指挥所的各类命令,产生机动、电子干扰等作战行为,计算电子对抗的范围、强度、持续时间,研究电子对抗部队在作战过程中的作用。

4. 侦察情报模块

侦察情报模块实现对武装侦察、技术侦察的侦察情报仿真,为指挥所正确的指挥决策或作战命令的调整提供情报支持。根据指挥所下达的侦察任务,进行侦察规划和机动规划,实现机动、开设、侦察(扫描、发现、识别)、情报综合、情报上报的过程仿真。实现了侦察直升机、侦察无人机、装甲侦察车、雷达侦察车、武装侦察车等侦察平台的仿真,具有光学侦察设备、雷达侦察设备、无线电侦察设备、传感器侦察设备等不同侦察手段侦察效果的仿真,并留有接收上级侦察情报支持、友邻侦察情报支援的接口。主要包括侦察任务规划模型、侦察机动规划模型、雷达侦察模型、光电侦察模型、传感器等其他侦察模型以及信息综合模型。

5. 武器系统模块

武器系统包括陆军类装备:轻武器、压制武器、反坦克武器、装甲武器、防空武器、陆航武器等。武器系统模块能够描述各分队依据上级下达的作战命令,进行战场观察、机动、交火等各种作战行为,产生武器系统的位置、弹药消耗、装备战损等作战结果。主要仿真武器装备进行火力交互的全过程,实时产生战损和弹药消耗数据。可以产生战役作战各阶段作战编成内各建制单位、各类武器装备战损和弹药消耗情况,信息化装备的战损及其能力的变化情况。

6. 作战保障模块

作战保障模块描述工程保障和防化保障过程。

工程保障模型对作战过程中工兵部队的战场保障行为进行描述,重点是对布雷、扫雷、构筑急造军路等工程保障行为;防化保障模型对作战过程中防化部队的作战保障行为进行描述,重点是发烟行为。

7. 装备保障模块

装备保障模块描述各级装备保障指挥、机动、毁伤装备侦察、抢修、抢救、后送、器材和弹药补充的过程,获得各保障机构在保障过程中的行动状态数据及装备修复、器材消耗、器材补给、弹药补给等保障结果数据。

8. 战场环境模块

战场环境模块为仿真实体提供了公共的地理信息,如高程、坡度、植被、水系、道路网等。

以上是某陆军战役级装备作战仿真系统中的仿真模块,仿真系统还需要大量的底层支持软件,如数据库、模型库、地理信息系统等,在仿真任务划分时,要考虑这些底层支撑软件的运行所消耗的系统资源,需要留出一些处理器来支持这些软件的运行。

8.2.1.2 战役级装备作战仿真系统的作战编成与部署

　　某战役方向下设两个集团军,每个集团军下设 3 个作战集群、基本指挥所、前进指挥所、后方指挥所和预备指挥所;各个作战集群下设两个攻击群、基本指挥所、前进指挥所、后方指挥所和预备指挥所。蓝方有一个战役军团,下设机动打击旅、守备旅、炮兵旅和空中打击旅。作战部队的编成按照指挥编成结构进行组织,这里给出某战役方向装备作战仿真中红蓝双方的指挥编成结构图。

1. 红方指挥编成

　　红方两个集团军,编成结构相同,给出一个集团军的指挥编成情况,如图 8 - 9 所示。

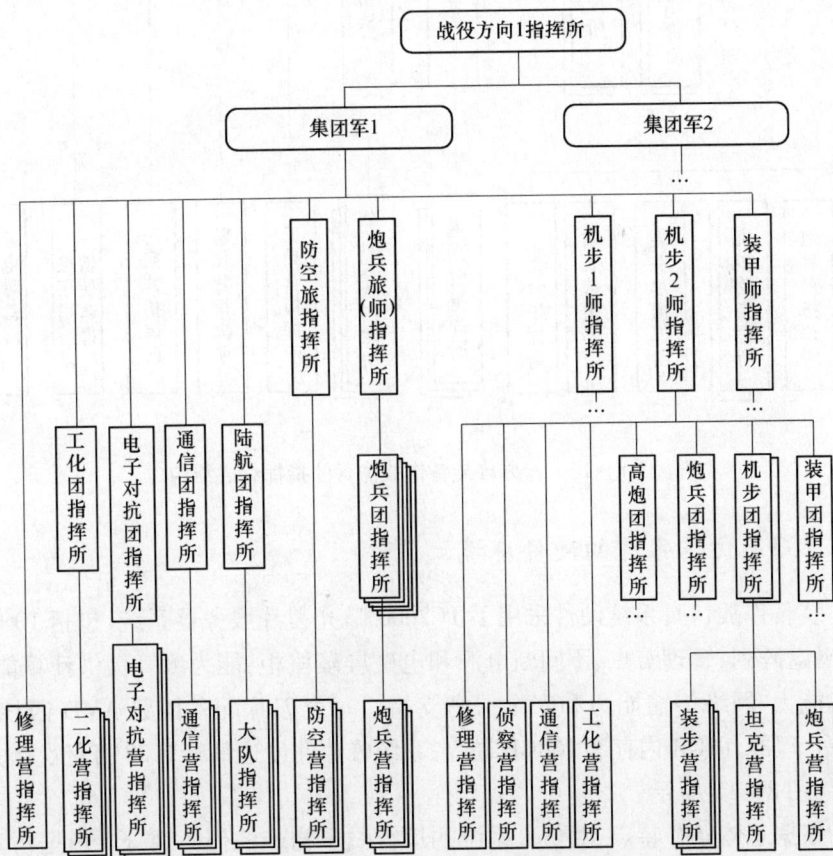

图 8 - 9　红方某战役方向装备作战仿真的指挥编成结构

2. 蓝方指挥编成

蓝方指挥系统包含一个军团指挥所,下设机动打击旅指挥所、守备旅指挥所、炮兵指挥所和空中打击旅指挥所,如图 8-10 所示。

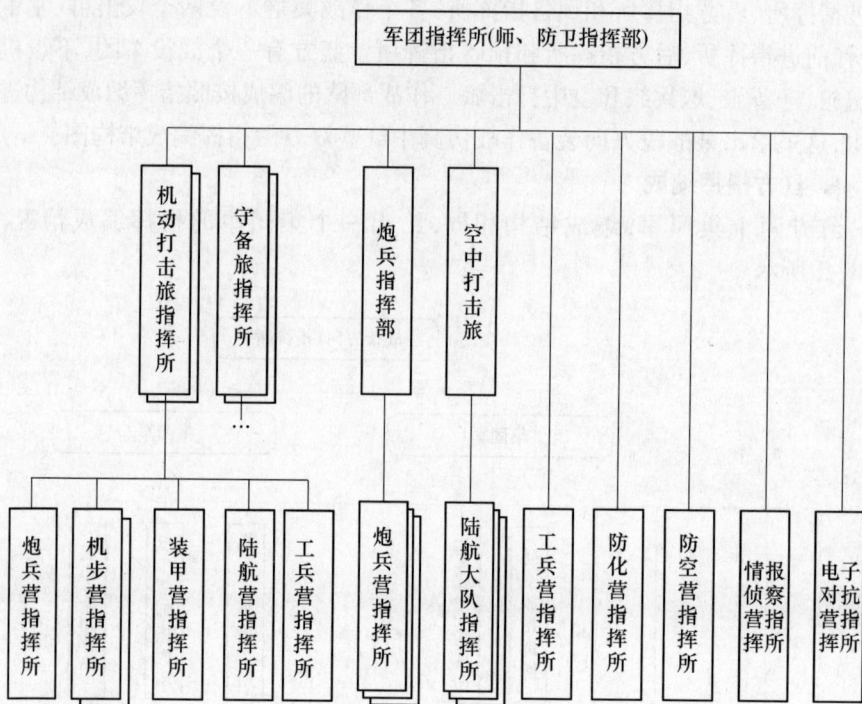

图 8-10　蓝方旅装备作战仿真的指挥编成结构

8.2.1.3　仿真系统的硬件环境

装备作战仿真系统硬件采用了 TC2600 曙光刀片服务器系统,包括 10 个刀片、磁盘阵列、管理节点、不间断电源和电磁屏蔽机柜,能为测算提供计算能力、存储能力、网络传输能力和安全保密支持。每个刀片配备四路 AMD 四核"皓龙"处理器、16GB 内存和 160GB 硬盘,系统峰值速度达每秒 1.28 万亿次浮点运算,如图 8-11 所示。

根据总体任务特点,对仿真系统的运行做了初步的任务划分。根据仿真试验设计,陆军战役级装备作战仿真任务分配到一个刀片上运行。

图 8 - 11 TC2600 曙光刀片服务器

8.2.2 装备作战并行仿真的实现

8.2.2.1 面向作战地域和作战编成的并行仿真实现

作战仿真系统的 3 种并行性是相互交叉的,在并行仿真实现时 3 种方法应该配合使用,使仿真系统达到最大的并行效率。

某战役级作战仿真的作战规模到了集团军群一级,在作战编成和作战部署上存在着很好的并行特性,具体体现在:各个作战方向上的作战交互很少,在进行仿真任务分割时,产生的通信量会很少;各个作战方向上的战役力量编成规模都很大,且规模大致相当。

该仿真系统中,作战地域和作战编成有很好的对应关系,先采用作战地域和作战编成并行仿真方法实现仿真任务的粗粒度划分,每个集团军对应一个作战方向,先按照作战方向和作战编成划分成两个大的仿真任务,如图 8 - 12 所示。共有 16 个处理器,每个仿真任务分配到 8 个处理器上运行。

8.2.2.2 面向功能模块的并行仿真实现

在红方一个集团军和蓝方一个旅作战的仿真任务内,采用功能模块并行仿真的方法实现仿真任务的进一步划分,可以进一步提高仿真系统的并行性。与处理器数量相对应,经过功能模块的初步合并,共分为 8 个仿真任务,红蓝双方分别有指挥仿真模块、信息仿真模块、武器系统仿真模块、战场环境模块、作战保

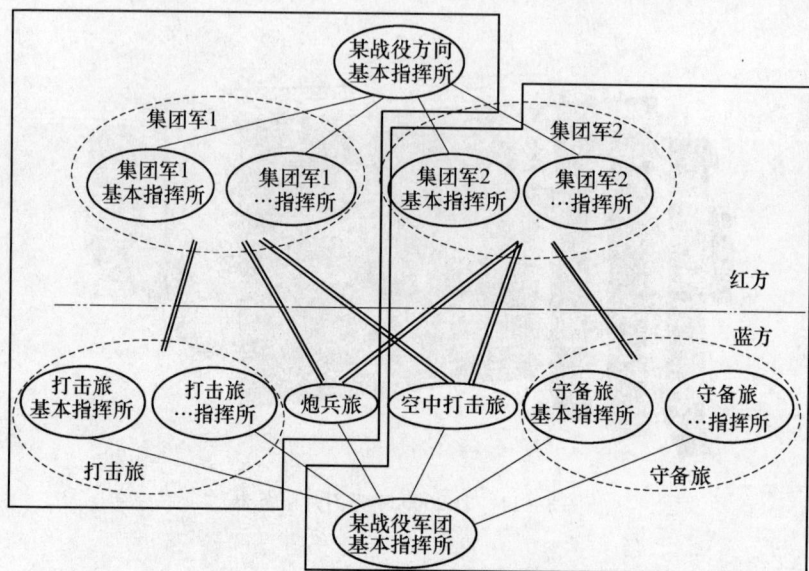

图 8-12　作战编成并行仿真任务划分

障和装备保障模块,其中,在红蓝双方的仿真模型内部,将侦察、通信、电子对抗模块合并成一个仿真任务,称为信息模块。

为了提高仿真速度,给仿真系统其他支撑软件的运行留出计算能力,关闭相关性较小的仿真任务,暂不运行装备作战保障仿真模块和战场环境模块。图 8-13是红蓝双方指挥、信息、武器系统功能模块的交互图,式(8-1)是该功能模块图对应的通信关系邻接矩阵。

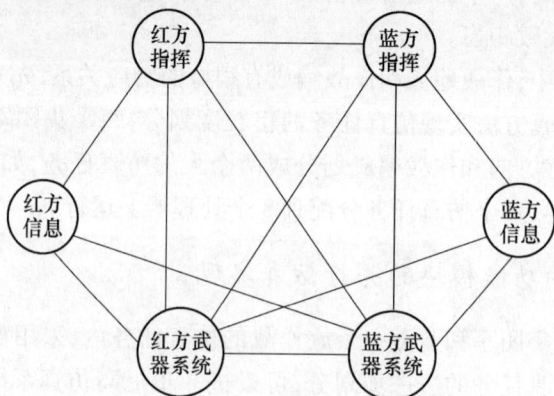

图 8-13　红蓝双方功能模块交互图

假设各个顶点 $v_i(i=1,2,\cdots,6)$ 分别代表红方指挥、红方信息、红方武器系统、蓝方指挥、蓝方信息、蓝方武器系统 6 个功能模块,这 6 个功能模块的计算量为 $c_i(i=1,2,\cdots,6)$,功能模块之间的交互关系用邻接矩阵 $\boldsymbol{D}$ 表示。

$$\boldsymbol{D} = \begin{bmatrix} 0 & 1 & 1 & 1 & 0 & 1 \\ 1 & 0 & 1 & 0 & 0 & 1 \\ 1 & 1 & 0 & 1 & 1 & 1 \\ 1 & 0 & 1 & 0 & 1 & 1 \\ 0 & 0 & 1 & 1 & 0 & 1 \\ 1 & 1 & 1 & 1 & 1 & 0 \end{bmatrix} \qquad (8-1)$$

8.2.3 装备作战仿真系统的并行性能分析

因为仿真过程中会出现大量的随机事件,这些随机事件会影响仿真运行过程中各个仿真任务的计算量和通信量。仿真系统并行设计后,可以通过运行时间性能来调整各个任务,进一步提高并行。

因为两个集团军在作战过程中相互交互也很少,所以系统的并行性能最终体现在红方一个集团军和蓝方一个旅的仿真任务中,系统并行性能由该任务中的功能并行模块决定。

8.2.3.1 仿真系统的总体并行性能

仿真系统的总体并行性能由各个功能模块的运行时间、通信时间、总处理时间和空闲时间来描述。经过一次作战仿真运行后,对仿真系统运行中每个仿真步长内的模型运算时间、通信时间和等待时间等进行记录,得到试验数据,通过对试验数据的统计、分析,给出对仿真系统并行性改进的方法。

由于整个战役时间很长,试验记录的数据量很大,这里做抽样处理,抽样间隔为 500 个仿真步。以下是仿真系统并行性能分析的具体结果。

1. 仿真任务计算时间和通信时间性能

图 8-14 是对各个功能模块运行时间的统计。

从图 8-14 可以看出,红蓝双方的指挥和信息模块运行时间比较稳定,而且红蓝双方模块的运行时间大致是 3 倍的关系,这个数量也是双方参战力量的对比值。从这个倍数关系可以看出,以编成为基础的仿真任务划分是可行的,即在每个刀片上,每个集团军对应的仿真任务分配到 8 个处理器上运行。

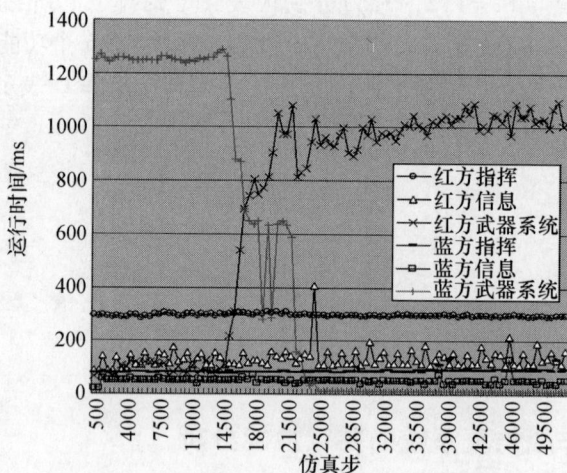

图 8 - 14   各个功能模块运行时间的统计

图 8 - 15 是各个功能模块的通信时间统计。从图 8 - 15 可以看出,红蓝双方各个功能模块的通信时间都很少,红方的通信时间大致是蓝方的 5 倍,与图 8 - 15 相比,通信时间相对较少。

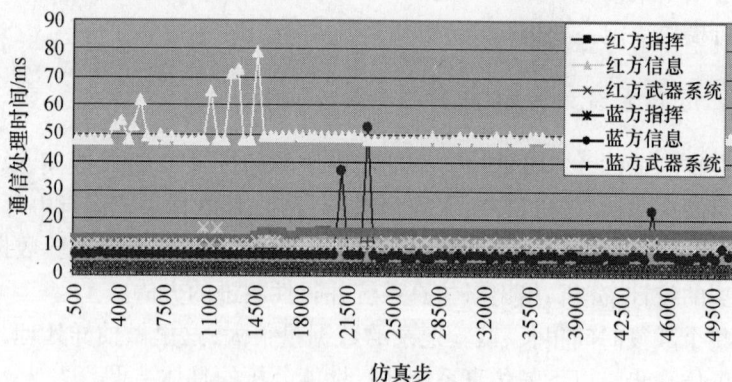

图 8 - 15   各个功能模块的通信时间统计

2. 仿真任务总的并行效率

仿真任务并行效率可以由任务总的处理时间和任务空闲时间来度量。任务总的处理时间包括计算时间和通信时间,空闲时间由两部分组成:一是网络延迟造成的;二是等待其他仿真任务同步造成的。图 8 - 16 是仿真任务总的处理时间。图 8 - 17 是各个仿真任务空闲时间。

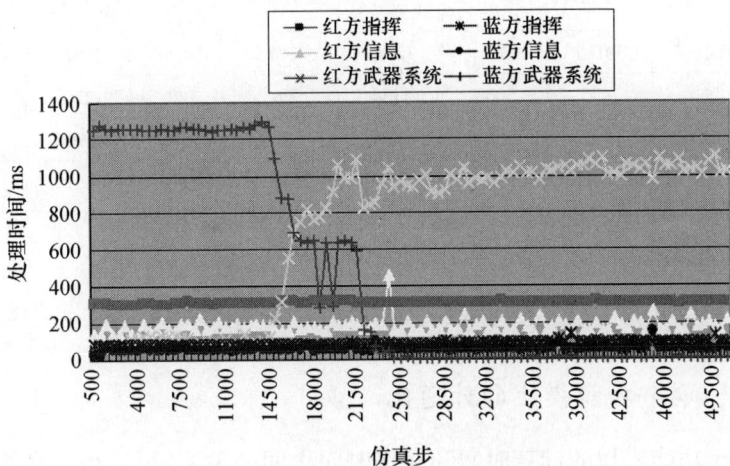

图 8 - 16　仿真任务总的处理时间分布

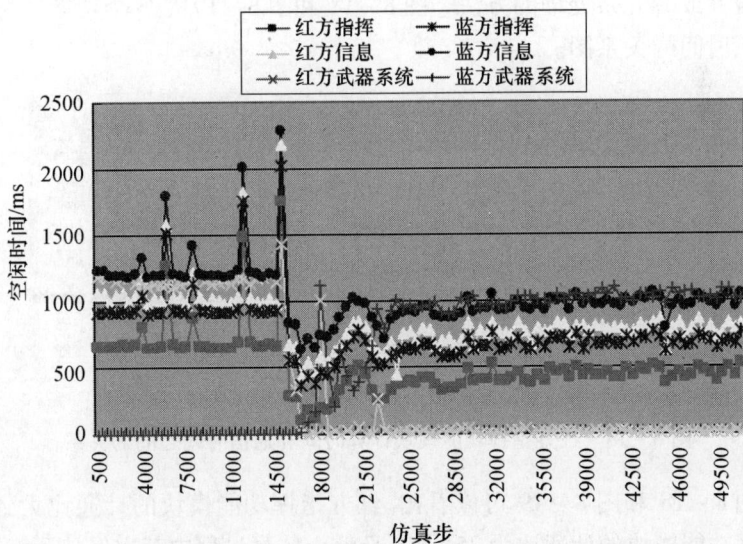

图 8 - 17　各个仿真任务空闲时间

　　根据上述图中的具体数据,统计最终的时间性能。见表 8 - 3,可见仿真系统的并行效率有待提高。

表 8 – 3　装备作战仿真分系统的性能统计　　　　单位:s

	红方指挥	红方信息	红方武器系统	蓝方指挥	蓝方信息	蓝方武器系统	总计
计算时间	30164	13751	72086	8883	5059	46679	176622
通信时间	1473	5063	1154	306	782	226	9004
总处理时间	31637	18814	73240	9189	5841	46905	185626
空闲时间	51833	86857	37939	77432	106065	63613	423739
各处理器利用率	37.90	17.80	65.88	10.61	5.22	42.44	
加速比							1.8

8.2.3.2　单个功能模块的计通比

从各个功能模块的计算时间和通信时间之间的关系,可以得到各个功能模块的计通比,如果某个仿真任务的计通比很大,说明该仿真任务的分割比较成功。对于计通比很小的仿真任务,应该将此任务合并到其他仿真任务中,可以采用直接合并或者冗余处理的方法。图 8 – 18 和图 8 – 19 是各个功能模块计算时间和通信时间的关系图。

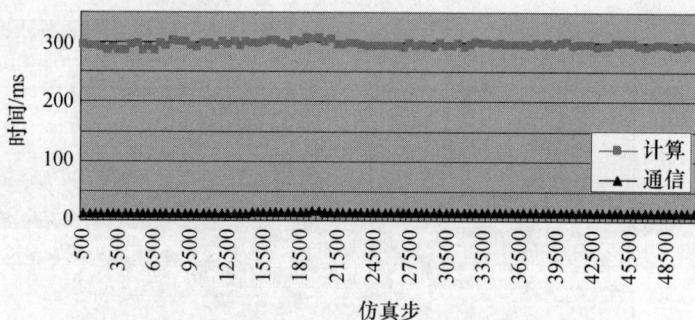

图 8 – 18　红方指挥功能模块计算时间和通信时间之间的关系

从图 8 – 18 和图 8 – 19 可以看出,红方指挥功能模块的计通比大致为 20,蓝方指挥功能模块的计通比为 25 ~ 30,且整个仿真过程中基本保持不变。

从图 8 – 20 和图 8 – 21 可以看出,红方信息功能模块的计通比为 2 ~ 3,蓝方信息功能模块的计通比在 6 ~ 10 的范围内,且不稳定,而通信时间一直较稳定,这说明信息功能模块对仿真模型的调用随机性很强,使仿真计算时间有很大的波动。

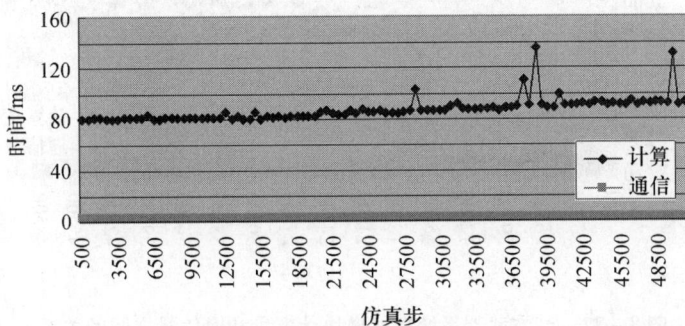

图 8 - 19　蓝方指挥仿真功能模块计算时间和通信时间之间的关系

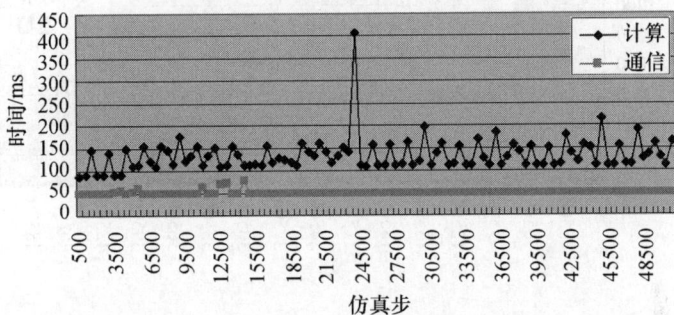

图 8 - 20　红方信息功能模块计算时间和通信时间之间的关系

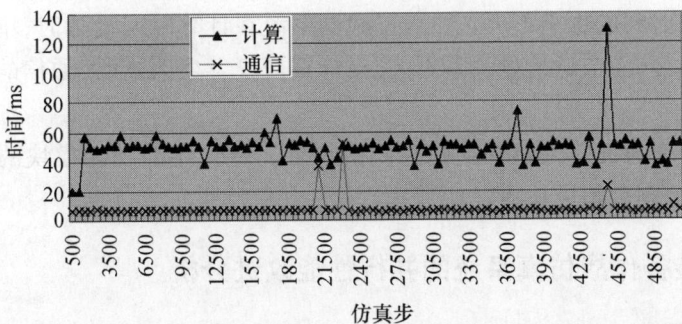

图 8 - 21　蓝方信息仿真功能模块计算时间和通信时间之间的关系

　　红蓝双方武器系统的计通比很大,最大时能达到 500,但计算时间变化太大,主要原因是由于对抗,对双方武器系统在数量、规模上影响都较大,造成了计算量很大的变化,如图 8 - 22 和图 8 - 23 所示。

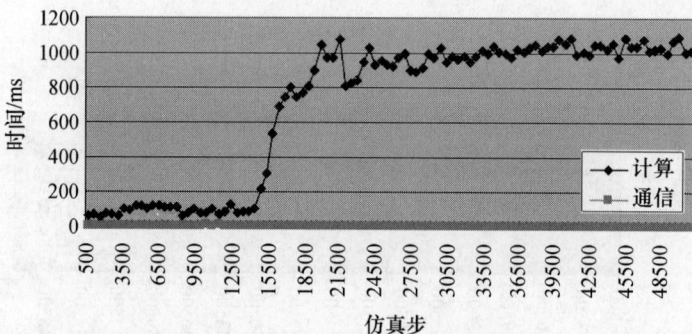

图 8 – 22　红方武器系统功能模块计算量和通信量之间的关系

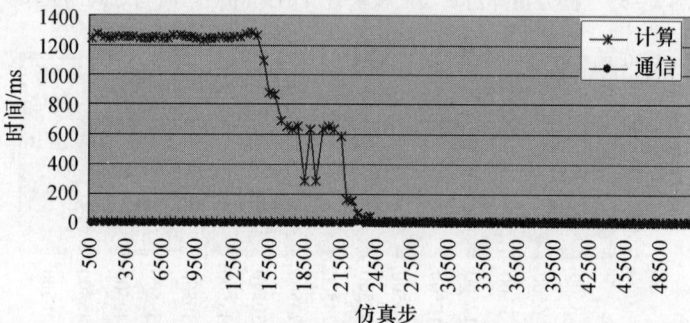

图 8 – 23　蓝方武器系统仿真功能模块计算时间和通信时间之间的关系

武器系统功能模块的计算时间与通信时间之间还有一个特征:计算时间的变化对通信时间的影响不大。原因是武器系统在计算时间增加时,增加的只是模型的复杂度,而与通信量关系不大,在计算规模发生改变时,通信的数据包没有变。

根据上面对计算时间和通信时间的统计、分析,各个功能模块的计通比较高,任务的分割是很成功的。

8.2.4　装备作战仿真系统的并行性能改进分析

从总体性能图中可以看出,红蓝双方的武器系统模块占据着大部分的处理时间。从处理时间图和空闲时间性能图中抽取这两个仿真任务的时间性能,专门进行分析,形成图 8 – 24 和图 8 – 25。

计算量最大的功能模块决定着其他模块的空闲时间,所以以武器系统模块为主要统计分析的基础。

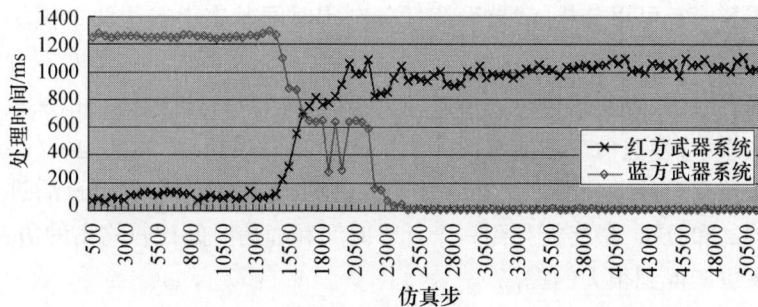

图 8 - 24　红蓝双方武器系统模块总的处理时间

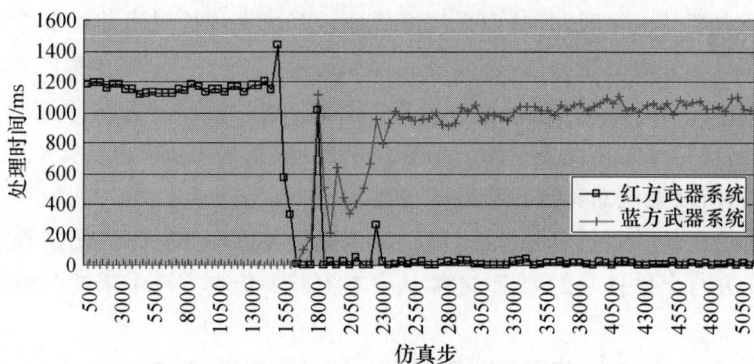

图 8 - 25　红蓝双方武器系统模块总的空闲时间

由图 8 - 24 和图 8 - 25 可以发现,武器系统的空闲时间与对方武器系统功能模块的处理时间几乎相等,现将红蓝双方武器系统功能模块的处理时间差统计后,与空闲时间相比较,如图 8 - 26 所示。

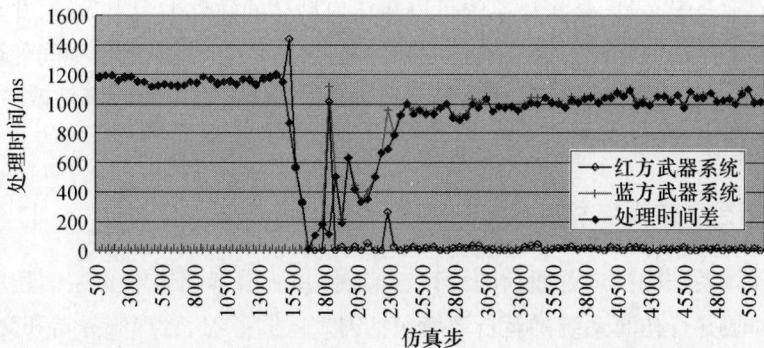

图 8 - 26　武器系统功能模块空闲时间与处理时间差的关系

从图8-26可以分析,武器系统任务空闲时间基本上等于两个模块计算时间差,具体数字上相差很小,这说明,网络延迟不大,空闲时间主要是双方的计算量不均衡,导致双方相互等待。所以,对仿真系统的并行性改进可以从武器系统功能模块入手,将这两个功能模块分割成多个功能模块,再和其他的任务合并,经过并行仿真设计过程的多次并行性能改进循环,并且在每次改进后进行时间性能的测试和分析,最终能得到一个计算时间和通信时间比较均衡的仿真系统,并行效率也能得到很大的提高。

目前,该仿真系统是按照等步长的方式进行仿真推进的,每一个步长的作战时间为1s。由于现有系统中没有考虑对串并行事件的仿真,每一个步长内的事件在时间上都是一个时间,从而无法准确地跟踪仿真步长对串并行事件的影响,必然存在一些关键的串行事件,而且有因果影响,由于并行化处理了,所有会出现和真实情况不一致的仿真结果;也比如存在一些并行事件,由于串行化处理了,也会出现与真实情况不一致的仿真结果,但现在无法获得真实作战系统中的精确数据,所以无法对其进行有效的分析。

在进行新的并行仿真系统设计时,应该充分考虑串并行事件的仿真方法,严格遵守串并行事件仿真的要求,才能从根本上减少仿真方法带来的逻辑错误。

8.3 通用型陆军作战并行仿真系统

本系统根据作战并行仿真系统体系结构设计的基本原则,建立了通用型陆军作战并行仿真系统,该系统有两个特点:一是硬件平台无关性;二是底层通信中间件的灵活性。

硬件平台无关性,是指该系统可以在任何型号的硬件平台上运行,并且并行计算节点可以动态扩展。底层通信中间件的灵活性是指底层通信中间件可以根据需求进行更换,模型与底层通信是分离的,只需要做简单的适应性改造,即可在新的通信中间件上运行。

8.3.1 硬件体系结构

硬件体系结构决定着通信的设计与实现,并从根本上影响着通信速度。本文研究作战并行仿真系统的运行环境包括刀片式服务器、管理服务器和交换机。

1. 刀片式服务器

采用两箱"联想"刀片式服务器。每箱服务器共10个刀片,每个刀片共两个 CPU,每个 CPU 共 6 个核,每箱刀片式服务器的理论计算峰值大约每秒 1.5 万亿次。

各个刀片之间通过万兆交换机模块连接,内外网络速度均为 10GB/s。

2. 管理服务器

随刀片式服务器配置,用于管理刀片式服务器的电源、启动、关闭等控制,还可以直接访问所管理的每一个刀片,为刀片的使用提供可视化的桌面。

网桥是用来连接仿真系统和外界系统的,如人在环仿真系统、可视化系统等,为了提高网桥的数据交互速度,将网桥设在管理服务器上,基于以下原因:

(1)万兆交换机和核心交换机直接连接,数据转换也需要时间。

(2)外界系统同时运行时,网桥会出现通信瓶颈,如图 8-27 所示,图 8-27(a)为刀片网桥,从数据支持分系统传向作业分系统的数据、从作业分系统向数据支持分系统传送的数据、经网桥处理完的数据,共分为 4 路,全部从其网卡上通过;而图 8-27(b)采用管理服务器作为网桥,通过两个网卡,将通信数据分流,通信速度可以提高一倍,同时,两个网卡皆连接 PCIE 总线,服务器的总线速度完全能满足上述速度。

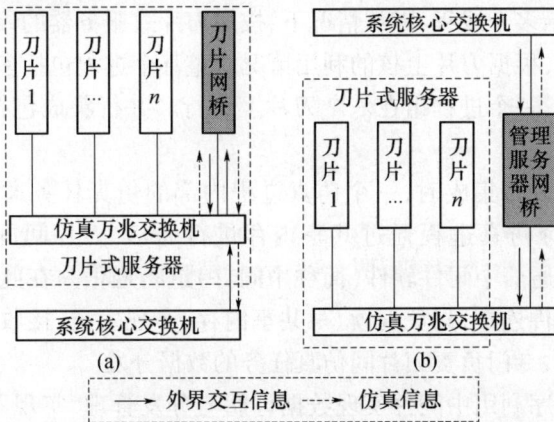

图 8-27　网桥位置的设计

(3)管理服务器采用双路四核处理器,通过并行处理,数据处理速度会得到提高。

为提高数据交互速度,加装万兆网卡和光纤网卡,同时连接数据网和作业网,提高其网络通信速度;管理服务器采用四路四核高性能服务器,提高数据交互处理速度;操作系统采用 64 位 Windows 2003 Server,管理 16GB 内存,提高缓存数据的容量;数据交互软件采用并行处理方法,实现作业数据、仿真数据的同时处理分发、传输,提高数据交互速度。

3. 交换机

刀片内部用万兆交换机模块,刀片和管理服务器通过万兆网络连接,管理服务器和其他系统通过核心交换机连接。

8.3.2 并行仿真系统

作战并行仿真系统的运行是由仿真实体在刀片上的分布决定的,并行仿真系统运行在多个刀片上,在运行上是一个分布式的结构,而从模型体系上看,是一个完整的系统,因此,其集成方式决定了仿真实体的分布,也决定着仿真系统的运行效率。

8.3.2.1 仿真任务并行集成

仿真任务并行集成,主要是在并行计算通信软件的支持下,为多个仿真任务的同时运行提供一个框架。与硬件的并行度相对应,集成按照线程、进程、进程组3种形式进行。其中,一个线程对应一个仿真任务,是仿真并行集成的最小单元;一个进程包括多个线程,默认情况下,按照刀片式服务器的硬件结构特点,每个进程6个线程,根据刀片上核的利用情况调整某个进程包括多少个线程;进程组包括多个进程,一个进程组在一个刀片上运行。并行集成包括集成框架和集成流程两个内容。

在仿真任务并行集成时,一个仿真进程内部的仿真任务通过堆、栈进行通信,刀片内的多个仿真进程通过共享内存进行通信,刀片间的仿真进程通过RTI、MPI等网络通信中间件软件(简称中间件)进行通信。在此方案中,每个仿真进程不与中间件连接,只负责读、写共享内存,实现发送、接收数据包;分控程序和中间件连接,专门负责刀片间仿真任务的数据分发。

每个分控程序利用中间件实现数据订阅与分发管理,实现不同刀片上仿真进程间的通信,利用其组播功能,提高通信效率。而在刀片内,进程间的通信通过共享内存来实现。

仿真总控和仿真分控不光负责启动、关闭进程,还担负刀片内和刀片间通信数据分发的任务。

如果每个仿真进程直接和中间件连接,则一个刀片内部的仿真进程间的通信也需要经过中间件,造成通信冗余。此任务采用共享内存的方法对通信进行分层管理,刀片内部通过共享内存,刀片间通过中间件,可以提高通信速度。具体原理如图8-28所示。

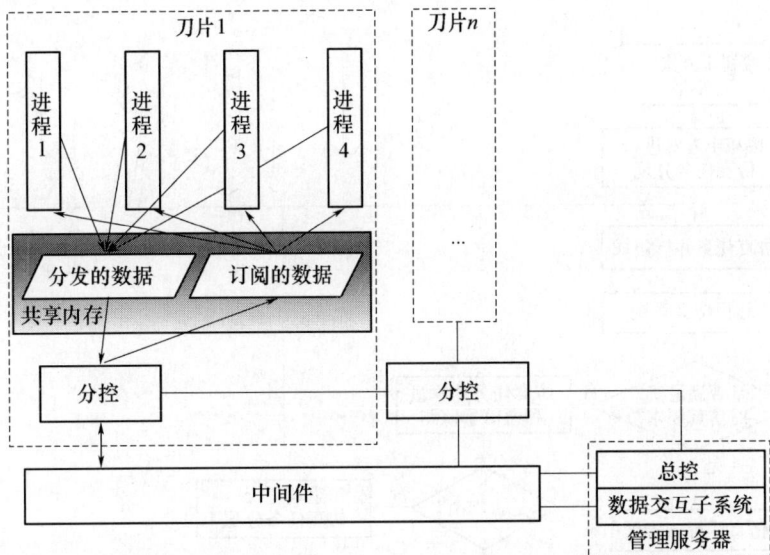

图 8 - 28　分控程序通过中间件进行数据分发原理图

8.3.2.2　仿真任务并行集成的流程

软件按照以下步骤实现并行仿真集成：

（1）按照初步方案进行仿真任务分配，按照刀片、CPU、核对应的任务，分层进行集成，集成后的软件形式分别为刀片内的仿真进程组、进程、线程。

（2）运行仿真系统，看是否满足实时性运行需要，如果满足需要，则按照现方案进行集成。

（3）如果不满足实时性运行需要，则对仿真任务和通信进行监测。

（4）根据监测结果，如果仿真计算不均衡，则重新进行任务分配，按照新方案进行集成，从步骤（1）开始。

（5）如果仿真计算是均衡的，则看仿真计算时间是否过长，如果计算时间长，则优化仿真计算模型，如果计算时间不长，则看仿真通信是否过长。

（6）如果通信时间过长，则对仿真通信进行优化，主要是将通信量大的任务进程划分到一个刀片上，按照新方案进行集成，从步骤（1）开始。

（7）如果计算量均衡、计算时间不长，通信时间也不长，则应该优化中间件接口及并行集成框架，缩短仿真时间。

具体并行集成的流程如图 8 - 29 所示。

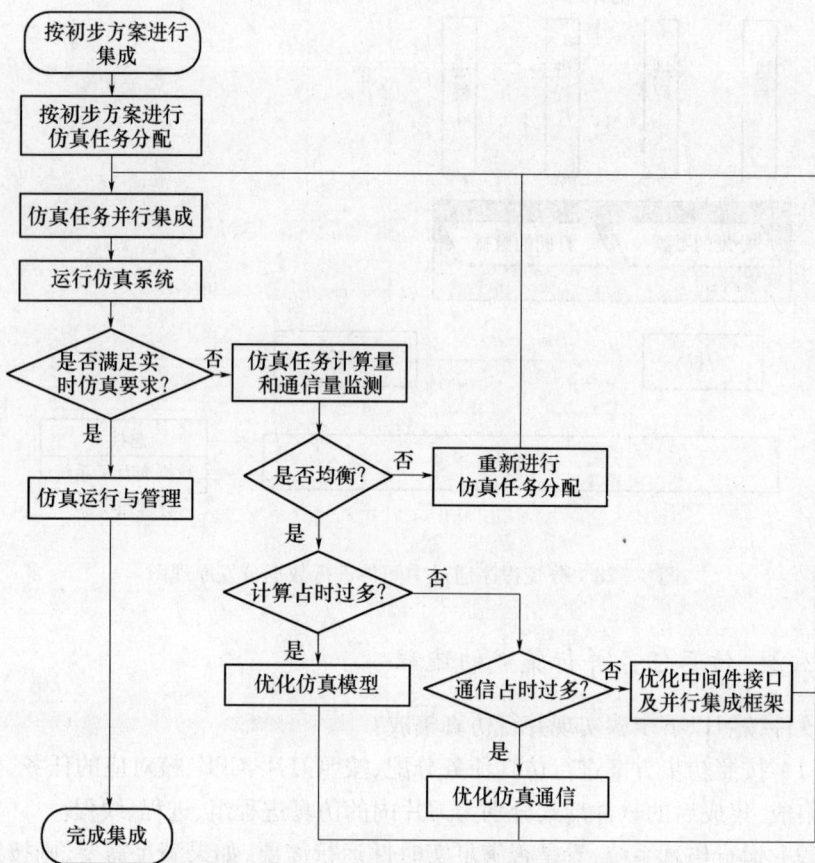

```
按初步方案进行
集成
    ↓
按初步方案进行
仿真任务分配
    ↓
仿真任务并行集成
    ↓
运行仿真系统
    ↓
是否满足实    ──否──→  仿真任务计算量
时仿真要求?              和通信量监测
    ↓是                      ↓
仿真运行与管理        是否均衡?  ──否──→  重新进行
    ↓                      ↓是              仿真任务分配
    ↓                  计算占时过多?  ──否──→
    ↓                      ↓是
    ↓                  优化仿真模型    通信占时过多?  ──否──→  优化中间件接口
    ↓                                      ↓是              及并行集成框架
    ↓                                  优化仿真通信
完成集成
```

图 8-29　并行计算软件的运用流程

8.3.2.3　仿真任务并行集成的实现

并行计算实现首先要实现任务分割和任务分配,才能使多个任务并行运行,提高对硬件的利用率,按照以下方法实现初次的任务分配。

1. 分割目标

分割目标,就是让仿真系统能快速地运行,满足实时仿真的需求。主要从两个方面入手:一是计算量和仿真通信量的均衡;二是减少冗余计算、冗余通信的发生。

有以下特点会影响任务分割的效果:

编成的动态性,仿真程序是根据编成进行初始化的,如果编成力量悬殊大,则所对应的任务会不均衡。

各种模型的计算量,各种模型由不同人员开发,各开发者的水平、开发习惯不同,各模型的计算量级可能会有较大的差别。

仿真通信分为以下 3 种:

（1）由于仿真任务的分布需要通信的,如某一次射击造成的毁伤信息,需要告知对方。

（2）作战力量本身需要通信的,主要是战场通信。

（3）需要告知外界系统的仿真结果信息。

这些信息主要以以下方式进行传输:

（1）堆、栈(主要是一个任务的内部传输)。

（2）内存(一个刀片内部的传输)。

（3）网络(刀片间)。

任务分割的目标在通信上体现为减少第一种通信量,尽量将前两种通信量以前两种方式进行传输。

2. 分配方案

1）分割后的仿真任务

可以按照功能模块、作战地域、作战编成等方式进行仿真任务分割,分割后的任务数要大于硬件提供的计算机总的核数。如果少于总的核数,则应该继续分割,否则,会造成大量的核闲置,仿真速度得不到提高。

2）分割后的任务组合

并行仿真的实现,采用先分割、后组合的方法,在一个刀片内部,采用多线程的方式,组合上述仿真任务,在仿真框架内实现对每个仿真任务计算时间的监控,通过通信管理模块,实现对每个任务的通信量的监控。

第一次仿真后,如果能满足实时仿真要求,则研究进一步优化的方法和自动实现任务自动分配的方法。如果不能满足实时仿真要求,查看是计算的问题,还是通信的问题。如果是计算的问题,则对计算进行调整,将计算忙碌的刀片上的任务调整一些到计算比较闲的刀片上。如果是网络通信的问题,则从两个方面入手,一是通过默认编码,减少通信量;二是将通信频繁、通信量大的仿真任务放到一个刀片上去,减少网络通信流量。

集成后的任务如图 8 - 30 所示。

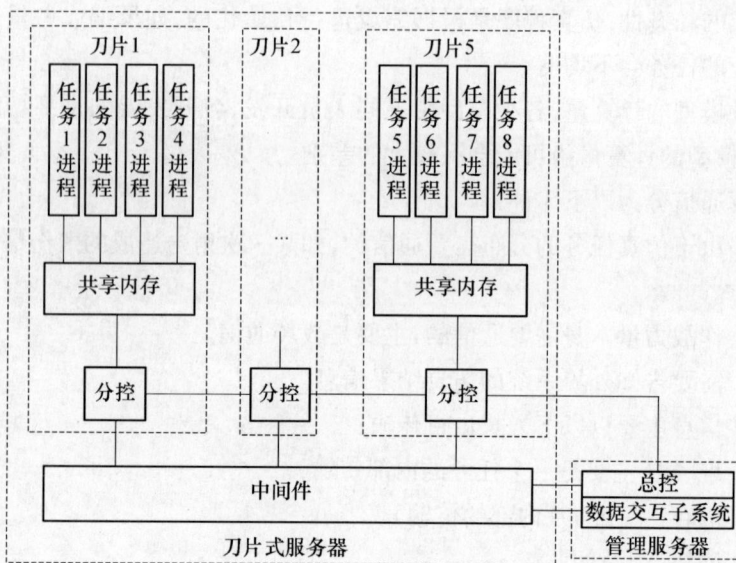

图 8 – 30 实现并行集成后的任务分布

8.3.3 并行仿真交互通信设计

并行计算通信,主要为数据支持分系统各个仿真任务的运行提供可靠、高效、统一的通信支撑,并支持数据交互子系统的运行。主要实现刀片内和刀片间的仿真通信,并对其进行管理,在数据分发上进行优化,减少网络间通信量,提高仿真速度。包括如下模块。

(1)仿真中间件接口模块。开发仿真中间件的接口模块,便于仿真程序的使用,并保持仿真程序的完整性。主要包括如下接口模块:通信调用模块、时间推进模块、同步控制模块等。在通信调用模块上,利用通信的分层、分发机制,减少通信量;在时间推进模块上,需要满足不同长度的时间推进需求;在同步控制上,既要实现进程内多线程之间的同步,又要通过共享内存等方式实现刀片内的进程同步,还需要通过网络实现所有的仿真任务的同步。

(2)刀片内部通信模块。刀片内采用共享内存的方式实现进程间的通信,开发公用的共享内存通信模块,实现刀片内仿真任务的同步、通信,支撑仿真运行。主要包括共享内存模块和同步控制模块。

(3)刀片间通信模块。刀片间采用中间件通信方式实现不同刀片上的仿真任务间的通信,实现刀片间仿真任务的同步、通信,支撑仿真运行。主要包括中间件通信接口和同步控制模块。

（4）仿真通信管理模块。仿真通信采用分层式通信管理的方式,刀片内部采用共享内存、刀片间采用 RTI 通信,开发仿真通信管理模块,实现仿真任务间通信的分层管理。

对于全局应用的信息,如敌我双方的战损、位置信息,和各个仿真子系统协调后,按照敌我、分层的方法实现统一的信息分发,在一个刀片内,提供统一的全局信息共享区,供各个仿真任务调用。

8.3.4 交互通信监测与记录

仿真任务计算量监测模块,主要采取仿真任务运行计时的方法,记录各个并行的仿真任务在一次完整的作战仿真中的运行时间;采取通信数据包大小记录的方法,记录各个并行的仿真任务在一次完整的作战仿真中进出的数据量。最后,给出各个仿真任务的平均计算时间和进出通信量、在任务运行繁忙时的平均计算时间和进出通信量。主要监测的内容有:

（1）计算量监测。在集成框架中添加计时器,每个线程在创建时开始计时,计算完成后提交发布的通信数据时,完成计时。通过宏设置控制计时功能的运行与否,在进行集成开发时,打开计时功能,在完成集成后,关闭计时功能。

（2）通信量监测。集成时,每个任务都会提交传输给其他任务的通信包,通过对通信包大小进行测试统计,可以获得各个任务之间的通信量大小。

（3）监测结果。在某一种并行仿真任务分配方案下,根据对仿真计算和通信的监测,得到如下监测结果。在每个节点上的计算性能都和图 8 - 31 相似,可以看出仿真任务分割基本实现了计算均衡。

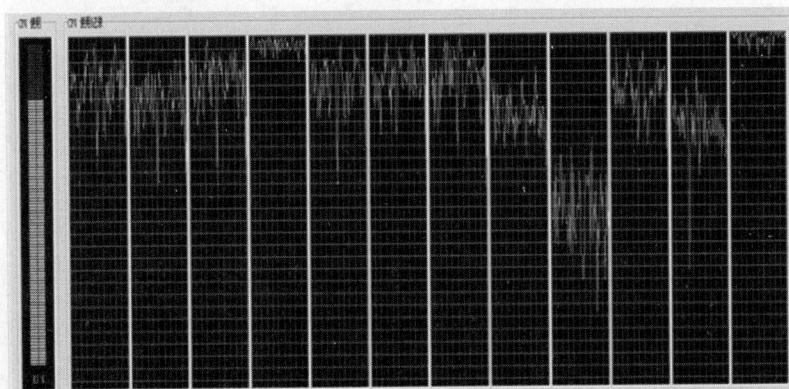

图 8 - 31　仿真计算时间监控

根据上述监测结果,对于通信出现的峰值,需要通过记录数据,进一步从模型产生的交互来分析,如果需要进一步提高仿真速度,则需进一步优化,如图 8-32 所示。

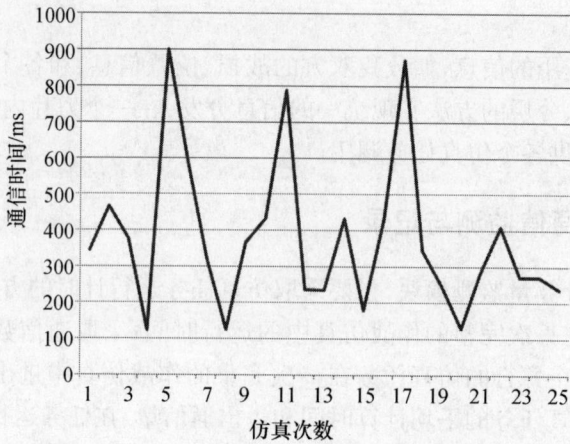

图 8-32　某节点某一时间段仿真通信性能监控

第 9 章

作战并行仿真的发展趋势

作战并行仿真的发展受到 4 个方面的影响，一是仿真对象的影响，即武器装备技术发展及作战思想发展的影响，随着信息技术的发展，武器系统的一体化水平不断提高，作战仿真模型之间的耦合程度会更高，这给作战并行仿真系统带来了巨大的影响；二是受到计算机硬件发展的影响，随着多核、众核技术的发展，高性能计算机会不断普及，同时 GPU 用于并行仿真的方法和技术也在不断发展，核间网络通信技术也不断发展，集中式的严格意义上的并行仿真或许能够实现；三是受到计算机软件技术发展的影响，随着支持底层硬件环境透明化、并行仿真应用透明化等软件技术的发展，基于网络并行的作战并行仿真会不断地扩大规模；四是受到仿真科学与技术理论、方法和技术的影响，随着并行建模与仿真理论、方法和技术的发展，可能会出现新型作战并行仿真系统。

9.1 并行计算硬件环境

9.1.1 多核处理器

自 1996 年美国斯坦福大学首次提出片上多处理器（CMP）思想和首个多核结构原型，到 2001 年推出第一个商用多核处理器 POWER4，再到 2005 年 Intel 和 AMD 多核处理器的大规模应用，最后到现在多核成为市场主流，多核处理器经历了十几年的发展。在这个过程中，多核处理器的应用范围已覆盖了多媒体计算、嵌入式设备、个人计算机、商用服务器和高性能计算机等众多领域，多核技术及其相关研究也迅速发展,比如多核结构设计方法、片上互连技术、可重构技术、下一代众核技术等。

1. 多核处理器的优点

多核处理器主要具有以下几个显著的优点:

控制逻辑简单:相对超标量微处理器结构和超长指令字结构而言,单芯片多处理器结构的控制逻辑复杂性要明显低很多。相应的单芯片多处理器的硬件实现必然要简单得多。

高主频:由于单芯片多处理器结构的控制逻辑相对简单,包含极少的全局信号,因此线延迟对其影响比较小,因此,在同等工艺条件下,单芯片多处理器的硬件实现要获得比超标量微处理器和超长指令字微处理器更高的工作频率。

低通信延迟:由于多个处理器集成在一块芯片上,且采用共享 Cache 或者内存的方式,多线程的通信延迟会明显降低,这样也对存储系统提出了更高的要求。

低功耗:通过动态调节电压/频率、负载优化分布等,可有效降低 CMP 功耗。

设计和验证周期短:微处理器厂商一般采用现有的成熟单核处理器作为处理器核心,从而可缩短设计和验证周期,节省研发成本。

2. 多核技术应用前景

随着操作系统及应用软件对多核处理器的进一步支持及优化、芯片制造工艺的成熟、AMD 及 Intel 为代表的低功耗技术的发展、芯片级虚拟化技术的成熟等诸多因素,将推动服务器处理器多核化趋势的进一步彰显。

从目前来看,多核处理器的推广还受到一定程度的限制,如一些桌面应用尚不支持多线程、多核处理器价格相对偏高、应用开发工具不成熟等。随着应用需求的扩大和技术的不断进步,多核必将展示出其强大的性能优势。但是多核处理器是处理器发展的必然趋势,无论是移动与嵌入式应用、桌面应用还是服务器应用,都将采用多核的架构。

3. 多核面临的挑战

多核处理器的革命给整个计算机领域带来了前所未有的挑战和机遇。一方面,多核意味着在同样的空间内实现更多的计算功效;另一方面,处理器体系架构的根本性变化要想充分利用这些处理器,比起之前的设计就更具挑战性。

面临的挑战之一就是软件,现有的软件如果不做改变,就无法利用目前不断进步的处理器所提供的多核性能。为了充分利用多核,程序需要同时做很多事情,即并行计算。并行程序如果编译正确,执行指令的速度将比传统的串行程序要快很多,因为它能将工作负载按照不同需求分配给处理器的不同核心。而传统的串行程序只能利用一个核心。

4. 多核带来的影响

应用程序的设计者们为了满足多核的需求需要花费时间对代码进行升级和测试。在并行程序设计上没有简单或者自动化的捷径可循,因此多核菜单(MC-CB)的设计就需要付出更多的努力。除了研发多核应用软件需要花费额外的心血外,还要适应不断涌现的全新概念。

1)内存之争

从定义上说,所有的多核系统都必须共享内存。设计内存子系统能让核心之间的争夺最小化,但是仍然会出现内存空间为两个或者更多内核所用的时候。这种情况在很多时候就会导致性能问题或者性能衰减。

2)资源之争

与传统的单核处理器不同,多核系统的每个核心都必须共享本地资源。除了内存之外,这些资源还包括硬盘、网络连接、PCI 总线和个人计算机、工作站或者服务器的其他组件。

3)Program Locality

在多核系统中,应用程序在那个核心上运行取决于操作系统。操作系统会尽可能的让所有的核心的工作负载均等。通过在核心间对程序进行迁移来实现分配。如果万一程序迁移所在的核心无法使用同样的高速缓存或者本地内存资源,那么程序就会丧失高速缓存数据的优势所在,性能也会因此衰减。

4)新的错误类型

多核也会引发程序设计中新的错误类型。这种情况的出现是因为在核心间新的时间动态分配出现了问题。当核心都在互相等待和冻结或者它们不能保持同步时,这种情况就会发生从而报错。程序设计者们必须在编译应用程序时对这一点有清醒的认识。

5)程序模式

最后一个问题就是程序模式,在多核系统中,核心是通过内存共享数据和通信。程序设计者们实现的途径是取决于他们惯常编写代码的程序模式。对于所有的多核程序设计来说,没有单一的标准方式(程序语言或者 API)是可以通行无阻的。处于多核菜单的设计目的,可以将程序设计方法分成两类:

(1)主流方法:这种设计方法就是公开/标准 API(应用编程接口),从过往经验看 API 已经在并行程序设计上取得了成功,具有丰富的编程经验基础来向程序设计者提供支持。采用 API 的编程方法在灵活性和将来的升级支持方面都是风险较低的选择。但对于特别问题处理方面却并非最佳的编程方式。

（2）新生力量：这些编程方法是新生力量，在将来也颇具潜力。但是并非所有的方法都具备这样的实力，成为大型项目程序的选择（比如说有些尚处于试验阶段）。虽然它们在实现并行程序方面更为出色，但作为一项新兴的技术要进行推广还有一定风险。

这些新兴的编程模式数量太多而无法一一罗列，甄选出的主要方法由3种组成：Threads（线程技术）、OpenMP和MPI（消息传递接口）并行算法。Threads使用的是均衡共用存储器或者共享内存，在传统多核系统中已经有多年的使用历史。

另外一种正在发展之中并能相对容易的利用线程的方法就是OpenMP。OpenMP使用一组指令设计来允许程序设计者更为简便的实现对称多处理机的并行要求。MPI是实现高性能计算代码并行设计的标准方式。MPI的并行设计能在独立的计算机上对进程间的信息进行传递，对于对称多处理计算机也同样适用。

从目前发展形势上看，双核和多核处理器已经显露出自己无可比拟的优势，也得到了用户的广泛信任和选购。未来的科技发展也寄予了双核和多核处理器更多的厚望，这些都预示着双核以及多核处理器是未来市场主流处理器的发展趋势。

9.1.2 CPU+GPU 异构型计算环境

随着超级计算机上引入GPU的速度的加快，预示着两个趋势：一是GPU的计算能力远远超出CPU，计算能力提升的贡献会不断增加；二是GPU并行计算的可用性、易用性不断增强。

GPU超强的计算能力让它在通用计算领域大有可为，而CUDA则让它变成可能，简单易用的开发环境让CUDA主导起GPU计算的革命。

正如NVIDIA首席科学家David Kirk所说："我认为CUDA已经取得了空前成功，它的接受程度令人吃惊。这也表明了人们希望对整台计算机进行编程的浓厚兴趣。过去人们往往是编写一个C程序来控制CPU，再编写一个图形程序来控制GPU。你一定想通过编写一个程序来控制CPU和GPU。因此我坚信，将来CUDA将变得无处不在。如果要对CPU和GPU进行编程并管理系统中的所有资源，那就没有理由不用CUDA。"

GPU正逐渐将并行计算推向主流，并行计算与异构处理器系统的"联姻"将是大势所趋。而主导这场变革的就是CUDA。随着越来越多的开发者加入到CUDA怀抱，支持CUDA的软件必将渗透到生活的方方面面，亿万次的计算能力是我们充满期待最好的诠释。

9.2　并行仿真体系结构

9.2.1　云仿真

云计算的模式为作战并行仿真提供了另一种网络化建模与仿真平台的构建模式——构建"云仿真平台"。基于仿真网格的研究成果,进一步融合虚拟化技术、普适计算技术和高性能计算技术等,李伯虎院士的研究团队引入"云计算"理念,构建一种基于云计算理念的网络化建模与仿真平台——"云仿真平台",以加强网络化建模与仿真平台的细粒度、各类资源(包括节点内的 CPU 核、存储器、软件等子资源)按需共享能力;充分支持多用户能力;协同能力;容错能力;安全应用机制。

"云仿真"是一种通过网络、云仿真平台,按用户需求组织网上仿真资源(仿真云),为用户提供各类仿真服务的一种新的仿真模式。

云仿真为用户提供按需动态组合的多类仿真服务;呈现给用户的是一个"虚拟化"的仿真环境;提供用户为 中心的分布、协同、交互的工作模式;云仿真平台是一个复杂的仿真资源网络;云仿真运行的实质是基于网络上的各类仿真资源的互操作仿真计算。

1. "云仿真平台"的内涵

"云仿真平台"是一种新型的、比仿真网格性能更好的网络化建模与仿真平台。"它以应用领域的需求为背景,基于云计算理念,综合应用各类技术(复杂系统模型技术、高性能计算技术、先进分布仿真技术/VR 技术、现代网络技术、虚拟化技术、普适化技术、人工智能技术、PLM 技术、管理技术、系统工程技术及其应用领域有关的专业技术等),实现系统/联邦中各类资源安全地按需共享与重用(包括系统/项目参与单位有关的模型资源、计算资源、存储资源、网络资源、数据资源、信息资源、知识资源、软件资源,与应用相关的物理效应设备及仿真器等)。网上资源多用户按需协同互操作——"云计算模式",系统/联邦动态优化调度运行。进而支持仿真系统工程,支持对工程与非工程领域内已有或设想的复杂系统/项目进行论证、研究、分析、设计、加工生产、试验、运行、评估、维护和报废等(全生命周期)活动。

2. "云仿真平台"的特色

(1) 支持以用户为中心分布、协同、交互的云仿真。

（2）SOS(System of Systems)和 SOA 体系结构。

（3）支持以项目管理为核心的复杂系统全生命周期的技术、组织与过程的集成管理。

（4）支持集成应用各类先进的中间件/集成平台/集成框架技术、协同技术、虚拟化技术、可视化技术、各类工具引擎技术、建模与仿真技术等。

（5）基于各类标准与规范，具有良好的开放性、安全性、可扩展性和通用性。

3."云仿真平台"关键技术

"云仿真平台"关键技术包括门户层、面向云仿真模式的服务层、资源层、安全体系。其中门户层包括问题求解环境技术，可视化门户技术，普适化门户技术和项目管理技术；面向云仿真模式的服务层包括基于 Web 的分布交互仿真技术，基于 Web Service 技术的仿真资源管理技术，基于语义的模型资源发现技术，仿真资源服务调度技术，资源服务自动组合技术和仿真系统容错迁移技术；资源层包括仿真资源虚拟化技术；安全体系包括安全机制与用户管理技术。

随着"云仿真平台"关键技术的不断完善，会出现作战并行仿真新的体系结构，实现 多用户按需共享，在云仿真平台对资源的动态管理下，进行网络化建模仿真系统的协同运行管理。

9.2.2 普适仿真

1. 普适化计算技术

普适化计算技术是将计算技术与通信技术，数字媒体技术相融合的技术，它提供一种全新的计算模式，其目标是构造使由计算和通信构成的信息空间与人们生活的物理空间相融合的智能化空间(Smart Space)，在这个智能化空间中，人们可以随时随地透明地获得计算和信息服务。

普适化计算技术与网格计算技术、Web Service 技术的结合，将极大地拓展以人为本，对环境敏感、随时随地获取计算能力的智能化空间的应用边界，是未来 IT 的重要支撑。

普适计算的思想最早是 1991 年 Mark Weiser 在《Scientific American》一书的"The Computer for the 21st Century"中提出的。随后即受到国内外各研究机构和产业界的高度重视。

2. 普适化仿真技术

可以在仿真系统中引进普适化计算技术，将计算机硬软件、通信硬软件、各类传感器、设备、模拟器紧密集成，实现将仿真空间与物理空间结合的一种新仿真模式。其重要意义是实现仿真进入真实系统，无缝地嵌入到日常生活事物与工作中。

融合普适化计算技术、网格计算技术与 Web Service 技术的"普适化仿真技术"将推动现代建模仿真技术研究、开发与应用进入一个崭新的时代,构建以人为本,对环境敏感、随时随地获取计算能力的智能化空间(Smart Simulation Space)

当前,普适仿真相关的重要研究涉及以下内容:

(1)融合基于 Web 的分布仿真技术、网格计算技术、云计算技术、普适化计算技术的先进普适仿真体系结构。

(2)开发针对普适仿真的软件平台和中间件。

(3)建立新型的人与仿真计算服务的交互通道。

(4)建立面向普适计算模式的新型仿真应用模型。

(5)提供适合普适计算时代需求的新型仿真服务。

(6)仿真空间和物理空间的协调管理和集成技术。

(7)基于普适计算的普适仿真自组织性、自适应性和高度容错性。

(8)普适仿真应用技术等。

随着普适化仿真技术的发展,作战并行仿真面临着非常透明化的硬件环境,当然,仿真的效率会受到一定的影响,但对于多样本类型的大粒度分割的并行仿真任务来说,采用普适化仿真技术,更能发挥底层计算资源的优势。

9.3　作战并行仿真支撑软件

9.3.1　XMSF

XMSF 推动新一代分布式建模仿真应用的产生、开发与互操作,随着一系列基于 Web 的建模仿真技术开发与实施的标准、规范与建议的提出和实施,XMSF 对作战并行仿真会起到至关重要的推动作用。

1. 未来建模与仿真需要考虑的问题

要成功实现 XMSF 的宏观(指导性)要求,必须考虑如下问题:

(1)向后兼容。使用现有的 M&S 的体系结构(如 HLA)进行向后兼容。XMSF 可以通过网络技术把现有的 M&S 能力提交给新的支持者。针对 HLA/RTI 和 DIS 技术的向后兼容能力不能抑制新性能的出现。XMSF 可以在网络通道之上为 HLA/RTI 和 DIS 探究特殊的连接方法。

(2)可组合能力。从目前研究来看,许多仿真系统在设计时都把可组合性当作一项重要的技术指标,如美军的 ModSAF、OneSAF(通用半自动化部队)、JSIMS(联合仿真系统)以及 TENA 等系统。今后,可组合性将成为先进分布仿真系统的发展方向,以便快速、高效地建立仿真系统,实现仿真资源的互操作和可重用。XMSF 必须支持多级模型和成分组合,包括推理认证组合成分的适宜性。

(3)多决策建模。关于总体级的模型集成和细节级的可组合性,仿真需要具备识别模型级别的能力。XMSF 必须为模型确定标注标签提供机制,以及在这些标签的基础上为集成适宜性提供推理认证。

(4)战术系统集成。M&S 与 C^4I 系统集成是一个现在关注的问题。XMSF 需要定位在这个问题上,以及要识别其他对作战人员有益的 M&S 战术系统,并进行集成。从 C^4I 系统融合 M&S 系统的研究,转移到研究怎样将 C^4I 系统融入计算机辅助训练(CAX)环境中(建模与仿真功能的操作使用问题)。这就要求创建一个好的框架的同时,还要具备可交互的各种功能性组件。

(5)时间服务。XMSF 支持实时、定比例实时、时间跳跃的离散事件和连续事件仿真。这需要时间服务,而时间服务又需要通过一个高度分布的动态的环境来度量。

(6)支持仿真的服务——记录和回放。XMSF 高度分布的动态的特性加剧了现有的分布式仿真环境的记录和重放的一致性和完整性问题。确定这个问题必须设定一系列特定的环节来驱动记录和回放的需求。

2. XMSF 面临的挑战

XMSF 为下一代先进分布仿真系统建立了一个扩展的技术框架,具有良好的应用前景。要取得成功,XMSF 还必须实现很多高层需求:利用 Web 框架与网络技术的兼容性,实现分布式仿真应用在更大规模网络上的互操作;支持可组合的、可重用的仿真组件。XMSF 在技术上面临着一系列的挑战,主要包括以下几点:

(1)如何利用基于 Web 的技术来实现更为强大、高效的先进分布式仿真系统。

(2)为想定提供开放的、可扩展的建模与仿真功能,并应用到实际的作战仿真系统中。

(3)如何有效地利用目前商用软件的主流开发技术和方法。

(4)为开发人员和用户提供良好的应用环境,加速互操作仿真应用的开发和使用。

(5)对建模与仿真领域的不同类型的仿真应用提供支持,如:推演仿真、分析仿真、真实仿真、虚拟仿真、基于 Agent 的仿真等。

（6）力求提高模型的有效性和逼真度，仿真中的模型应体现实际的作战过程以满足军事行动的需求。

3. 进一步的研究内容

XMSF 的重要意义在于推动分布式仿真技术向标准化、组件化的方向发展，根据目前的发展状况，在以下几个方面会有所进展：

（1）XMSF 框架的规则、网络协议标准、通信机制以及对 DIS/HLA 标准的扩展等。

（2）HLA 中的 SOM/FOM 与 BOM 的结合。

（3）HLA/RTI 开发应用于 Web/Web Service 技术的结合。

（4）实现公共广域网条件下的联邦组织和运行。

（5）构建通用的一体化的协同仿真集成环境。

（6）与网格技术结合，克服现有 HLA 仿真支撑平台中无法实现仿真资源的动态调度问题。

随着上述研究内容的推进，XMSF 至少会在标准上对作战并行仿真起到积极的推动作用，基于 XMSF 标准的仿真引擎或许会很快实现，支持作战并行仿真的引擎可以多一种标准的选择。

9.3.2 LVC 融合

实况仿真（Live Simulation）是指真实的人使用实际装备在实际战场的假象行动，主要使用于试验与训练领域。构造（Constructive）仿真是一种战争演练和分析工具，通常由模拟的人操纵模拟的系统。虚拟（Virtual）仿真是指系统和军队在合成战场上模拟作战，往往表现为真人操纵模拟系统。LVC 仿真是指在仿真系统中同时具有实况仿真、虚拟仿真、构造仿真 3 种类型的仿真。

1. HLA 与 TENA 的比较分析

目前，在建模与仿真（主要是指虚拟仿真和构造仿真）、试验与训练（主要是实况仿真）两个领域内部都具备了初步的互操作能力，模型与仿真的可重用和可组合也有了一定的基础，但在建模与仿真、试验与训练两个领域之间的互操作能力比较差，仿真和模型的可重用性、可组合性与需求相比距离还比较远。

美国在建模与仿真领域具备了 HLA 规范，在试验与训练领域具有 TENA 规范。这两个规范在 4 个主要方面有相似之处，都使用对象模型、都有核心规则集、都使用了中间件、有相似的组织机构。

虽然 HLA 与 TENA 在规则、对象模型和接口规范的实现软件等方面相似，但它们各自固有的一些因素限制了两者之间进行无缝互操作的能力,这些因素主要包括以下 7 个方面。

(1)缺乏对互操作的理解。要实现 LVC 仿真资源无缝互操作的目标,必须深入分析和理解基于 TENA 的实物仿真和基于 HLA 的虚拟的、构造性仿真环境之间的差别。一些用在特定领域的方法,比如通常在建模与仿真领域中用于减少传输流量的 DR 算法将被应用于实物仿真中,对前述差别的理解将有助于其更方便的应用。

(2)两者的使用目的不同。TENA 与 HLA 是为不同的领域开发和使用的。HLA 主要用于提供建模与仿真领域的互操作性和 M&S 资产的可重用性,TENA 主要用于提供试验资源的互操作性和可重用性。TENA 被更广泛地用于把真实的靶场资产集成到训练环境中。TENA 与 HLA 的开发是为了满足各自领域的特殊需求。

(3)对象建模不兼容。对象建模一直是 HLA 和 TENA 之间,甚至是单个体系结构内部难以互操作和重构的障碍。HLA 仅规定了记录对象模型的格式,而把对象模型的定义和内容留给开发人员完成。该方法提供了较大的灵活性,但大量不同的联邦对象模型却给互操作问题带来了较大影响,在参与仿真的成员被开发成不同的对象模型时,HLA 联邦集成的复杂性就大大增加了。TENA 元模型规定了其对象模型的格式、也规定了一组“标准对象模型”,由这些“标准对象模型”可构成更复杂的对象模型。这种标准目标模型子集在灵活性和标准化之间找到了一定的平衡。但是,HLA 和 TENA 的对象建模方法都仍然只适用于各自的体系结构或协议。

(4)缺乏重构性。美国国防部“建模与仿真主计划”对重构性的定义是“迅速选择和组合部件以构建有意义的仿真系统以满足特定用户需求的能力”,并且这种重构要“能有效地集成、互操作和重用”。然而,问题是在仿真领域还不能对 HLA 或 TENA 完全实现重构,这也是限制互操作能力的因素之一。

(5)中间件/基础设施不兼容。TENA 和 HLA 的实现工具都提供了一个通信基础设施层,包括了预定义的用户接口和一系列的服务,这些服务基于公布/订阅模式,用于在生产者和消费者之间分发数据。虽然它们提供了相似的消息分发服务,但在使用方面是不同的。例如 HLA 提供了大量的服务,用于满足 M&S 领域的独特需求(如时间管理)。未来如果中间件实现工具要合并,试验和 M&S 的独特需求方面的功能都需要解决。

(6)系统工程过程不同。HLA 早期开发时,为适应联邦开发,明确了 HLA 联邦开发与运行过程(FEDEP),FEDEP 过程主要包括 7 个步骤,其中的对象建模是每一个步骤中的关键部件。FEDEP 并不排除实况仿真的参与,事实上也提到了 HLA 联邦中真实资产的使用。但是 FEDEP 过程可能需要被重新检查,用以解决与 TENA 相关的特殊需求(工具、VV&A、产品)。在 TENA 体系结构参考文件中也给出了一个类似的系统工程过程,并且已在联合使命环境测试能力(JMETC)计划中得到使用,并重新命名为 JMETC 集成与客户支持过程。为了实现 LVC 互操作需要一个单一的系统工程过程。

(7)业务流程不兼容。TENA 和 HLA 采用的业务策略差别较大,HLA 包含公开的商用现货(COTS)国际标准和政府实现的体系结构,而 TENA 采用单一的由政府推出的政府现货解决方案并免费发布。这些做法的优缺点应该予以重视,而且统一的国防部远期战略也应予以考虑,尤其应关注这两种体系结构最终合并为 LVC 集成体系结构的可能性。

2. LVC 融合的方案

在 2006 年美各军种训练、仿真与教育会议上,美军联合兵力司令部先进训练技术组和宙斯盾技术组仿真集成部的有关专家认为,虽然影响 LVC 仿真互操作性的因素很多,但从 HLA、TENA 以及其他体系结构所表现出来的问题可以分为两大类:互操作性条件限制和缺乏可组合性。并指出:如果用一个单一对象建模方法能够实现 HLA、TENA 以及其他体系结构之间的对象棋型的可组合性,那么 LVC 系统中的互操作性就比较容易实现了。因此首先要给出一个框架,该框架重点关注两方面:支持可组合性,能够适应不同的对象建模体系结构。由于目前所知道的、与互操作性和可组合性最相关的一个框架是基本对象模型,该模型提出了一个灵活的组件方法,可以用于解决 HLA 和 TENA 的对象建模问题。为此提出了通过建立基本对象模型(BOM)集合来解决 LVC 体系结构的设想,并提出了具体的时间节点安排。在该设想中还提出了用 MDA 方法将 BOM 概念棋型转换为平台相关模型的建议。

2007 年,美国联合兵力司令部给出了 LVC 通用体系结构研究路线图,在该路线图中提出了要对 LVC 体系结构接口实现中间件的功能需求进行重新分析。目前,LVC 通用体系结构发展路线图最终报告已递交到高级建模与仿真指导委员会。

美军 LVC 通用体系结构解决策略的中心思想如下:

(1)寻找一个单一的对象建模方法,建立一个能够在试验与训练领域、建模与仿真领域共用的基本对象模型集。

(2)合并当前中间件的功能,开发一个既可用于试验与训练领域又可用于建模与仿真领域的通用中间件。

（3）给出一个单一的系统工程方法，能够满足 LVC 互操作性要求。

通过以上分析，可以得到如下启示：

（1）国外非常重视仿真体系结构标准的研究和使用，成立了专门的机构，投入了大量的人力和物力，长期地、系统性地推动仿真体系结构的发展。

（2）HLA、BOM 和 TENA 等体系结构或仿真框架标准的研究正在不断提高建模与仿真的互操作性能力，但 LVC 仿真的互操作问题在国外依然没有得到较好解决，建模与仿真体系结构标准的建设将是一个不断改进的长期过程。

（3）建立一个能够用于试验与训练领域、建模与仿真领域的通用基本对象模型集、通用中间件和统一的系统工程方法将是现阶段解决 LVC 互操作性问题的较好方法。

为了使所研制的仿真系统能够根据不同的阶段重组其系统组成，把虚拟仿真、构造仿真和实况仿真 3 种类型的仿真设备或系统构建成 LVC 仿真系统，实现建模与仿真的互操作、可重用和可组合，使仿真又快又好地服务于装备的系统论证、方案设计、关键技术验证、系统集成试验和系统训练，LVC 仿真的一体化体系结构技术会逐步实现，主要内容包括：

（1）LVC 仿真基本对象模型研究形成覆盖仿真、试验、训练等方面的元数据、概念模型、基本接口对象模型和基本功能模型库。为 LVC 仿真提供可重用和可组合的基础资源库。

（2）LVC 仿真通用中间件研究建立能够满足 LVC 仿真运行环境、通信机制、时间管理、位置外推等需录的运行基础设施，为 LVC 仿真系统的运行提供互操作支撑平台。

（3）LVC 一体化集成平台研究建立能够集成基本对象模型设计与管理、仿真成员的设计与管理、仿真系统的设计与管理的软件工具集，为 LVC 仿真提供可视化的、能够自动生成仿真应用程序代码的环境。

在需求的推动下，随着 LVC 仿真融合相关标准、技术的发展，会出现结合了 HLA 和 TENA 标准中优势的新标准、新仿真中间件，但其主要目的是实现 LVC 仿真系统的融合，对作战并行仿真系统来说，多了一种并行开发、并行集成方式和支撑环境的选择。

9.4 作战仿真建模技术

作战系统具有非线性、不确定性、多层次性、变化多因素和涌现等特点，属于复杂巨系统，作战仿真建模的前沿问题主要集中在复杂作战系统建模、智能系统建模上。随着作战仿真建模理论和技术的发展,作战复杂系统模型和作战智能模型会逐渐体现出各独立实体的并行性和并发性,势必会影响作战并行仿真系统的体系结构、构建方法和运行方式。

为满足作战并行仿真模型高效开发的迫切需求,基于组件和基于 Agent 的仿真建模理论与技术会得到长足发展,为仿真应用开发提供高效的建模方式,克服并行应用的开发难度,有效挖掘仿真应用的并行性,提高仿真应用开发效率。

重点研究基于组件和基于 Agent 的高性能仿真建模理论与技术、系统可视化组装及集成技术、高效的环境建模技术等,突破目前高性能仿真建模开发难度大、效率低、互操作性和重用性差等问题,满足用户按照统一的建模标准体系进行建模开发、封装及可视化集成的应用需求。

9.4.1 复杂系统建模

复杂系统仿真应用往往包含大量的复杂实体,实体间存在错综复杂的交互,且这些实体模型往往需要不同领域的专家分别完成,由于还未形成统一的并行仿真建模规范,现有的建模理论和技术还不足以解决模型的协同开发和重用的问题,从而使得系统在建模和开发时难度及工作量大,多家单位合作开发时分工和协同难。

1. 复杂系统建模与仿真的发展趋势

(1) 复杂系统本身特点的深入研究,以及如何利用仿真的方式来体现这些特点。复杂系统本身特点的研究尚不透,尚没有统一结论。这是复杂系统仿真不可回避的难题,也是未来的重要研究对象之一。

(2) 从系统科学角度出发的复杂开放巨系统的仿真研究。考察复杂系统的发展历程,有两条主线,一条以"复杂性"科学的历程为主线,另一条以系统科学为主线。其中系统科学的这条主线主要是以钱学森院士为首的一批中国科学家的多年经营的成果,其中包括"开放的复杂巨系统"概念的逐步提出,以及从定性到定量的综合集成研讨厅等复杂系统研究方法的不断改进。对于这点,无论是开放复杂巨系统概念的深入了解和把握,还是综合集成研讨厅等方法的有效实施,都尚处于初步发展的阶段,这毫无疑问地将成为未来的一大发展重点。

(3) 围绕 CAS 的仿真研究。CAS 作为复杂系统的当前热门,其研究尚处于发展阶段。其依然存在着诸多难以在短期内解决的难题,比如 CAS 本身理论体系尚不完善、对其建模难度很大、仿真可信度低等。这一切使得在将来不短的时间内,CAS 的仿真研究依然是复杂系统仿真研究的一大热点。

(4) 寻求恰当有效的复杂系统建模与仿真方法。当前,表面上可用于复杂系统仿真的方法众多,但这些方法是否真正有效地完成复杂系统仿真,其仿真可信度如何;在仿真时一般需对复杂系统进行简化,这些简化是否会引起整个问题的质变,这一系列问题,都需要在多年的实践和理论分析之后才能回答。另一方面,由于复杂系统具有自适应性、不确定性等特点,那么研究专门用于复杂系统的建模与仿真方法,也是一种可行之路,这方面,比如从定性到定量的综合集成研讨厅和基于人工系统、计算试验、平行执行的建模方法都给出了一定的探索,但总体上尚处于初步阶段。总之,对现有复杂系统建模与仿真方法的分析、改进,以及研究出新的方法,都将是该领域以后的重点之一。

2. 复杂系统建模与仿真的发展对作战并行仿真的影响

目前,国内外高性能仿真由于缺少统一的建模理论的指导,往往需要采用从上到下的集中式开发模式,存在开发门槛高、建模困难,且模型间的耦合度大、多家单位合作开发时分工和协同难,模型与仿真平台紧密绑定、难以实现模型的快速组装和平台间模型的重用等问题,从而使其难以适应未来仿真发展的需要。

根据复杂系统建模仿真的应用需求,针对复杂系统的组成及其行为特点,作战复杂系统建模仿真系统会涉及到如下理论、方法和技术,会对作战并行仿真产生影响。

(1)随着基于组件的建模技术的发展,可有效降低组件模型间的耦合度,改善模型的重用性,有利于实现仿真模型开发与使用的分离,由领域专家设计组件化的仿真模型,仿真开发人员使用组件模型进行应用的快速组装,从而能够大大提高仿真应用的开发效率。

(2)支持混合并行仿真的系统会不断发展,复杂系统建模与仿真涉及到连续、离散系统混合,定性、定量结合,多粒度,动态演进的多方法混合、融合的建模理论与方法,作战并行仿真系统的体系结构必须适应这些需求。如连续、离散、定性三类模型及其混合系统模型高效解算的多核/多机并行仿真理论与方法,针对多领域复杂系统的仿真分析需求,涉及到连续离散混合 DAE(微分代数方程)问题数值算法、实时仿真中的高效积分算法、定性仿真中的高效推理算法以及定性定量混合的模型解算方法。需要研究面向复杂系统大规模计算问题求解环境,通用的多核/多机并行化的高效仿真求解算法及智能优化算法研究会不断推进。

9.4.2 智能系统建模

人类的一切活动都有智能体现在内。当 M&S 领域对物理世界有了较好的描述能力之后,对智能行为的建模仿真技术进行研究、建立智能仿真系统已经成为当前的重要发展方向。随着智能系统建模仿真技术的飞速发展,仿真应用系统越来越体现出人性化、智能化的特点,与社会生产生活的各个方面也结合得愈加紧密。

同时,随着智能系统建模技术的发展,作战仿真系统中各个实体不仅有了智能,更有了相对独立的时间标度,这是并行世界观的真实体现,完整地再现了仿真对象——作战系统的并行世界本质。在反应作战并行性的特征上,多智能体及计算机兵力生成(CGF)是最直接的理论、方法和技术。

1. 多智能体(Agent)仿真技术

多 Agent 概念是分布式人工智能研究领域发展的产物。相对传统的人工智能方法,多 Agent 技术能够更好地适应分布、开放式的应用发展前景。目前,国外对于 Agent 和多 Agent 系统的研究主要包括 Agent 和多 Agent 的理论、Agent 的体系结构和组织、通信与交互技术、Agent 之间的协作和协商、Agent 语言等几个方面。

多 Agent 技术在复杂系统仿真中的应用越来越重要,一个重要原因似它能够满足系统不断增长的复杂性和更多细节层次的要求,能够以分布协作的方式保证系统很庞大的时候依然可以高效运行。

需要特别指出的是,在 CGF 仿真领域,由于虚拟兵力与多 Agent 概念有着天然的对应关系(自主性、社会性、主动性),因此以多 Agent 理论解决 CGF 智能行为建模的方法越来越受到关注。

2. 计算机兵力生成

CGF 是人们为了减少在军事演习、训练、试验等各环节的资金成本、通过计算机生成的虚拟实体代替真实作战对象的一种仿真应用。CGF 对 M&S 领域的发展有着重要的推动作用,其自身具有复杂智能系统的特点。CGF 的智能性主要体现在对人类行为的表示上,根据 DMSO 的定义,即"对在军事仿真中需要表示的人的行为或表现进行建模"。

由于行为的可信性直接决定了仿真结果的可信性,CGF 应用研究从一出现,就积极探索以多种方式实现虚拟兵力的智能化、拟人化。初期广泛应用了专家系统(Expert System,ES),一般通过产生式规则构成专家系统,使仿真对象具有对特定态势的反应。随着人工智能技术的发展,一些新出现的智能方法,如模糊逻辑、神经网络、范例推理、贝叶斯网络等,由于能够对不确定性、预测性、学习等问题进行处理,也迅速应用到 CGF 的行为建模中。

当 CGF 系统日益趋向于大型化、分布式的时候,虚拟兵力之间的指挥、控制、交互过程也变得愈发复杂。Agent 及多 Agent 理论对于 CGF 系统具有天然的契合性,适于处理复杂群体之间的交流、协作,因此相关研究在近年来也迅速升温,并逐渐成为一种公认的行为表示框架。

随着多 Agent、CGF 等智能系统建模理论、方法和技术的发展,未来的作战仿真模型会出现 3 个典型的特点:

(1)高智能性,决定了其独立的时钟特性。

(2)大计算量,为了支持高智能,必将带来计算量的剧增。

(3)必须进行并行仿真,模型本身的并行性决定了系统运行机制的并行性,仿真系统的大计算量决定了必须在高性能计算机上运行仿真系统。

随着上述各种硬件、软件、建模与仿真理论、方法、技术的发展,不但会改善作战并行仿真的软硬件支撑环境,更能提高作战并行仿真的各种能力,促进仿真科学与技术和高性能计算技术的结合,使作战并行仿真成为第三种认识和改造作战复杂系统的重要方法。

参 考 文 献

[1] 周玉芳,余云智,瞿永翠. LVA 仿真技术综述[J]. 指控控制与仿真,2010,08:1-7.

[2] 孟凡松,汪霖,陈科勋. 基于 BOM 的 LVC 仿真资源互操作实现[J]. 军事通信技术,2009,06:75-79.

[3] 黄文清. 作战仿真理论与技术[M]. 北京:国防工业出版社,2011.

[4] 贾连兴,单维峰,鲁云军,等. 作战仿真研究热点及发展[J]、系统仿真学报,2007.

[5] 李晓渝,邓越凡. 迎接第 6 代 HPC 的挑战[J]. 中国计算机报,2004,(11).

[6] 奚自立. 从超级计算到高性能计算[J]. 高性能计算发展与应用,2005,(3).

[7] 李国杰. 对计算机科学的反思[J]. 中国计算机学会通信,2005.

[8] 李伯虎,柴旭东,朱文海,等. 现代建模与仿真技术发展中的几个焦点[J]. 系统仿真学报,2004,16(9):1871-1878.

[9] 王子才. 仿真科学的发展及形成[J]. 系统仿真学报,2005,17(16):1279-1281.

[10] 张嗣瀛. 复杂性科学,整体规律与定性研究[J]. 复杂系统与复杂性科学,2005,2(1):71-83.

[11] 王飞跃. 关于复杂系统的建模、分析、控制和管理[J]. 复杂系统与复杂性科学,2006,3(2):26-34.

[12] 王子才,王勇. 复杂系统仿真概念模型研究进展及方向[J]. 宇航学报,2007,28(4):779-785.

[13] 刘晓平,唐益明,郑利平. 复杂系统与复杂系统仿真研究综述[J]. 系统仿真学报,2008,20(23):6303-6315.

[14] 胡晓峰,司光亚,罗批,等. 战争复杂系统与战争模拟研究[J]. 系统仿真学报,2005,17(11):2769-2774.

[15] 毛新军,常志明,王戟,等. 面向 Agent 的软件工程:现状与挑战[J].计算机研究与发展,2006.

[16] 廖守亿,戴金海. 复杂适应系统及基于 Agent 的建模与仿真方法[J]. 系统仿真学报,2004.

[17] 曾鸿,李旭晖,何炎祥. 一个通用移动 Agent 仿真平台的设计与实现[J].计算机应用研究,2008.